渋沢栄一と鉄道の近代

恩田睦
ONDA Mutsumi

吉川弘文館

目　次

はじめに

本書は、幕末期から大正期にかけての渋沢栄一の鉄道構想について、鉄道政策に対する意見や彼自身が設立・経営に関わった鉄道会社における行動や発言などの検討を通じて明らかにしようとするものである。

渋沢栄一は近代日本を代表する実業家である。一八四〇年二月一三日に武蔵国榛沢郡血洗島村（現・埼玉県深谷市）に生まれ、幕臣を経て明治新政府に出仕、大蔵省退官後は第一国立銀行の頭取を務めた。そして一九三一年一一月一一日に九一歳で死去するまでの間に数多くの企業の設立や経営に努めたほか、社会事業にも尽力した。渋沢には篤太夫などの名があるが、本書では栄一に統一する。

よく知られているように、近代日本の経済、産業発展において鉄道は必要不可欠な陸上輸送機関であった。一八七二年に新橋から横浜まで日本初の鉄道が官設鉄道として開業して以降、路線網は全国に拡がっていた。鉄道は官設だけでなく民間によって敷設、運営されることもあった。むしろ、日露戦争後の鉄道国有化までの期間において日本の鉄道は、距離のうえでは私鉄が官設鉄道を大きく上回っていた。鉄道国有化は、鉄道網を構成する鉄道事業の大部分を国有鉄道とした、日本鉄道史における一大転換点であった。

これまで渋沢の鉄道についての意見や構想は、鉄道国有化を中心に――基本的には鉄道国有化政策に対する批判である――検討されてきた。しかし、渋沢自身が鉄道に対する意見や構想をどのように形成してきたのかという点については、これまで考察されてこなかったように思われる。

渋沢は、日露戦争後において「産業の発達を謀らんと欲せば、勢い運輸の便と運賃の低減とを謀《はか》らざるべからず」というように[1]、鉄道を日本の商工業を発展させるための輸送機関としてとらえていた。鉄道がもつ大量輸送という特性を活かすことで、貨物を託送する荷主や生産者の輸送コストを低減させ、商品流通を拡大させることを意図していた。ただし、渋沢は鉄道の拡張だけを主張していたわけではなかった。

日本の商工業を発展させるためには海外との貿易を活発にすることが不可欠であったため、国内で生産された輸出品の物的流通を担う海運業を発展させることも重視していた。渋沢自身は海運会社の設立と経営にも関わっていたこともあり、「海陸運送――即ち鉄道・船舶というものに付ては、特に力を入れざるを得ぬように考えた」と述べている。[2]

また、一九〇九年九月から一二月のおよそ九〇日間の日程で渋沢は渡米実業団の代表としてアメリカ各地を訪問し、数多くの視察をこなしながら現地の実業家たちと交流したのであるが、このことをきっかけに日本における道路インフラの貧弱さを憂慮するようになった。アメリカ滞在中の日程は、「交通機関が完備して、又道路が完全であったことが大に与《あずか》って力あった」というように、自動車を活用することでこなしていた。渋沢は、渡米をきっかけにして「我国の鉄道は未だ充分とは云《い》われぬけれども、更に必要とするはこの鉄道と連結して交通を完うすべき道路、及び自動車の不足して居る」ことであるとして、道路の整備と自動車産業の発展を課題として認識したのであった。[3]

明治後期になると、渋沢は鉄道と海運、鉄道と道路をそれぞれ発達させて、相互に連携を図るべきであると考えるようになっていた。とはいえ、渋沢は「鉄道の政策如何《いかん》に依っては今日の我経済界が栄えも衰えもする」と指摘していたように、日本経済の発展において鉄道を重要な運輸機関と位置づけていた。[4]

では、鉄道の運営について、渋沢はどのように考えていたのであろうか。渋沢は必ずしも民間による鉄道運営を万能であると考えていたわけではなかった。一八九〇年代には北海道における鉄道整備のあり方について、「民業に任せては統一を図ることが出来ぬとか、或は利益配当を多くし度《た》いという希望から運賃を高むるという弊害は多少あるだろう」と民間による鉄道運営のデメリットを示した一方で、「官業に比すれば余程経費を省くことが出来るのみか、万事敏速に親切に行届きて迅速の発達を遂げて行くという点は官業の及ばざる処《ところ》である」と述べていた。[5]鉄道国有化の以前において、渋沢は民間と官業による鉄道運営にそれぞれ一長一短があることを認めており、そのうえで民間による運営を比較優位に位置づけていた。

一九〇六年と翌〇七年に実施された鉄道国有化によって、主要な私鉄一七社が国有化され、朝鮮の京釜《けいふ》鉄道が統監府鉄道管理局の所管になったのであるが、これにより日本の鉄道ネットワークは国有鉄道を中心とするものになった。私鉄すべてを国有化したわけではないため完全なかたちではないが、日本の幹線鉄道ネットワークは全国的に統一されたのであった。

鉄道国有化によって全国に遠距離逓減運賃制度が導入されたことで、国有化以前には複数の私鉄を跨《また》ぐような長距離輸送の場合、国有化以降に運賃が低減することがあった。国内市場の拡大を促進させる要因になっただけでなく、輸出入物資が輸送の途上で鉄道を利用する限りにおいて、鉄道輸送のあり方、運賃の如何は対外的な競争力の重要な要因であった。鉄道国有化は、商工業の発展を図ろうとする渋沢の希望に沿うものであったと考えることができる。[6]

しかし、渋沢は鉄道国有化以後に、民間部門を圧迫しているなどとして、国有鉄道に対してことあるごとに批判するようになった。「鉄道運賃が民間の鉄道と競争して――競争する所ではない、民間鉄道賃金を下げるのを差止めて夫《それ》で人の云う所に依れば――能《よ》く判りませんが、行越した賃金が行越さぬ賃金より安かった事があると云う」というように、事実関係は不明ながらも、人づてに聞いた内容をもとに批判を展開することもあった。[7]

なぜ、渋沢は鉄道国有化を批判したのであろうか。その答えを知るためには渋沢の鉄道構想、つまり理想とする鉄道のあり方を理解する必要があるように思われる。もちろん、渋沢の鉄道構想を考える手がかりとして鉄道国有化が重要な画期になることは間違いないのであるが、だからといって鉄道国有化の局面における渋沢の言動を検討するだけで十分かと言えば、必ずしもそう言い切れないように思われる。

渋沢は、鉄道国有化から遡ること約四〇年前、日本における鉄道導入をめぐる議論に加わっていた。長期間にわたって日本の鉄道に関わっていたのである。渋沢は、江戸幕府第一五代将軍の徳川慶喜の幕臣であった一八六七年に慶喜の名代としてパリで開催された万国博覧会に参加する徳川昭武の随行員として同行したのであるが、渡仏の道中において初めて鉄道を利用した。幕府が倒れ、フランスから帰国した渋沢は、明治政府に出仕することになり、民部省租税正・改正掛長を兼務した。改正掛は、鉄道を含む国家の近代化に必要とされる諸制度の導入に取り組むことを目的としていた。渋沢は、新橋―横浜間官設鉄道の敷設をめざす大隈重信と伊藤博文を支持した。

鉄道の導入には、金融、鉱山、紡績などの近代産業と同じく、海外の先進的な知識・技術を必要とした。鉄道のことが世間だけでなく政府関係者のなかにも十分理解されていない明治初期において、渋沢のような海外渡航経験をもち、鉄道が産業、経済の発展に有益であることを理解していた人物は決して多くなかった。渋沢は、実業界に転じたのちに銀行をはじめ近代経済のインフラである鉄道、築港、鉱山の諸会社を中心に役職に就いたのであるが[8]、鉄道については官職にあったときからその導入と普及に努めていたのである。

要するに渋沢の鉄道構想は、長い間の経験で得た知見などによって形成されてきたと考えられる。本書では、渋沢が関わった鉄道政策や鉄道事業について、主に『渋沢栄一伝記資料』に収録されている会議録や渋沢自身の日記などを素材にして考えてみることにしたい。

本書の構成は次の通りである。第1章では、渋沢の鉄道との出会いから、明治政府による鉄道敷設計画と、退官後における鉄道会社起業への取り組みを取り上げる。第2章では、大阪を中心に活動していた五代友厚が、幕末から一八八〇年代にかけての鉄道計画にどのように関与していたのかという点について、渋沢との関わりに留意しながら考えてみたい。第3章では、一八八〇年代から鉄道国有化の時期までの間において渋沢が鉄道をどのようにして普及・発展させようとしていたのか、ということを鉄道会議と日本鉄道会社の事例を通じて理解することにしたい。第4章では、明治期の東北地方に敷設されていた南北方向の鉄道だけでは産業振興にとって十分ではないと考えていた渋沢が関わった、東西方向の「横貫鉄道」である陸羽電気鉄道と大船渡《おおふなと》開港（築港）鉄道鉄業の設立活動を取り上げる。第5章では、鉄道国有化政策をめぐる渋沢の意見の変化について理解することにしたい。渋沢は、鉄道国有化以前の一九〇〇年代初頭には鉄道国有論者の発言にも耳を貸さざるを得なくなり、日露戦争後には鉄道国有化を容認するような発言をしていた。しかし、鉄道国有化後になると渋沢は一転して鉄道国有化に批判的な意見を主張するようになった。渋沢が求める鉄道運営のあり方をもとに理解することにしたい。第6章では、朝鮮において渋沢が関与した鉄道として京仁《けいじん》鉄道と京釜鉄道を取り上げる。渋沢は、自分自身が創立当初から関係した「余が愛児の如くに育てし事業」として鉄道事業では京釜鉄道をあげていた。[9] 京釜鉄道は設立当初から資金難に直面していた。京釜鉄道の取締役会長であった渋沢はどのように対処したのであろうか。朝鮮における産業振興に対する渋沢の考えに関連づけながら考えてみたい。第7章では、実業界を引退した渋沢が東京の住宅難を解消するために計画した田園都市構想と土地開発会社である田園都市会社を取り上げる。そして、最後に本書で明らかにしたことを総括することにしたい。

なお、引用史料中の旧かなづかいは現代かなづかいに、カタカナはひらがなに、旧字体は新字体に改めたほか、適宜句読点やルビを補った。

第1章　西洋での鉄道体験から鉄道会社起業へ

1　ヨーロッパ訪問と明治新政府への出仕

①パリ万博への随行

開国後の日本では、西洋への興味・関心が高まっていた。幕府や藩は、最先端の技術や文物を視察・研究させるため、家臣や青少年らで組織された使節団を西洋諸国に派遣した。一八六七年（慶応三）には江戸幕府第一五代将軍の徳川慶喜の異母弟である徳川昭武が、幕府を代表してパリで開催される万国博覧会に派遣されることになった。昭武のパリ派遣には万博への参加だけでなく、西洋の文物の学習など近代的な知識・知見を会得するための長期留学という、もう一つの目的があった。

一八六七年正月一一日（陽暦二月一五日）に昭武と随行者を含めた三三名は、フランス郵船アルヘー号に乗船して出発した。渋沢は、仕官していた慶喜に指名されて、御勘定格陸軍附調役（会計兼書記）として随行した。この

図１　洋装の渋沢栄一　渋沢史料館所蔵

とき、外国奉行支配調役（外交担当）の一人がのちに渋沢と改正掛で働くことになる杉浦愛蔵（譲）であった。

昭武一行は、途中で上海、香港、サイゴン、シンガポール、セイロン、アデンを経由して、二月二一日（陽暦三月二六日）にスエズに到着した。当時はスエズ運河が開通していなかったため、スエズからカイロを経て地中海岸の港湾都市であるアレキサンドリアまでは鉄道で移動した。渋沢は、のちに「私が汽車に初めて乗ったのは慶応三年渡仏の途中スエズから出てアレキサンドリヤで、地中海の船に乗り換えるまで」であったと述懐している。[1]

日本に鉄道の観念が入ってきたのは維新前のことであったが、そのときには漠然としたものであった。このときに渋沢は列車に乗って移動するという鉄道輸送サービスを初めて経験した。渋沢は、マルセイユからパリまで鉄道で移動したときのことを後年になって振り返り、「私はつくづく其の便利なのに感心して、国家はかかる交通機関を持たねば発展はしないと思い、欧州のかゝる物質文明の発展を羨《うらや》んだ」と述べている。[2]一八六七年三月七日（陽暦四月一一日）に昭武一行はパリのリヨン駅に到着するのであるが、渋沢はフランスをはじめヨーロッパ各国の移動にあたり、鉄道をはじめ交通のあり方について日記に記録した。

一八六七年四月（陽暦）に開催されたパリ万博は大掛かりなものであった。出品者数は六万人で、出展された産品の量は二万八〇〇〇トンを下らなかった。これまでの出品者数と比較してみると、一八五五年のパリ万博で二万二〇〇〇人、一八六二年のロンドン万博で二万八〇〇〇人であったから、大きく数を増やしていた。渋沢は、多数の人びとが産品を持ち寄って陳列することができた要因を、「此の会の為に欧州大地に蒸気車鉄軌を新営し其交際を便利にせしによれり」と考えていた。[3] 鉄道や蒸気機関車といった近代的な輸送機関の有用性を理解していたのである。

図２　フランスの徳川昭武一行　渋沢史料館所蔵

昭武一行は、パリ万博への参加、ナポレオン三世との謁見ののち、パリを拠点にしてヨーロッパ各国を訪問した。旅費の問題から随行者の人数を減らしていたが、八月から九月にかけてはスイス、オランダ、ベルギーに、九月から一〇月にかけてイタリアのマルタに、そして一一月にはイギリスを訪問した。イギリスでは、「時間になると鐘を鳴らして人を集めてから発車すると云う仕掛」けに感心したというように、鉄道運行の仕組みにも興味をもって観察した。[4] 後年、渋沢は、このときのことについて「仏・英・伊其他の交通状態を見て大に感じ、我日本も斯《か》くありたいと願った」という。[5] 交通機関が備わっていることは国や地域に経済的・社会的利益をもたらすと認識していた。

フランスにおける昭武の世話役は、幕府から嘱託された銀行家のフリューリ・エラール（在仏日本名誉総領事）であった。渋沢は、エラールから銀行、鉄道、株式取引所、株式・公債のことなどについて説明を受けた。渋沢は、昭武の留学費用を確保するためにパリで二万両の政府公債と鉄道公債を購入していた。その半年後に公債を売却したところ、政府公債の値段はあまり変わらなかったが、鉄道公債は相場が上がっていて五〇〇〜六〇〇円は儲かったという。渋沢は、「成《な》る程《ほど》公債と云うものは、経済上便利なものである」という認識を持った。[6]

また、渋沢はエラールともう一人の世話人であった軍人のコロネル・ヴィレットが対等な関係で議論している場面を目の当たりにして、当時の日本における官尊民卑の価値観を打破しなければならないという思想を持った。[7]かつての渋沢は、尊王攘夷思想に染まり、未遂に終わったものの高崎城乗っ取りと横浜の外国人居留地を襲撃する計画を立てていたのであるが、ヨーロッパでの経験を通じて開国派に転じたのであった。

②明治初期の鉄道計画

太政官においても、鉄道の必要性が次第に認識されるようになっていた。大隈重信大蔵大輔と伊藤博文大蔵少輔はともに積極的な鉄道導入論者であった。

しかしながら、明治政府には財政面の余裕がなく、国費をもって鉄道を敷設することは困難であった。横浜の商人による鉄道敷設・経営案が検討されたこともあったが、「未知未見の破天荒な新事業」であるとみなされていた鉄道事業を手がけようとする者は誰もいなかった。[8]

駐日英国公使のパークスは、かねてより大隈と伊藤に対して鉄道敷設の急務であることを伝えていたのであるが、新政府が資金的に窮していることを知ると、一八六九年一一月にイギリス人のレイ（Horatio Nelson Lay）という元外交官で金融事業に従事していた人物を紹介した。

大隈と伊藤は、レイとの交渉を経て一〇〇万ポンドの資金を一割二分の金利で借り入れて鉄道建設費に充てようとした。しかし、結局はレイとの契約は破棄され、オリエンタルバンク横浜支店を介してイギリスから一〇〇万ポンドを調達する契約を締結した。明治政府は、レイが少数の資本家から資金を調達するものと認識していたのであるが、実際には公募による九分利付の日本帝国公債を発行することになっていたからである。

つまり、明治政府は、公募による債券発行になったことと、レイが一割二分と九分の金利の差分を利得しようとした点を問題視したのであった。[9] 当時の日本国内には依然として外国人を排斥する攘夷論を唱える者がおり、西洋の近代技術である鉄道を導入することに反対の声をあげていた。彼らの言い分によると、明治政府が鉄道を導入するために外資を調達することは、すなわち日本が債務者になることを意味していた。そのため、鉄道を導入するために外資調達を図っていた大隈と伊藤に対して、国威を冒瀆《ぼうとく》する売国奴であると批判していた。[10]

こうしたなか、谷暢卿という医師から大隈に宛てて、鉄道敷設によって交通運輸の便を図るべきであり、「一日も速《すみや》かに鉄道を敷設して世を文明に導かれん事を切望」するという上申書が届けられた。[11] これを読んだ大隈は、「天下滔々《とうとう》として井の蛙大海を知らざる中に、谷の如《ごと》きは実に千人に一人の活眼者である」と大いに喜んだという。[12] 当時の大隈の周辺には鉄道導入の賛成者が少なかったことが窺える。

一八六九年一一月一〇日の鉄道建設の廟議決定によって東京と京都を結ぶ東西両京間の幹線と、東京—横浜間、京都—神戸間、琵琶湖近傍—敦賀間の支線が建設されることになった。第一着手として東京と横浜間の鉄道建設費として五〇万円が計上された。一八七〇年四月に東京—横浜間、同年一一月に大阪—神戸間が着工したのであった。

③改正掛としての活動

一八六七年一〇月に大政奉還がなされた後も、昭武はパリでの留学を続けていた。翌年九月に明治政府が昭武に帰国を指示したことで、渋沢はやむなくパリでの生活の拠点を引き払い、同年一一月に帰国を果たした。渋沢は、慶喜が謹慎していた駿府に向かい、勘定組頭《かんじようぐみがしら》として藩財政の整理・再建に取り組んだ。一八六九年一月にはパリで学んだ商業活動を参考にして、地域振興を目的にした合本組織による銀行と商社の機能を合わせ持つ商法会所を駿府に設立してみずから頭取になった。

こうした行動が新政府の目に止まることになり、大隈重信による説得を受けた渋沢は、一八六九年一一月に民部省租税正として出仕することになった。民部省とは、同年七月に設置された官庁であったが、上級職員が大蔵省との兼務であったため、両省は事実上合併したような組織であった。

当時の大蔵省は、民部卿兼大蔵卿に伊達宗城《だてむねなり》（前宇和島《うわじま》藩主）、民部大輔兼大蔵大輔に大隈重信、民部少輔兼大蔵少輔に伊藤博文、そして民部大丞兼大蔵大丞に井上馨《いのうえかおる》が就いていた。とりわけ、大隈の発言力は強大なものであり、当時の大蔵省は文明開化政策の急先鋒であった。[13] 肥前国出身の大隈は、幕末に英学を修めており西洋の知識に長けていたのである。

渋沢は、省内の様子について「雑踏を極むるのみで長官も属吏《ぞくり》も其日の用に逐《お》われて、何の考えをする間もなく、一日を送って、夕方になれば、サア退庁」という印象を語っていた。[14] 渋沢によると、こうした状況のなかで大隈が求めていた欧米の進んだ知識をもとにして新政府における制度を設計することは難しかった。そこで渋沢は、省内に旧制の改革や新しい例規などの調査を行う新しい組織を設置することを提案した。大隈もまた新しい組織を設ける必要性を認識していたから、渋沢の提案を受け入れて手続きを進め、一八六九年末までに太政官から改正掛設置の令達を受けた。改正掛は当初、民部省に設置されていたが、一八七〇年に民部・大蔵両省が分離した際に大蔵省に移管された。そして翌年七月に大蔵省と民部省がふたたび統合したときに廃止された。

改正掛のメンバーの多くは兼任であった。渋沢は租税司から選任されていたが、他には監督司、駅逓司からも選任されていた。改正掛長には渋沢が就いた。一八七〇年春に渋沢は、有為な人物を得るために大隈に相談して静岡藩から前島密《まえじまひそか》をはじめ、オランダで造船を学んだ赤松則良《あかまつのりよし》、江戸幕府の外国奉行で昭武のパリ万博参加の随行員の一人であった杉浦愛蔵（譲）、江戸幕府の通弁御用であった塩田三郎をメンバーに加えた。前島は、一八七〇年四月に租税権正、翌五月に駅逓権正に就いていたが、この頃に改正掛を兼任することになった。前島は、わが国の郵便制度を整備した人物として知られているが、鉄道に関する知識も豊富であった。

なぜなら、前島は、一八七〇年一月に大隈の要望に応えるかたちで「鉄道憶測」を作成していたからである。「鉄道憶測」とは、一〇年間で東京から西京を経て大阪に至る幹線、東京—横浜間、大阪—神戸間の支線を完成させたときの鉄道敷設費用と営業収支を見積もった計算書であるが、私鉄会社の調達した資金に一二%の利益を支払ったとしても、二六七万七〇〇〇両の利益が生まれることから、建設に要した資金を五年間で回収できるという内容であった。

図3　前島　密　国立国会図書館「近代日本人の肖像」より

こうして改正掛は、渋沢が「頗《すこぶ》る愉快を覚えました」と述べたように、一二、三人の規模に拡大した。[15] 全国の測量、度量衡の改正、租税の改正、駅伝制度の改正は、急ぎ検討を要する問題で、ほかにも貨幣制度・禄制の改正、鉄道の敷設、諸官庁の建築など、改正掛で議論するべき課題は多岐にわたっていた。

前述したように、外資導入による鉄道の敷設については異論があり、在官の人びとからも反対論が唱えられたほどであった。改正掛では、こうした鉄道導入反対論への弁駁《べんばく》に努めた。一八七〇年三月に改正掛は、鉄道と電信の整備効果を論じた建議書を太政官に提出した。東西両京の間に鉄道と電信を敷設することで、国民生活の安定と向上といった社会経済的な効果が期待できるという内容であった。そのうえで、「永世無窮《むきゅう》の鴻益《こうえき》を図り富強を致すの基礎にして以《もっ》て皇運の隆盛を賛《たす》け金甌《きんおう》無欠《むけつ》の国体を保持するの根底と成す」[16]と、国家の発展を支える有益な事業であることを強調したのであった。

④新橋—横浜間鉄道の開業

一八七二年九月一二日（陽暦一〇月一四日）に新橋—横浜間鉄道が開業した。当日は、横浜駅と新橋駅で開業式が開催され、明治天皇と関係者を乗せたお召《め》し列車が両駅間を一往復した。

横浜駅では、午前一一時に到着後の式典において明治天皇の勅語《ちょくご》があり、続いて外国公使、外国商人代表、そして横浜の商人代表（原善三郎、田中平八、高島屋嘉右衛門、金子平兵衛、増田嘉兵衛）が祝詞を奏上した。生糸売込問屋の経営者で横浜為替会社頭取であった原善三郎が総代として、「鉄道の成功に及び隔地も比隣の如《ごと》く東京の往復は一日数回に至れり（中略）神速便捷《びんしょう》にして貨財を興し利潤を生ずる誠に口舌の能《よ》く尽くせる所に非ず」と、東京へのアクセス向上による経済的なメリットに期待する内容を述べた。[17]

折り返して新橋駅には午後一時に到着した。新橋駅での開業式では、明治天皇から官吏への勅語があったほかは横浜駅における式典と同様であったが、ここでも東京の商人代表（三井八郎右衛門、三野村利左衛門、鹿島清兵衛、行岡庄兵衛、榎本六兵衛、西村七右衛門、岡田平馬、藤田東四郎）による祝詞の奏上があった。三井組の大番頭であった三野村利左衛門は、三井八郎右衛門の代理として「東京横浜の間僅《わずか》に一日の里程を隔つるすら従来人の往還物の運輸障碍《しょうがい》少からざりしに、今や之を瞬間に縮め貿易は勿論《もちろん》諸事便を得ること多し。況《いわん》や此線全国に蔓布《まんぷ》するの日に於ておや。其便に依りて人皆隔遠の地を近隣の如く自在に往復するを得（中略）挙国協力同心の商の業を盛に興して国の富を大いに進め以て有名の外国と対立するの基ならん」と述べた。鉄道の開業を契機にして商品流通と人びとの移動が盛んになることで、商取引による利益増進と国の発展に期待を寄せていたのであった。[18]

当時、三等出仕の大蔵少輔事務取扱の立場であった渋沢は、お召し列車の乗車と開業式の陪席が許されていたのであるが、

図４「東京名所の内新橋鉄道館蒸気車待合図」　品川区立品川歴史館所蔵

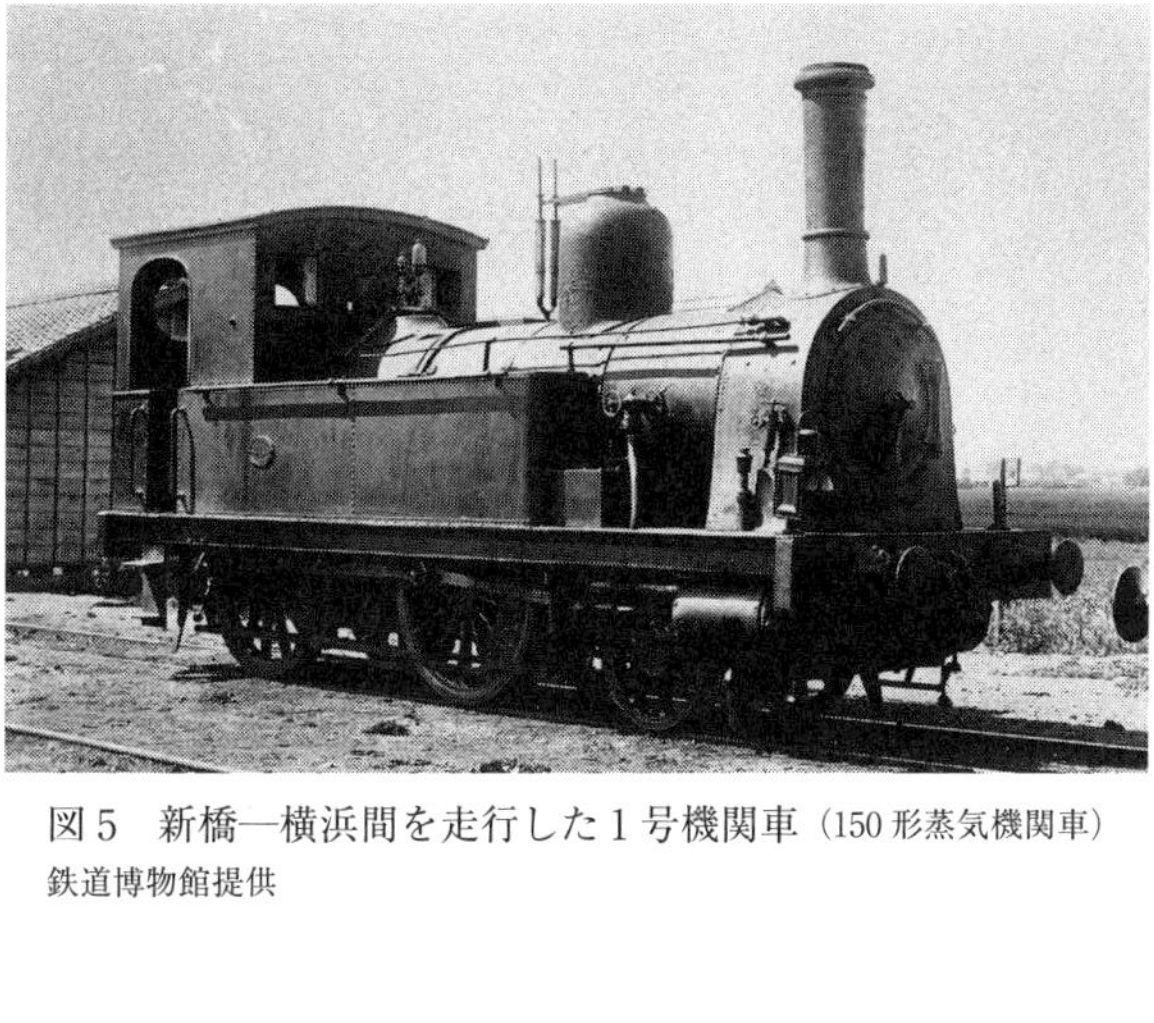
図５　新橋―横浜間を走行した１号機関車（150形蒸気機関車）
鉄道博物館提供

後年に印象深かったこととして東京の商人総代による祝詞の奏上を挙げていた。渋沢によると、このことは「日本に於ける新記録」であり、一世一代の光栄であるから、商人同士で議論を交わしたところ、適任者として推挙した三井八郎右衛門が固辞して受けなかったため、三野村利左衛門が名代を務めたという。また、開業式の服装についても、宮中儀式における衣冠束帯であることの厳達はなく、フロックコートの礼装で参列する人びともみられたのであった[19]。

2　工部省と関西鉄道会社

①地方官主導の鉄道建設計画

大蔵省に出仕していた渋沢が関わった鉄道会社の計画に関西鉄道会社があった。この会社は、当初協同社と名乗っていたが、一八七一年八月には単に鉄道会社と称するようになった。規則書や株券のひな型には西京鉄道と記載されていたが、一八七三年四月に関西鉄道会社へと再度改称した（以下では、関西鉄道と表記する）。なお、一八八八年三月に三重県四日市で設立された関西鉄道とはまったくの別会社である。

関西鉄道の計画とは、一八七〇年七月に京都府権大参事の槇村正直《まきむらまさなお》の建議による敦賀（もしくは小浜）から京都までの鉄道敷設構想に端を発するものであった。京都は、遷都の影響で公卿《くぎょう》や官員だけでなく、有力商人も東京に拠点を移したために衰退の不安に直面していた[20]。槇村は、北海の産物を越前若狭地方から京都を経て南海地方へ輸送する交通インフラを整備することで、京都地域の活性化を図ろうとしたのである。

ただ、政府財政には余裕がなかった。オリエンタルバンク横浜支店から調達した外資はすでに新橋―横浜間と神戸―大阪間の鉄道建設資金に充当されていたため、さらなる鉄道延伸のための資金に事欠いていた。[21]明治初期の日本では株式会社の普及・発展は十分ではなかったため、政府の利益保証を前提とした華士族、豪商資本を動員した鉄道建設が計画されていた。[22]関西鉄道もまた、京都府権大参事の槇村という地方官が主導した鉄道建設計画であった。

一八七一年三月に槇村は、御用商人の三井組、小野組、島田組と沿線地域の豪商や富豪を勧誘して民間資本による鉄道建設を工部省に具申した。京都―敦賀間の鉄道を建設するためには、さしあたり大阪―京都間の鉄道を開業させなければならないが、国費による建設が困難であることから、民間から建設資金を調達しようとしたのである。

図6　槇　村　正　直

同年八月に三井組の三井八郎右衛門らは鉄道会社の設立許可を請願した。「運輸の利、往来の便世に益ありて、人民労生の一大義たる、交際と流通とを拡充するの根軸たる事」を述べ、新橋―横浜間と大阪―神戸間の鉄道敷設が進められているなか、大阪―敦賀間の鉄道を建設する目的で鉄道会社を創立することを表明した。[23]

その計画とは、大阪―京都間の一〇里（約三九・二七㎞）の建設に要する七〇万円の資金を調達することを目的にした鉄道会社を起業するものであったが、建設と営業はともに政府が担うこととされた。会社は元金を拠出して政府から利息（年間一割）と営業益金の一部（二割）を得ることとされた。そして、一八九一年一月以降に会社が鉄道を所有することを希望すれば、その所有権を得ることができるというものであった。

つまり、関西鉄道は、今日における一般的な鉄道会社（私鉄）とは異なり、政府に鉄道建設資金を提供することを目的にした「鉄道建設資金調達会社というべき」事業であった。[24] 明治維新以降の御用商人らは、御用金の拠出、会計基立金への応募、為替会社、通商会社への出資など、明治政府の求めに応じてきた。ただし、新橋―横浜間鉄道の開業以前において御用商人らが鉄道の有用性を正しく判断することは難しいことであったと思われる。槇村の勧誘に彼らが応じた理由については定かではないが、鉄道建設や運営の主体になるわけではなく、鉄道建設資金を提供する会社に出資するという条件であったことによるものと考えられる。[25]

一八七一年九月に正院が会社設立を承認したことで、関西鉄道では株式募集の準備が進められることになった。

②大蔵省と工部省の軋轢と関西鉄道の解散

一八七二年一月に工部省は、大蔵省に経費の支出を要求するため、実地調査を経たうえで大阪―京都間鉄道の建築調書を取りまとめたのであるが、これによると建設費として当初の二倍近い一三一万四八四一ドルが見積もられていた。一八七一年五月に制定された新貨条例によって全国統一通貨の円が正式に導入された。一ドル＝一円の為替レートが採用されたため、円に換算した建設費は一三一万四八四一円であった。とにかく、建設費の予算が大幅に増額されたのである。

大蔵省は、工部省からの建設費増額の知らせを受けると態度を硬化させた。同年四月には、「開業後の利益は、資本の利息をも償う能《あた》わざる（中略）会社の頽廃《たいはい》を来《きた》さんの虞《おそれ》あり」として、鉄道運営が成り立たなくなることを危惧した。[26]

一八七二年四月、山尾庸三《やまおようぞう》工部少輔が大蔵省を訪ねてきた際に、不在の井上馨に代わり渋沢が応対したことがあった。山尾によると、「工部省の独断で施行する訳でなく、予《かね》て正院へ申立て貴（大蔵――引用者注）省へも合議に為り決済の上取計らっているものである、一体鉄道建築というものは容易の業ではなく、中々会社の集金位で成功の目算は立たぬ。故に貴省の御引受がなくては取掛る訳のもので無い」と述べ、「今に至って御異存があったのでは、迚《とて》も鉄道敷設の見込も無い」と申し立てた[27]。

渋沢は、確答せずに山尾を帰し、急ぎ井上にこのことを報告した。井上は、政府の意向として大阪―京都間鉄道を敷設しようとしているのだから、関西鉄道の事業計画のうち、京阪間の建設は遅滞なく進めていく必要があると判断した。

関西鉄道においても建設費の増額は寝耳に水のことであった。急遽の対応策として元々の七〇万円の調達方法には変更を加えず、新たな増額負担分について、一株につき一〇円以下の少額株券を無利息で発行することにした。

井上は、関西鉄道の対応について、「小券の如きも弊害なしとは断言しがたいが、政府に於て相当の指導と保護を与えたならば之を免かれ得る」として少額株券の発行に一定の理解を示していた。その一方で、「京阪線は今日に及んで已《や》む能《あた》わざる所であるけれど、敦賀線の如きは採用すべきで無い（中略）衆力の合致を得ずに、政府単独の事業を興すのは、概ね失敗に陥りやすい」と述べ[28]、京都以東の延伸は「他日人民開化の域に達するまで中止すべし」という判断を下したのであった[29]。

大蔵省は、民間資本による鉄道建設・経営に消極的だったわけではなく、安定的な収益確保を条件にすることで鉄道事業として成り立たせることを重視していた。井上と渋沢は、殖産興業政策に充てる国家財政負担を軽減させるために株式会社を普及させて民間資本を活用しようとしていた[30]。渋沢が、株式会社設立の指南書として知られる『立会略則』を発行した理由には、株式会社を普及させたいという思いがあった。

他方で関西鉄道は、京都府の槇村とも議論を交わして、資本金の増額に対応するため民間に経営権を委譲することと、会社の規模を拡大して広範な株主を募集する方針を決めた[31]。一八七二年七月に大蔵省、京都府の槇村、関西鉄道発起人総代の三者による協議を経て、定款（規則書）が成立した。同社に対して九〇年間（のちに九九年間に延長された）の鉄道所有・経営権のほか、利益処分権を容認する内容であった[32]。

その一方で工部省の思惑は、この三者とは異なるものであった。幹線鉄道の官設官営主義をとっていた工部省では、建設と資金の両部門をみずからの所管にすることで自立的な鉄道政策を実施する体制づくりをめざしていた。一八七二年九月に山尾工部少輔は、関西鉄道の資金を工部省において借り上げ、政府の手によって建設することを正院に建議した。つまり、工部省が鉄道事業会計を所管することを意味していたのであるが、正院は翌月一四日に許可を与えた。

これに対して渋沢は、正院に対して大蔵省の権限を冒し、会計事務を混乱させるものであると強く抗議した。すなわち、鉄道敷設工事は工部省の管轄であるが、民衆の資金を集め、利子の償還に区切りを設け、かつ利益を処分することは官民契約に属することから、大蔵省に委ねられるべきなのであった[33]。

一八七三年五月に工部省はさらに実地調査を行い、物価上昇などを理由に建設費用を洋銀一五六万四五一〇ドル（一五六万四五一〇円）と見積もった。同月末、大蔵省、工部省、京都府の協議を経て、関西鉄道との約定を改めた議定書が作成された。ただ、このときにすでに井上と渋沢は大蔵省を退官していた。

このおよそ半年後の一二月に政府は、京都地域の景況悪化にともなう資金調達計画の再検討を理由に、関西鉄道の解散を指示した。そもそも、関西鉄道は京都府の槇村の計画から始まったものであり、経済界や地元において起業の機運が熟して設立された会社ではなかった。こうした事情もあって御用商人らは会社解散の指示にすぐ応じたのであった。

一八七三年末から大阪—京都間は官設鉄道として工事が開始された。一八七六年九月に同区間が仮開業したことにともない神戸—京都間が鉄道で結ばれ、翌年二月には京都駅において明治天皇の臨席のもと開業式が執り行われた。

3 民間人としての挑戦

①華族資本による東北地方への鉄道建設計画

明治初期において民間資本による鉄道建設計画は一応存在していた。関西鉄道会社、東京鉄道組合、東山社、東北鉄道会社が当てはまるのであるが、これらの会社は御用商人や旧領主、華士族の資本を基礎にして、政府の財政負担による保護を前提としたものであった。渋沢は、大蔵省に出仕していたときに関西鉄道会社、退官した後に東京鉄道組合に関与した。以下では、大蔵省を退官した渋沢が最初に関わった鉄道事業計画である東京鉄道組合について詳しくみてみたい。

一八七二年一〇月に旧徳島藩主で華族の蜂須《はちす》賀《か》茂韶《もちあき》は、ロンドンに留学しているときに現地において鉄道の有用性を意識するようになった。そこで、東北地方の開発を促すために、東京から新潟、東京から青森までを結ぶ鉄道を敷設するべきであると政府に建言した。

岩倉具視を全権大使とする遣欧米使節団がロンドンに到着した際に蜂須賀は、華族の財産・資本をもって陸羽地方と東京を結ぶ鉄道建設の必要性を岩倉に説いた。岩倉もまた、旧米沢藩主の上杉《うえすぎ》茂憲《もちのり》に随行してロンドンに留学していた千《ち》坂高雅《さかたかまさ》（旧米沢藩大参事）に会ったときにこのことについて話した。千坂の反応は、米沢の物産が振るわないのは運輸の便を欠いているからであり、陸羽地方と東京の間に鉄道を通す計画があれば、多くの人びとが参加するであろうというものであった。[34] 岩倉は、東北地方への鉄道建設を勧める意見書を滞在先のロンドンから太政大臣の三条実美に宛てて送るほど、強い関心を抱いたのである。

華族とは、一八六九年六月に旧来の公家と諸大名に対して与えられた族称である。華族内部には明確な格式による上下関係はなかったが、一八八四年七月に華族令が制定され、新たに勲功華族の参入がみられるようになると、華族身分は公・候・伯・子・男の五つの爵位に分類された。一八九〇年代において、大多数の華族は、納税額からみて社会的・経済的に恵まれていた。[35]

これより先、横浜の実業家・土木建築請負業であった高島嘉右衛門は、東京から東北方面への交通事情の改善、さらには北海道との連絡を図るための鉄道敷設を構想しており、一八七一年と翌七二年の二年間で政府に三回も建白書を提出していた。高島は、新橋—横浜間鉄道の敷設工事において横浜付近の海面埋め立て工事を請け負ったほか、横浜のガス灯設置、洋式学校の藍謝堂を建設したことなどで知られている。高島は、華族資本を利用して鉄道建設資金を確保しようとしており、岩倉に謁見してみずからの計画を説いたことがあったが、目的を果たせないでいた。

こうした折に、伊達宗城、松平春嶽、徳川慶勝、池田《いけだ》慶徳《よしのり》、毛利《もうり》元徳《もとのり》、池田《いけだ》茂政《もちまさ》、亀井《かめい》茲監《これみ》、山内豊範《やまうちとよのり》、細川《ほそかわ》護久《もりひさ》、池田《いけだ》章政《あきまさ》などの華族らは蜂須賀の説に賛同し、一八七三年三月に連署して鉄道会社の設立許可を太政官に請願した。太政官は、事業の方法を明示したうえで工部省に提出するよう指示したのであるが、一八七五年になっても手続きが進展しなかった。民部卿兼大蔵卿だった伊達宗城や岡山藩知事だった池田章政らは熱心に活動していたものの、華族の多くは事務的、会計的な作業に不慣れな場合が多く、具体的な手続きが一向に進まなかったのである。そこで、在官の前島密（大蔵省駅逓頭）、在野の高島が加わって手続きを進めていくことになった。

②総理代人としての渋沢の関与

鉄道の建設は容易なことではないため、前島は適切な指導者を求めた。当時の渋沢は第一国立銀行の運営に従事していたが、前島、伊達、松平とは大蔵省に出仕していたときからの知己の間柄であったこともあり、鉄道計画の世話役として加わることになった。

ところで、一八七三年六月に三井組と小野組などの出資によって設立された第一国立銀行の経営は、翌七四年における小野組の破綻によって一時は窮地に立たされていた。当時、同行総監役だった渋沢は、井上馨や小野組番頭の古河市兵衛から助言を得て対応に奔走し、その甲斐あって同行の損失を最小限に食い止めていた。一八七五年八月に同行頭取に選出された渋沢は、二五〇万円から一五〇万円への資本金の減資をはじめ、融資条件、役員選任の厳格化などの経営改革を進めていた。[36] 渋沢が、第一国立銀行の経営改革を進めていた頃に、前島は渋沢に声をかけたのであった。

この華族組合は、当初は鉄道会社と称していたが、一八七五年一二月には東京鉄道会社、さらに翌七六年三月には東京鉄道組合へと改称していた。維新後の華族は、国家にとって有益なことに投資することでみずからの役割に意義を見出そうとすることもあったとされるが、全華族四二八家のうち東京鉄道組合に参加した華族は二六名であった[37]。

東京鉄道組合では、定期的に会議を開いており、渋沢は一八七五年四月六日の第二回会議から員外として出席していた。会議は一八七八年三月まで計四〇回、主に第一国立銀行内で開催された。渋沢は用事のあった三回を除いて毎回出席していた。なぜなら、同年五月六日に総理代人に選出されたことで、華族らに代わり事業を監督処理する役割を果たしていたからである。渋沢が、東京鉄道組合のメンバーである華族の意見を取りまとめて運営方針を決めていく体制になった。

当初、渋沢は主要都市間の建設資金を調べたり、政府補助の見込みを想定したりしながら、東北地方への鉄道建設計画に前向きに取り組んでいた[38]。渋沢子爵家所蔵文書の「今奥羽道中を最も先として鉄道を建築すべき其所以」なる史料には、具体的に東北への鉄道延伸の意義として五点が記されていた。そのうちの三点は次に示すとおりである[39]。

①陸奥国が接している北地は、ロシアの国境とも接している。ロシアの侵略を防ぐためには北地の開拓を盛大にする必要がある。②鉄道建築工業を発達させる。蒸気器械の製造から運転まで日本人の手で行う必要がある。③奥羽道中は、土地が豊かで青森と盛岡を合わせて京都、仙台と福島を合わせて大阪と比較することができる。鉄道を敷設することにより産物の富饒を極めることができるというものであった。

その一方で、経済学者で東京経済雑誌を創刊したことで知られている田口卯吉《たぐちうきち》は、北海道開拓は経済上、「政事上」の一大問題であると認めながらも、前橋―東京間以外の鉄道の開設は時期尚早であると指摘していた[40]。たしかに渋沢は、鉄道工業への貢献や東北地方における資源開発の促進といった効果も強調していたのであるが、その一方で収益計算など、経営が成り立つかどうかについては明らかにしていなかった。そのため、帝政ロシアの南侵にそなえて開拓地北海道とを結ぶ輸送機関という軍事的意義を主眼とする計画であるという見方もあった。[41]

③新橋―横浜間鉄道払い下げ計画への転換

一八七五年四月二三日の第四回会議には渋沢と井上馨が員外として参加した。冒頭に井上が、東北地方への鉄道建設ではなく、官設の新橋―横浜間鉄道の払い下げに方針を改めるべきであることを提案した。

華族のメンバーは、当初、一〇年間で七五〇万円程度を拠出できるはずであった。ところが、渋沢との話し合いを重ねるうちに一〇年間で二五〇万円程度へと規模を縮小させていった。この金額では、東京から青森まではもとより福島までの鉄道建設すら非現実的であり、せいぜい宇都宮までの建設費用にしかならなかった。このことは渋沢にとっても悩みの種であったようで、「殊《こと》に自身の身代はどの位あるか知らぬ御方が多く、私の家の財産はいくら有るかというて人に聴くような始末。会合は数度あったけれども一向予算も何も立ちはせぬ」と、愚痴をこぼすほどであった。[42]華族メンバーは、新橋―横浜間鉄道の払い下げ案を受け入れることを決めると、同年一〇月に政府に願書を提出した。この決定によって、東北地方への鉄道建設を目指していた高島は、またしても目的を果たすことができなかったのである。

井上が新橋―横浜間鉄道の払い下げを提案した理由は、以下の三点であった。①東京―福島間の鉄道建設にあたり七五〇万円では予算不足で、一〇〇〇万円以上の資金を要することが想定される。②仮に、福島まで延伸できたとしても、一路線だけでは東北地方の資源開発や地域振興に与えるインパクトは限定的である。③東京―宇都宮間の鉄道を一〇年間もかけて建設するのは、非効率的であるというものであった。[43]井上によると、既設の新橋―横浜間鉄道の払い下げに切り替えた方が、華族メンバーの経済的な負担が小さくなるだけでなく、政府にとっても払い下げで得た資金を別の鉄道建設予算に充当することができるため、双方にメリットがあった。もちろん、大隈重信大蔵卿は新橋—横浜間鉄道の効用を否定していたわけではない。既設区間の新橋—横浜間と大阪—神戸間は官営事業として高い収益を維持していた[44]。ただ、一八七五年に日本の内国運輸網を海運中心に編成するという政策方針が打ち出されたことで、大隈は鉄道よりも海運に対する重点的な保護を主張するようになっていた[45]。井上の提案には、こうした政策面における風向きの変化があったのである。

一八七五年一二月に新橋—横浜間鉄道の払い下げが許可されると、そのことを祝して築地精養軒において会合が開かれ、華族を代表して伊達が祝詞を述べた。渋沢は答辞として、「此《この》立会に望むに能《よ》く世運の変遷を観察し其《その》卓見を動かさずして此鉄道事業の精確悠久たらんこと」という希望を述べたうえで「苟《いやしく》も成事に安息せずして益々企望を拡伸し、能く機を察して其声誉の人後に落ちざらんこと」と注意を促した[46]。

一八七六年八月五日に東京鉄道組合は、政府との間で全一四条からなる「新橋横浜間官設鉄道払下に関する条約」を締結した。重要と思われる内容のみを紹介すると、①新橋—横浜間の鉄道、土地及び所属する建屋、器械を合わせて政府より華族二六名の組合に譲渡する。その代価は三一〇万円とするが、このうち三〇〇万円は七か年賦にて上納すること。年賦金の総額に対して政府が年六朱の利息を下付する。残額の一〇万円は、七年後に無利息で一〇か年賦で上納すること。今後この鉄道について政府より代価の増額を組合に請求することはない（第一条）。表1は、華族ひとりずつの年賦金の負担割合を示したものである。②代価の三〇〇万円は、一八七六年七月から一八八三年一月にかけて、年二回（一月五日、七月五日）、各期には二一万四〇〇〇円（最終回のみ二一万八〇〇〇円）を大蔵省に払い込む。初回は、一八七六年八月五日を期限とする（第三条）。③代価のうち三〇〇万円の上納が完了したとき、すなわち一八八三年一月以降に新橋—横浜間の鉄道およびその付属物、建屋、器械、地

表1　鉄道払下条約における各華族の負担金額

氏　名　等		負担金額(円)
蜂須賀茂韶	従二位旧徳島藩主	825,900
毛利元徳	従三位旧山口藩主	413,000
徳川慶勝	従一位旧尾張藩主	272,600
松平頼聡	従四位旧高松藩主	231,300
池田慶徳 池田輝知	従二位旧鳥取藩主 従五位慶徳ノ嗣子	188,200
池田茂政 池田章政	従三位旧岡山藩主 従四位茂政ノ嗣子	182,900
山内豊範	従四位旧高知藩主	141,600
松平慶永 松平茂昭	正二位旧福井藩主 正四位慶永ノ嗣子	132,100
伊達宗城 伊達宗徳	従二位旧宇和島藩主 従四位宗城ノ嗣(弟)	123,900
久松勝成 久松定謨	従四位旧松山藩主 勝成ノ嗣	123,900
前田利嗣	従四位旧加賀藩主	118,000
井伊直憲	従四位旧彦根藩主	82,600
大村純熙	従四位旧大村藩主	74,300
亀井茲監	従三位旧津和野藩主	33,500
毛利元敏	従五位旧豊浦藩主	16,500
榊原政敬	従四位旧高田藩主	8,300
池田徳潤	従五位旧福本藩主	5,900
毛利元忠	旧清末藩主	5,500
九条道孝	従一位	5,300
井伊直安	従五位旧与板藩主	4,100
前田利同	旧富山藩主	10,600
合　計		3,000,000

出典：竜門社編『渋沢栄一伝記資料』第8巻，渋沢栄一伝記資料刊行会，p.464などから作成.

所と付帯する地券等の一切のものを政府から組合へ引き渡す（第五条）。④組合がこの鉄道を譲り受けたら組合の所有物として永久にその事業を営むことができる（第八条）。

このように、払下条約の内容は基本的に華族側にとって有利なものになっていた。明治政府は、鉄道事業に華族資本を投じることを国家経済上からみて必要なこととして考えていた。また、華族の家産を強固にする必要もあったことから、新橋—横浜間鉄道の払い下げ条件についても、できるだけ譲歩したのである。[47]

④東京鉄道組合の解散

一八七六年八月五日は、金禄公債証書発行条例の公布日でもあった。明治政府は、華士族には家禄《かろく》、維新の功労者には賞典禄《しょうてんろく》を支給してきた。同条例により、一八七七年以降に家禄・賞典禄は金禄へと改められ、数か年分の額を積算した公債証書が一時に交付されることになった。華士族らは、一時に多額の資金を得る代わりに、それまで毎年得ていた家禄・賞典禄という固定収入を失うことになった。とくに、禄高の多い華士族にとって、毎年の利息収入が従来の家禄・賞典禄よりも大幅に減少したことは、家産の保全と資金の安定的かつ発展的運用への関心を高める要因となった[48]。

華族督部長として華族の組織化と統制に努めていた岩倉は、松方正義大蔵大輔からの進言と宮内省からの通達を受けて、華族の家政改革を図った。華族に交付される金禄公債を集めて華族銀行（第十五国立銀行）を設立することで、金禄公債の交付にともなう華族の収入減少を公債利子と銀行株の株主配当をもって補おうとしたのである[49]。

華族からなる東京鉄道組合は、同条例によって存続の危機に陥った。一八七六年一〇月二五日の第二五回会議では、金禄公債証書発行条例の対応策が協議された。渋沢は、年賦金の上納を希望する華族のために、彼らに交付される金禄公債を資本金にした新銀行を設立するアイディアを出したものの、岩倉による華族銀行の構想と相容れず、断念せざるを得なかった。このままでは東京鉄道組合による新橋―横浜間鉄道の払い下げ計画が暗礁に乗り上げかねないという危機感をもった渋沢は、「岩倉さんの措置が余りに暴戻である」と批判したのであるが、聞きいれられなかった。東京鉄道組合は、やむなく第十五国立銀行から融資を受けるかたちで政府への年賦金を工面することになった[50]。

第十五国立銀行の発起人には、毛利元徳、徳川慶勝、池田章政、藤堂高潔《とうどうたかきよ》、松平茂昭《まつだいらもちあき》、南部利恭《なんぶとしゆき》らが名を連ねていた。このうち、毛利、徳川、池田、松平は東京鉄道組合のメンバーでもあった。渋沢は、「其方（第十五国立銀行のこと——引用者注）の出資をお断りしなさい」と言って華族の引き留めを図ったのであるが、岩倉の了解を得ることができなかった。

一八七七年五月二一日に開業した第十五国立銀行の資本金について、同行の発起人らは華族の受け取る金禄公債証書の額面総額の三〇二七万円をもとに換算して一八九〇万円と見積もっていたが、その一方で政府は一六六六万円ほどの金額を主張していた。第十五国立銀行は、政府の示す金額を基礎にして一七八二万六一〇〇円を資本金にした。ここでの資本金の減額がのちに東京鉄道組合の存続に影響を及ぼすことになった。

改正国立銀行条例に依拠して一八七九年までに設立された一四八の国立銀行のなかで第十五国立銀行の資本規模は第一位であった。すべての国立銀行の資本金総額は三七七二万円であったから、第十五国立銀行だけで約四七・二％を占めていた。第二位の第一国立銀行の資本金が一五〇万円であったから、第十五国立銀行の資本規模が群を抜いて大きかったことがわかる。[51]

しかし、第十五国立銀行は、一八七七年二月に勃発した西南戦争の戦費調達を図る政府に、同行の資本金の約八四・一％に相当する一五〇〇万円を営業開始直後に貸し上げていた。それゆえ、同行は、東京鉄道組合と宮内省に融通しただけで資金的な余裕がなくなり、「お手あげ」状態になっていた。[52]

他方、東京鉄道組合は、第二季年賦金までは問題なく上納できる見込みをつけていたものの、第三季以降の年賦金を確保できる見通しを立てられないでいた。渋沢は、第十五国立銀行から融資を仰ごうとしたのであるが、同行からの回答はさしあたり第三季年賦金の二一万四〇〇〇円を年六朱の利子で融資するというものであった。

実際に、第三季年賦金として第十五国立銀行から二一万四〇〇〇円を借り入れたのが七月一日、年賦金として上納したのは同月五日の期限当日のことであった。

このように東京鉄道組合の資金繰りは綱渡りの状態になっていたが、一八七七年一一月二九日の第三八回臨時会議の席上において、ついに第十五国立銀行からの融資継続が不可能になったことが報告された。岩倉によると、同行設立の際に金禄公債証書の評価額が低減したことによって、「資本金百万円有余減少」したことが理由であった。[53]当日の会議では、詳しい事情を知る伊達宗城と林厚徳《はやしあつのり》も、第四季以降の年賦金に充てる資金の調達ができなくなったことが説明された。渋沢は、組合存続の方策を練るべきか、それとも廃止するべきか、出席していた華族メンバーに判断を委ねた。

伊達は、「到底成効を見るべからずして却て第四季の上納に臨みて窘蹙《きんしゆく》を取るのみ」と、組合の存続を断念するような意見を述べたが、一方で「此《この》旧資に依《よつ》て更に一事業を継営せんことを欲す」と、別の事業を手がけることへの意欲を示した。林もこの案に同意した。勝部静男（出雲大社大宮司）は、「今旧に溯して考案するも益あるなし」と述べて、「幸に督部長の組合の為めに後策を揄揚《ゆよう》せらるべきの言」があることから、[54]新橋―横浜間鉄道の払い下げの代わりとなる新たな事業を検討するべきであると主張した。北川亥之作《きたがわいのさく》（旧加賀藩士、のちの日本鉄道副社長）の意見も、勝部と似たものであった。

ひと通り華族の意見を聞いた渋沢は、鉄道組合を断念することにして大隈大蔵卿、伊藤工部卿、そして岩倉督部長に宛てた申文を書き起こす旨を発言した。伊達は、「今此事業を廃するは真に切歯に堪えざるのみならず総理代人に対し深く慚愧《ざんき》する所」であると渋沢に詫びるとともに、「後計を総理代人に委托すべし」として、[55]引き続き渋沢に取り仕切るよう申し出た。北川や勝部も同様の意見であった。

一八七七年一二月一九日付で「東京横浜間鉄道御払下条約取消之儀に付悃願書」が、大隈と伊藤それぞれに宛てて提出された。「悃願書」には、東京鉄道組合の活動が行き詰まるまでの経緯が説明され、すでに上納した年賦金の三季分にあたる六四万二〇〇〇円について、「一時現金にて御還付」を願い出たのであった。西南戦争の戦費負担によって政府財政は窮乏に直面していたため、還付金は翌七八年八月末にようやく支払われたのであった。

⑤東京海上保険と大阪紡績の起業資金への転用

一八七八年三月一八日の第四〇回会議は、東京鉄道組合の最後の会合となった。華族メンバーと渋沢は、還付金を資金にして新しい事業を起こすことを決めていた。渋沢によると、大隈大蔵卿に内々に相談したところ、「共同再挙して保険の如き事業に就ては大に時勢に適うの要務たるを以て官厚く之を賛成すべき」であるとの助言を受けていた[56]。

のちに、渋沢は海上保険事業を起業した当時のことを次のように述懐している。すなわち、「海上保険会社を起した原因は、華族の鉄道買収の為め積立てた資金があったからで、これがなかったら或は適当に資本が集らなかったかも知れない。実際殆《ほとん》ど強制的に、公な道理正しい仕事をすると云う理由で、義理づくで、此新らしい海上保険事業を営むことにした」と述べており[57]、この文脈からは華族の資金を当てにして起業したことがわかる。

もっとも、東京鉄道組合の挫折は世間の記憶に新しく、同じメンバーで再挙した場合に十分な信用が得られないことが想定された。渋沢は、「熟慮精議万一失なきを以て百折撓《たわ》まざるの鋭意を持するを要す」と、華族たちに十分な議論と覚悟を促した。そのうえで、再挙の事業として三つの選択肢を提案した。第一に海上保険事業、第二に株式取引所、そして第三に北上川《きたかみがわ》開墾野《の》蒜《びる》築港事業であった。渋沢の狙いは、前述のとおり、海上保険事業であったと思われる。なぜならば、東京株式取引所（現在の東京証券取引所）は、一八七八年五月に渋沢自身によって東京市日本橋区兜町に設立されていた。野蒜築港計画もまた、同年に政府事業として着手されていたからである。[58]

ただ、華族メンバーのなかには海上保険や保険業の知識がない者もいたことから、内務省駅逓局長の前島密のもとで海上保険条約を作成した経験をもつ益田《ますだ》克徳《かつのり》（三井物産社長の益田孝の弟）が起業の準備にあたった。益田は華族に対して海上保険を説明し、また海上保険に関する資料を配布するなどして理解の促進に努めた。

一八七八年六月六日、伊達宗城を盟主にした旧東京鉄道組合のメンバーからなる同盟の会議において、渋沢の計画に基づく海上保険会社の創業が決定した。総理代人に任命された渋沢は、政府からの還付金六四万二〇〇〇円から第十五国立銀行への元利償還を差し引いた残額を第一国立銀行に預け入れた。その後に、海上保険会社の起業資金へと充当した。また、郵便汽船三菱会社の経営者である岩崎弥太郎が、海上保険会社の株式のうち三分の一を保有することを条件に同盟に加わることが取り決められた。

一八七九年八月に東京海上保険会社（現在の東京海上日動火災保険株式会社の源流となる）として開業した際の頭取は蜂須賀茂韶、取締役は伊達宗城、柏村信（毛利家代表）、二橋元長（三菱代表）、寺西正器（三菱代表）であった。社員は、支配人の益田克徳を含めて六名であった。他方、表２から創業当時の華族株主を確認すると、蜂須《はちす》賀《か》茂《もち》韶《あき》を筆頭に一七名の華族が二六万六六〇〇円を出資した。資本金の全体に占める華族の出資比率は四四・四％であった。[59]株主配当率をみると、第一季決算（一八七九年一二月末）で六％、第二季決算（一八八〇年六月末）で九％、第三季決算（一八八〇年一二月末）で一一％と順調に増配を重ねており、第一一季決算から第一四季決算を除くと、

表2　東京海上保険会社創業当時の華族株主

氏　名	金額(円)	株数(株)
蜂須賀茂韶	82,800	828
毛利元徳	41,000	410
徳川慶勝	28,000	280
松平頼聡	25,000	250
池田章政	20,000	200
山内豊範	10,000	100
井伊直憲	8,000	80
池田輝知	6,000	60
松平慶永	6,000	60
松平茂昭	6,000	60
前田利嗣	5,800	58
伊達宗城	5,000	50
伊達宗徳	5,000	50
久松勝成	5,000	50
久松定謨	5,000	50
池田茂政	4,000	40
亀井茲監	4,000	40
合　計	266,600	2,666

出典：『東京海上火災保険株式会社六十年史』東京海上火災保険，1940年，p. 99.

表3　大阪紡績創業当時の華族株主

氏　名	金額(円)	株数(株)
前田利嗣	18,000	180
蜂須賀茂韶	16,200	162
毛利元徳	15,000	150
徳川義礼	8,900	89
亀井茲監	8,800	88
伊達宗徳	6,400	64
伊達宗城	6,300	63
松平頼聡	5,400	54
松平茂昭	5,100	51
久松定謨	4,200	42
池田輝知	3,700	37
井伊直憲	3,300	33
大村純雄	3,000	30
榊原政敬	700	7
毛利元敏	700	7
毛利元忠	600	6
九条道孝	200	2
合　計	106,500	1,065

出典：大阪紡績会社『第一回半季考課状』（創業～1883年12月）株主名簿から作成.

第三二季決算（一八九五年六月末）まで一〇%以上を維持した。[60] 東京鉄道組合が上納した年賦金に付与される利息は年七分（七%）であったから、結果的に東京海上保険への出資は、華族の家産保全という点では有効であった。

さらに渋沢は、華族メンバーを勧誘して大阪紡績会社（現在の東洋紡株式会社）にも投資させていた。一八七九年に渋沢は、大規模紡績工場の創設を主唱したところ、関東と関西の資産家・企業家らが賛同したことで計画を具体化させた。ただ、起業資金の調達は容易ではなく、渋沢は華族メンバーに投資を呼びかけたのであった。表3は、大阪紡績会社の創業当時における華族株主を示したものである。一七名の華族が資本金（二八万円）の約三八%に相当する一〇万六五〇〇円を出資していた。こうした渋沢の勧奨と華族の出資が呼び水となって、大阪紡績会社は多数の出資者を集めた[61]。

一八八二年には大阪府西成郡三軒家村に工場建設用地を確保したうえで、五月には合本会社の大阪紡績会社として創立許可が下付された。大阪紡績は、イギリス留学から帰国した山辺丈夫を工務支配人に迎えると、蒸気動力を利用した一万五〇〇〇錘規模の昼夜二交代制によるフル稼働で好成績を上げていった。結果的に渋沢は、新橋—横浜間の官設鉄道を華族らに払い下げることができなかったが、華族の資産を活用して海上保険業と紡績業といった近代的なビジネスを興すことに成功したのであった。

第2章　鉄道からみた「東の渋沢、西の五代」
——五代友厚と渋沢栄一の関わり——

1　五代友厚と渋沢栄一

鉄道が創業した明治初期の実業家を考えるとき、東京を中心に活動した渋沢栄一だけでなく大阪を拠点にして活躍した五代友厚も重要である。

二人には共通する点として、幕末にヨーロッパ諸国を歴訪して西洋文明や先進的な産業・技術の発展ぶりを視察し、新しい知識を会得したこと、明治政府の官僚として重用されたこと、そして退官した後には実業家として活躍したことが挙げられる。しかも、単に企業経営者としてではなく、渋沢は東京、五代は大阪において、株式取引所、商法会議所、商業講習所といった財界の形成、商業教育の普及に力を尽くした。

その一方で、異なる点もある。渋沢は、事業経営にあたり株式会社制度を活用して第一国立銀行をはじめとして多くの近代産業の育成に関わったのに対し、五代は主に鉱山業や製藍業、製銅業などの在来産業の近代化に取

図７　五代友厚　国立国会図書館「近代日本人の肖像」より

り組んだのであるが、経営的には必ずしも成功したとは言えなかった。経営者としての能力に関しては渋沢の方がより高かった。[1]

こうした二人の違いは、渋沢が豪農出身で少年期から持ち前の商才に磨きをかけてきたこと、五代が薩摩藩の上級武士出身ではやくから開国論をもつ藩内でも進歩派の志士であったことという出自・経歴によるものであると考えられている。五代には私利より国益を明確に上位に置く、国士的な一面があった。[2]

よく知られているように、渋沢も実業家のあり方として公益の追求を主張していたが、私利を得ることを否定していたわけではなかった。私利を得ることと国益に奉仕することは両立し得るものであると考えていた。[3] 渋沢と五代は、事業経営における価値観や考え方が異なっていた。

ただし、二人の違いは出自・経歴だけでなく、実業家として活動できた期間の長さにも影響を受けているように思われる。一八七四年以来、渋沢と五代は第一国立銀行の株主総会の場や書簡のやり取りなどを通じて交流を深めていた。渋沢は、訓話のなかで五代について次のように述べていた。[4]

大阪に於ける文明的実業は氏に由って植えられたというべきであった。必ずしも五代一個の富を増殖せんとしたのでなく、欧米の進歩を見、我国も民業を大に発達せしめねばならぬことを痛切に感じ、此点より民間の事業に就かれた（中略）余と境遇が同じであったから、東西互に消息を通じ、時に意見を闘わし、相提携したこともあった。（中略）経営が手広く且《か》つ大規模なりしに拘《かかわ》らず、その事業は完成したものなく、終に中途にして斃《たお》れた（中略）もし体力強健、長命するを得たら、五代の将来は実に驚くべきものがあったろうと思う。

五代は、一八三五年一二月二六日に薩摩国鹿児島郡城ヶ谷村に生まれ、渋沢は一八四〇年二月一三日に武蔵国榛沢郡血洗島村に生まれた。二人の年齢差はおよそ五年である。一方で没年は、五代が一八八五年（四九歳）であったのに対し、渋沢は一九三一年（九一歳）であったから、四六年もの差があった。渋沢は、大阪における五代の実業家としての精力的な活動に注目していたが、それぞれの事業には発展の余地があると考えていた。

本書のテーマである日本の鉄道についてみると、五代は在官当時から実業家になったあとに至るまで関わる機会があった。そこで、幕末から一八八〇年代半ばまでにおける五代の鉄道・軌道事業への関与について、渋沢との関わりを意識しながら歴史的に跡づけてみたい。

2　薩摩藩留学生の引率者としての渡欧

①渡欧の目的

一八六五年三月二二日、長崎居留地にいたイギリス・グラバー商会のトーマス・B・グラバーの協力を得て、五代ら薩摩藩留学生一行の一九名はロンドンに向けて出発した。五代は、新納《にいろ》刑部《ぎょうぶ》、松木《まつき》弘庵《こうあん》（寺島陶蔵《てらしまとうぞう》、宗則《むねのり》）とともに三名の引率者の一人として参加した。また、グラバー商会手代のライル・ホームが、一行の世話人として同行していた。当時は公然と渡航することができなかったため密航せざるを得ず、それぞれ変名を用いており、五代は関研蔵と称した。五代らは五月二八日にロンドンに到着した。

薩摩藩のねらいは、藩の勢力強化のための新知識の習得にあった。留学生は、ロンドンにおいて海軍測量術、機械術、陸軍学術、文学、医学、化学などの専攻別に大学教授の家に住み込んで学習に励んだ。留学生のなかに鉄道技術を修得した者はいなかったようだが、鉄道の有用性は認識するようになったと思われる。

五代は、新納とともにイギリスをはじめヨーロッパ各国において小銃、蒸気船、紡績機械などを購入した。[5] 新納は、薩摩藩家老の家の生まれで、軍役方総頭取として藩兵制の洋式化を推進したほか、軍役奉行として薩英戦争で兵制改革を進めたことなどが評価されて藩大目付に就任していた。

留学生のなかには吉田《よしだ》清成《きよなり》や森有礼《もりありのり》などがいた。ともに薩摩藩の洋学養成機関で俊才が学んだとされる開成所の学生であった。

薩摩藩留学生一行の人数は、従来の幕府使節団と比べて大きい規模ではなかったが、その性格の点では明治政府が派遣した岩倉使節団を一藩の力で先取りしたものだった。このグループの経験は藩論だけでなく、明治政府の中でも生かされた。薩摩藩留学生の足跡は、西ヨーロッパからロシア、アメリカにも及んだ。彼らは藩の指示や援助を待つことなく欧米諸国に視察に出かけ、幕府が崩壊した後も何人かは帰国せずに踏みとどまり、みずから労働しながら勉学を続けた。[6]

②鉄道との出会い

イギリスに向かう道中に薩摩藩留学生一行は、アラビア半島最南端で当時イギリスの占領地であったアデンから紅海に入り、五月一五日にスエズに到着した。留学生の一人であった松村淳蔵の洋行日記によると、同地の印象は「草木も一つも不生、砂漠の地」であった。[7] 当時はスエズ運河が未開通であったため、同日夜に汽車に乗り込み、カイロを経て地中海に面した都市であるアレキサンドリアまで乗車した。松村の日記には、「欧羅巴諸州は遠道必気車道を拵《こしらえ》候由、蒸気車頭に機関車有之《これあり》、長三間横一間半計《ばかり》も可有《あるべく》、是か蒸気器械の車也（中略）蒸気車の道の車の当る処は大き、鉄筋を土地に敷、其上を走る其早きこと疾風の如し、「スエス」蒸気車は一時間に十七里走ときく」とある。そして、「実に早きこと感歎に堪たり」と感想を記した。[8] また、このときに窓外に見える銅線、鉄線をひっぱる木柱が、遠距離であっても互いに用件を伝えあうことのできる電信の設備であることを知ることになった。[9]

イギリス到着後、二年前からロンドンで学んでいた長州藩英国留学生グループの山尾《やまお》庸三《ようぞう》、野村弥吉、そして遠藤謹助《えんどうきんすけ》の訪問を受けた。一緒に渡航していた井上聞多《いのうえもんた》（馨《かおる》）と伊藤俊輔（博文）は、四国連合艦隊による下関攻撃の計画を知ると、外国勢力の強大さと藩の存亡を案じて帰国の途についていた。[10]

このうちの一人である野村弥吉は、のちに日本の鉄道の父として知られることになる井上勝であった。イギリスからの帰国後に大蔵省造幣寮造幣頭兼民部省鉱山司鉱山正として新政府に出仕し、一八七一年八月に工部省鉱山寮鉱山頭兼鉄道寮鉄道頭に任ぜられて以降、日本の鉄道の発展に力を尽くした。

③渋沢のフランス派遣との関わり

一八六五年八月に白川健次郎なる者がフランスからロンドンに来て、五代らにモンブランを紹介した。新納と五代はブリュッセルでモンブランと会い、殖産興業と貿易振興による富国強兵の道を講じることが急務であるとして「商社」を設立するための協議の場を持った。[11]

モンブランは、フランスの貴族で後に外交官になる人物であるが、ベルギーにおいてもインゲルムンステル城という居城をかまえ、インゲルムンステル男爵という称号をもつ青年貴公子であった。[12] 八月中旬に新納と五代は、堀孝之（通訳人）、ホームらとともにモンブランと会見し、一二か条からなる「商社」設立の条約書を締結した。このときには鉄道や電信に関する規定は含まれていなかった。

その後、新納と五代らはヨーロッパ各国の都市を訪問してパリへと移動した。そこでは一八六七年にパリで開催される万国博覧会に薩摩藩が出品するべき重要物産などについてモンブランとの話し合いの場がもたれた。万博の開催にあたり、フランス当局は当初幕府に出品を要請していたのであるが、幕府側がなかなか決断しなかったため、モンブランは新納と五代に出品を要請した。結果的に、パリ万博には幕府のほか薩摩と肥前両藩が出品することになった。

実際、幕府はフランス政府から万博への参加要請を受けていたが、参列者の人選に難航するなどの理由で回答を保留していた。一方で、五代などがヨーロッパに密航して盛んに活動していたことについて、幕府は国の基本を乱すものだと認識しており、「日本の主権は徳川氏に於て取扱って居る」ことをヨーロッパ各国に示す必要から、徳川昭武を将軍名代として派遣することにしたのであった。[13] 徳川昭武の一行には、御勘定格陸軍附調役（会計兼書記）として随行した渋沢栄一がいた。

渡欧の前まで熱心な攘夷派であった渋沢は、ヨーロッパにおいて先進的な西洋文明や産業の発展ぶりを目の当たりにしたことで開国派に転じた。前章で紹介したように、フランスにおいて渋沢は、当時の日本でみられた官尊民卑の社会のあり方を打破せねばならないこと、金融や銀行、合本組織の制度、そして公債の有用性を知ることになった。五代らの渡欧は、たまたまではあったが、渋沢の生き方や価値観を一変させる海外渡航の機会をもたらしたのである。

④五代による「蒸気車」導入提案

一八六五年一一月にパリを離れてロンドンに帰着した五代は、翌一二月に堀をともなって再度パリに赴き、モンブランとの間で「商社」設立の契約に関する変更・増補で合意した。新たに動物館、川堀蒸気機関（浚渫機関）、蒸気飛脚船大形外車、そして大阪―京都間の「蒸気車」とテレガラフ（電信）の四項目が追加されており、「我朝形勢次第、可成速に相開き申度候」とされていた[14]。

「蒸気車」導入の説明として、『五代友厚伝記資料』には次のような内容の文章が記されている。すなわち、大阪より京都までの経路には流砂があり、小さい川船をもって往来する。京地および伏見の人口はおよそ百七十・百八十万人で、あらゆる日用品は大阪から運ばれている。すなわち、フランスの港湾都市であるル・アーブルやマルセイユのようである。京都はわが国の中央にして、東西南北の遊客が常に多く、近年の諸大名は江戸に行かず京都で集会するために、追々繁栄して驚くに堪えない。毎日往来する人たちは身分を問わず一万人を下らず、蒸汽車を開業するときには地代等は安価であるから費用はそれほどかからない。有益であることは勿論、国民を教え導く良策である、というものであった[15]。

五代が、モンブランと設立する「商社」を通じて外国資金の導入を画策しているとも読み取れる内容であるが、資金調達の方法や経営権のあり方、そして利益の配分方法など具体的な規定については特に示されていなかった。鉄道の効用として旅客と物資の輸送が挙げられているが、産業振興に関する言及はなかった。これは当時の日本ではまだ産業革命が始まっていなかったためであると思われる。

むしろ、大阪―京都間鉄道は、薩摩藩の主導のもとになされるべき全国的規模での「富国強兵」策の一環で計画されていた。当時、薩摩藩から京都に軍隊を派遣する際は、通常大阪まで船舶で移動してから京都まで陸路で移動していた。大阪―京都間鉄道には軍隊の移動を円滑にする軍事的なねらいがあった。さらに全国的規模での「富国強兵」策は、京阪地域を中心に近代産業を移植し、そのことによって各藩を刺激することも意図されていた。[16]

新納と五代は同年末にパリを出発し、一八六六年三月一一日に鹿児島に帰着した。帰藩とともに新納は御家老外国掛、五代は御納戸奉行御用人席外国掛に任ぜられ、藩の中心的な役務を担うことになった。

しかし、「蒸気車」の導入は実現しなかった。イギリスがモンブランとの契約を無効にするように薩摩藩に申し入れたためである。[17]とはいえ、京阪間の鉄道建設計画は、のちの明治新政府による鉄道導入計画の一つの原型をなすものとなった。[18]

3　明治新政府への出仕

①大阪川口運上所での勤務

明治新政府が発足すると、一八六八年一月二三日に五代は徴士参与職外国事務掛に任ぜられた。外国事務官には、第一等に小松清廉《こまつきよかど》（帯刀《たてわき》）、岩下佐治衛門（方平）、後藤象二郎、町田民部（久成）、伊藤俊輔（博文）、木戸準一郎（孝允）、十時摂津（維恵）、第二等に五代才助（友厚）、寺島陶蔵（宗則）、内田閑平、井関斎右衛門（盛艮《もりとめ》）がいた。大阪における外国事務総裁は伊達宗城で、大阪の外国事務徴士参与は小松、寺島、五代だった。海外渡航や外国人と交流した経験をもつ者が多く登用され、大阪は三人とも薩摩藩出身者だった[19]。

当時の政府職制は、総裁、議定、参与であり、総裁は皇族から、議定は公卿諸侯のなかから、参与は諸藩の人材が登用された。しかし、公卿や大名は名目的な存在で薩長土肥出身の武士階級が実権を握っていた[20]。徴士とは、朝廷に召し出された各藩の藩士や地方の有才の者のことである。

同年閏四月二七日の官制変更にともない設置された大阪川口運上所には税関と大阪の外国事務局の一般外交事務の処理が委ねられていたが、五代は陸奥陽之助（宗光）とともに同所の事務を管掌した。このときが五代にとって初めての大阪での活動になった。その後、五代は外国官権判事になり、続いて大阪府権判事を兼務するようになった。安政五カ国条約によって大阪は開市とされていたが、外国からの要望をうけて同年七月に開港地になると、五代と陸奥の両権判事が事務を担当した。

当時の外国商人のなかには不正行為に手を染める者がおり、日本側に経済的な不利益を与えることがあった。当時の日本人は、官民ともに外国人に威圧を感じて万事彼らの命令に唯々諾々と屈従していた[21]。このため、悪徳な外国商人の活動を許していたのである。

しかし、五代は運上所員に命じて外国商人の不正を厳しく取り締まった。このため、外国商人のなかには不平や不満を口にする者もいた。これには、兵庫駐在の外国事務徴士参与の伊藤が見かねて五代に忠告文を送るほどであった。五代は、外国側からの圧力や抗議に屈することなく、敢然として取り締まりを断行したため、一部の外国商人は取引地を神戸に移した[22]。

実際、大阪港への大型西洋船の入港は兵庫港に対して少なかった。この傾向は大阪―神戸間鉄道の開業後に一層強まった。この理由は、淀川河口部の水深が浅く、吃水《きっすい》の大きい大型船の入港が困難だったからである[23]。五代は大阪港を改良するため、三〇〇〇人の作業員を動員して約二〇〇〇m四方、深さ約八mの築港事業を実施していたのであるが、大型船の入港にあたっては不十分であった。つまり、大阪港においては、外国商人に対する五代の取り締まりよりも、港湾の不備の方がより大きな問題であった。

②欧米諸国による電信架設・鉄道建設請願の拒絶

一八六九年一一月一〇日に鉄道建設の廟議決定によって東京―京都間の幹線と東京―横浜間、京都―神戸間、琵琶湖近傍―敦賀間の支線を建設することが議定された。これに先立って、五代の知人である寺島宗則（横浜外国官判事兼神奈川府判事）が一八六八年九月に東京―横浜間の電信架設を建議したことがきっかけとなり、同年一二月には電信の官営方針が廟議決定された。

「日本の電気通信の父」といわれる寺島は、薩摩国出水郷出身で薩摩藩主の島津斉彬《しまづなりあきら》の命で鹿児島城内において電信研究に従事したことがあった。一八六〇年と翌六一年に渡欧して電信機のことを学び、一八六五年の薩摩藩留学生の派遣では五代や新納とともに引率者として同行した。一八七二年には初代駐英日本公使に任ぜられた人物である。

維新直後には大阪府判事であった五代のもとに電信架設と鉄道建設の利権を得ようと目論む欧米諸国からの請願があった。一八六八年一〇月には来日していたモンブランが大阪―神戸間に私線による電信（「テレガラフ」「ヱレクテック」）架設の権利を得ようとして大阪駐在のフランス副領事レックを介して五代に請願した。モンブランは、一八六五年一二月にパリにおいて五代と締結した契約の履行を求めたのである。[24] 請願によると、官報は低額料金で取り扱うという日本側への配慮を示しつつも、一定年限が経過した後に施設を日本政府へ引き渡す際には条件を付けることを容認せよという、フランス側にとって有利になる内容を含んでいた[25]。

五代は、当時兵庫県知事であった伊藤と協議を重ねて、日本の権益に関することであるため独断で許可すべきではないと判断した。いったん、レックには大阪と神戸間の電信架設は大阪府の管轄地外のことであるため、政府の判断を待って確報する旨を回答した。

この問題は、明治政府で対処することになったが、寺島の献策などもあり、同年一二月に電信の官営方針が廟議決定することになった。翌年二月に五代はレックに宛てて、大阪―神戸間の電信架設の儀は、「我政府於て（ママ）自分手（ママ）を下し製造いたし候筈にて即今既に機械も横浜表へ相廻《あいまわ》り居候《おりそうろう》に付、近々製作に取掛候《とりかかり》」と正式に拒絶した[26]。モンブランには、大阪府で購入する汽船と工場機械の斡旋を依頼して納得させたのであった[27]。

一八六九年二月には神戸駐在のアメリカ領事ロビネットの名義で関西地方の鉄道敷設権を得るための請願があった。その内容は、アメリカの身元が確かで諸約定等を保全し、いつでも差し支えなく準備している組合の者に大阪―神戸間鉄道を建設する権利を与えよというものであった。五代は、またも兵庫県知事の伊藤と協議してこれを拒絶した。すなわち、「彼我人民之便利は勿論、土地開盛の運に相成《あいなり》、不可欠の緊務に候得《そうらえ》ば、兼々我政府に於て自分手を下し製造いたし度《たき》見込に候」とあるように明治政府がみずから建設するからであった[28]。

③外国資本に対する五代と渋沢の考え方

明治政府は、寺島の建議に基づいて東京―横浜間の電信架設工事に着手し、一八六九年一二月二五日に両地間で通信を開始した。一八七〇年八月には大阪川口運上所の近傍に電信所を設置して神戸運上所と大阪造幣寮に通じる二線を架設した。また、一八七四年五月には大阪―神戸間鉄道が開業した。

五代の考えは、運輸通信に関する設備は国家みずからの手で施設するべきで、一部の外国人に特殊権益を付与するべきでないというものであった。五代は、外国人、しかも渡欧した際に親交を深めたモンブランからの請願も拒絶することで外国資本の侵入を防いだのであった。

外資による植民地化の可能性を排除することが明治政府の姿勢であったが、五代自身もまた欧米列強に半植民地化されていく清朝のケースを熟知していたため、その轍を踏むまいという固い信念をもって電信・鉄道の官営方針を率先してリードしていた。[29]

一方の渋沢は、後年になって「余は我国鉄道の初期時代より、鉄道建設資金は宜《よろ》しく外資に仰ぐべしと云う意見を有していた」と回顧していた。もっとも、「我国鉄道の初期」が具体的にいつのことかは判然としないのであるが、渋沢は「外資に仰ぐと云う事は国家の体面を毀損《きそん》するものであるとか、国運の発展に障害を来すものである」といった思想にとらわれて外資を忌避したことを遺憾なことであったと述懐した。[30] つまり渋沢は、五代とは異なり、外国資本の導入を図りながら鉄道を延伸していくべきであったと考えていた。

とはいえ、当時の欧米諸国の鉄道建設請願は単なる出資にとどまらず、経営権や利益確保までも含むものであった。欧米先進国と比べて交渉力や近代産業の技術にかかる知識量で劣るだけでなく、電信架設・鉄道建設に対する国としての方針を確立していない発足直後の明治政府が外国資本を回避する行動をとったことは当然であったといえよう。

4　大阪の商工業発展のために

①退官の理由

五代は、政府の召命により一八六九年四月二一日に上京すると、大隈邸に滞留して大久保利通、大隈重信、井上馨、伊藤らとともに政府の財政政策の策定に関わった。

しかし、薩摩藩では五代に対する非難の声が高まっていた。五代ら文勲派が政府内で官職に就くことに対する西郷隆盛をはじめとする武勲派の妨害活動とみられているが、五代の私生活を豪奢であると非難し、その態度を専横的であると断じた。この翌月、五代は会計官権判事として横浜への異動が決まった。この人事異動に驚いた大阪の外国事務局員らは、五代の留任を求めて政府に嘆願書を送った。

五代もまた、官界ではなく、自由な民間人として大阪の産業経済の発展に尽くそうと決心していた[31]。同郷の大久保は五代の退官に異を唱えていたが、「余は今より冠を挂《か》けて民間に下り、一般商工業を鼓舞奨励して我国民業の振興を図り、以て国家国民の富強に努めんとす」という五代の決意を聞き了承したのであった[32]。

②大阪商工業に対する五代の認識

五代の退官は一八六九年七月四日のことで、渋沢が大蔵省に出仕するおよそ四か月前のことであった。

当時の大阪商工業は停滞していた。維新期の諸改革において銀目手形の廃止、藩債の切り捨て処分、蔵屋敷、株仲間の解散が断行され、さらに新政府の御用金課徴などによって、大阪の両替商や旧来の商人は大打撃を被っていた[33]。

五代の認識によると、大阪の商人には勉強する気概がないようであった。そのため、五代は大阪の有力者とともに互いを団結させ、大阪商工業の再興を図った[34]。旧来の商慣習を復活させるのではなく、大阪の商人を開港後の新しい時代に適したビジネスマンへと脱皮させるための仕組みづくりに努めた。[35] 五代は、大阪商工業を発展させて、かつてイギリスで目にしたバーミンガムのような工業都市にしようと考えていたのである。

他方で渋沢も、東京などの商工業者に対する指導教育の必要性を認識していた。渋沢は、商工業者の社会的地位の向上と商業道徳の習得を訴えて、「嘘は商人の資本なり」ということではなく、公正な商取引を普及させようとしていた。[36]

五代は退官して下野すると、金銀分析所をはじめ鉱山業、製藍業、製銅業などの諸事業を立ちあげて経営し、大阪における有力な実業家の地位を獲得した。また、一八七八年五月に公布された株式取引所条例によって大阪株式取引所を設立したのであるが、その際に渋沢が中心になって設立手続きを進めていた東京株式取引所を手本にした。[37] 五代は、藤田伝三郎、広瀬宰平《ひろせさいへい》、中野梧一《なかのごいち》らとともに大阪商法会議所の設立にも関わり、第一回総会では五代が会頭、広瀬と中野が副会頭に選出された。

長州出身の藤田は、明治初年に大阪に出てきて製靴業から政府向けの軍靴、被服、糧食などを調達して富をなし、土木請負業、鉱業に進出した実業家で、五代のあとに大阪商法会議所会頭に就任した人物であった。

さらに五代は、鴻池ら大阪の豪商を誘って商業講習所を設立した。大阪商業講習所は、一八八五年に府立大阪商業学校に改組されるが、大阪から新進の実業家が輩出される素地を作った。

他方、東京では薩摩藩留学生の一員として参加していた森有礼が、渋沢や福沢諭吉らの支援を得て一八七五年に商法講習所を設立していた。こうした五代の一連の行動が、のちに財界指導者として「東の渋沢、西の五代」と称される由来になった。

③江越間鉄道開業にともなう大阪商業の利害調査

近畿地方における官設鉄道は、大阪—神戸間、大阪—安治川間支線に続き、一八七七年二月に大阪—京都間、一八八〇年七月に京都—大津間、一八八二年三月に長浜—柳ヶ瀬間、そして一八八四年四月には柳ヶ瀬隧道の竣工によって柳ヶ瀬—金ヶ崎（敦賀港）間が開業した。その翌月には、大津港—長浜港間に日本初の鉄道連絡船である太湖《たいこ》汽船が運航を開始した（図8）。

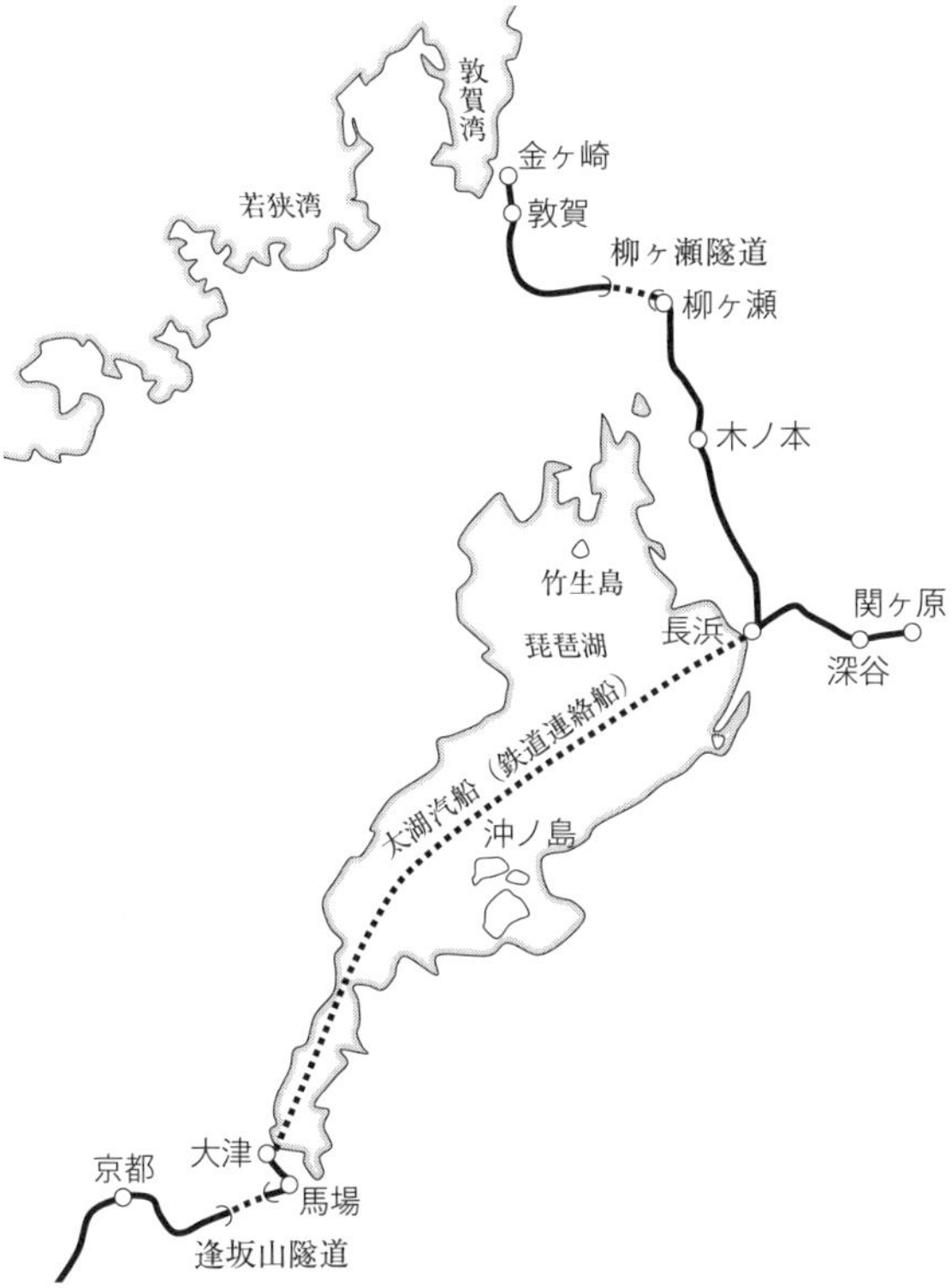

図8　長浜—敦賀間鉄道と周辺鉄道の概要図（1884年）

出典：日本国有鉄道（1970）『日本国有鉄道百年史』第2巻，p.176などから作成.

江越間鉄道、すなわち長浜—敦賀間鉄道の開業が目前に迫ってきたときに、大阪府勧業課は大阪府下の商業に同鉄道が与える利害関係について大阪商法会議所に諮問した。一八八三年五月八日に大阪商法会議所は答申書を提出したのであるが、その結論は江越間鉄道の開通にともなう大阪府下の商業は、利害が相半ばするというものであった。また、五代会頭の名義で作成された「副申書」には、府下各商業物価輸出入および利害調査という詳細な調査結果が添付された。次に示すように大阪商業との利害関係を七項目に分類して、具体的な商品・業界が整理されていた[38]。

（ア）「有利な商品・業種」……塩、蠟、洋反物、洋綛糸、紙、硝子、紫蕨、乾物、酒、錦
（イ）「すこし有利になる商品・業種」……蝙蝠傘、鬘付、材木、提灯袋、茶、菜種、針、履物、小間物
（ウ）「影響のない商品・業種」……漆器、銅、鉛、蒟蒻粉、呉服、蚊帳、蜜柑、昆布、石炭、麻苧、薬種、白粉、鹿皮
（エ）「不利になる商品・業種」……石炭油、砂糖、蠟燭、肥物、塩魚、干魚、大豆、小豆、布海苔、鉄、米
（オ）「不利になっても有利にはならない商品・業種」……古着、伸べ継、竹（輪竹北国向き）、傘
（カ）「利害が相半ばの商品・業種」……西洋小間物、陶器、蒲団、藍、木綿、画具
（キ）「利害のない商品・業種」……種粕、干粕、寒天、魚油

さらに、五月三一日に大阪府勧業課は、江越間鉄道の開業による大阪商業の不利益に対していかなる対策を講じるべきかについて諮問した。大阪商法会議所は、五代会頭の名義で報答書を作成し、七月一四日に上申した[39]。すなわち、江越間鉄道が完成すると大阪商人の手を経ない取引が増加することで、大阪商人のなかには経営的に窮地に追い込まれる者が出てくると予想されていた。維新前、大阪商業の発展は、金融の利便性が高かったこ

とと諸商人仲間の団結によってもたらされていた。それゆえに、大阪商業の繁栄を取り戻すためには、新時代に適合しつつもかつての大阪の商習慣に戻す必要があると提言した。

大阪商法会議所としては、江越間鉄道の開業にともなう大阪商業の不利益は少なくないが、大局的見地・国家的見地に立てば損失もまたしのぶべしと、大乗的見地にたつ議論を提起した。五代ら当時の大阪財界人は、大阪だけの利害の立場に立たず、全国的かつ長期的な観点に立った意見をもっていた。[40] 大阪商業の再興を図る五代は、江越間鉄道の開業という大阪商工業界にとっての脅威を利用することで、大阪府に対してみずからが考えている商工業振興策を主張したのであった。

5 鉄軌道事業への関与

①東京馬車鉄道の創立

明治初期の東京では、一八六九年には人力車が発明されていたものの、多数の人びとを迅速かつ同時に輸送する交通機関はなかった。そうした中、薩摩藩出身の谷元道之《たにもとみちゆき》と種田誠一《たねだせいいち》は、一八七九年に欧米各国を公務出張した際に、外国では都市交通機関として馬車鉄道が活躍していることを知り、帰国後すぐに官を辞して東京市内に馬車鉄道を創設しようとした。[41]

馬車鉄道導入を主導した種田については、渋沢が頭取を務める第一国立銀行で勤務することを条件に、同行の資金を利用して一八七四年から三年間にわたるアメリカ留学で銀行業務を学んだことが知られている。種田を渋沢に紹介した吉田清成は、薩摩藩出身で五代らが引率した薩摩藩留学生の一人であった。吉田は帰国後に大蔵省

図9　新橋停車場と東京馬車鉄道

に出仕し、租税権頭、大蔵少輔を歴任するなかで退官前の渋沢と仕事をしたことがあった。渋沢は、吉田に「種子（ママ）田氏にも一面会、大に談話いたし候処、至極順良にして勉強之質ある人と御見受申候」と伝えており、種田の人柄を高く評価していた。[42]

谷元と種田は起業のために奔走したが、その力が足りていないことを感じると、郷里の先輩で財界の雄である五代に謀り、みずからの計画を成就させようとした。二人は馬車鉄道計画を薩摩藩出身の松方正義大蔵卿と寺島宗則外務卿に説明したことがあったが、いずれも時期尚早であるとして取り合ってもらえなかった。[43]

五代は、都市における交通機関の改善に関して種々考慮していたこともあり、谷元と種田の計画に賛意を示すと、ただちに二人のために奔走し、機が熟したところで計画を発表した。五代が発起人の筆頭になって株式の募集を開始したところ、申込者が殺到してわずか三日で締め切られた。五代の勧めによると思われるが、関西の実業家のなかにも株主に名を連ねる者がいた。[44]

種田が渋沢ではなく五代を頼った理由ははっきりしないが、同郷の有力者である松方と寺島の反応が芳しくなかったことから、代わりに五代に起業にあたっての看板的な役割を期待したと思われる。また、種田は五代と密な関係であった。[45]

あるいは、種田と渋沢の間で、コミュニケーション不足による気持ちのすれ違いがあったのかもしれない。ア

図 10　「東京名所日本橋京橋之間鉄道馬車往復之図」　国文学研究資料館所蔵

メリカ留学からの帰国後に種田は、何らかの事情で希望していた第一国立銀行ではなく、渋沢の指示により大蔵省銀行課で翻訳の業務に就くことになった。だが、種田には不本意な仕事だったようで、次第に渋沢が執務する第一国立銀行に顔を出さなくなっていたという[46]。

一八八〇年二月二六日に東京馬車鉄道の発起人は「東京府下市街鉄道建築願」を東京府知事に提出し、同年一一月二四日に認許を得た。会社設立は翌月二八日で、資本金は三〇万円であった。五代の死後になるが、一八八六年下半期の株主は、第三十三国立銀行頭取の川村伝衛が三〇四株（三万四〇〇円）、五代の妻であるトヨ（豊子）と岩崎久弥が二〇〇株（二万円）、種田誠一が一三五株（一万三五〇〇円）、谷元道之が一〇〇株（一万円）、そして渋沢が二〇株（二〇〇〇円）であった（一株の額面は一〇〇円）[47]。

渋沢は、谷元と種田と「懇意の間柄とて其勧めに応じ株主となり、常に会社要務の協議に与《あず》かった」のであるが、経営が軌道にのると「協議に与かることもだんだん少くなって居た」という[48]。渋沢の出資額は二〇〇〇円と決して多くはなく、付き合い程度であったといえよう。渋沢は役職には就いていなかった。

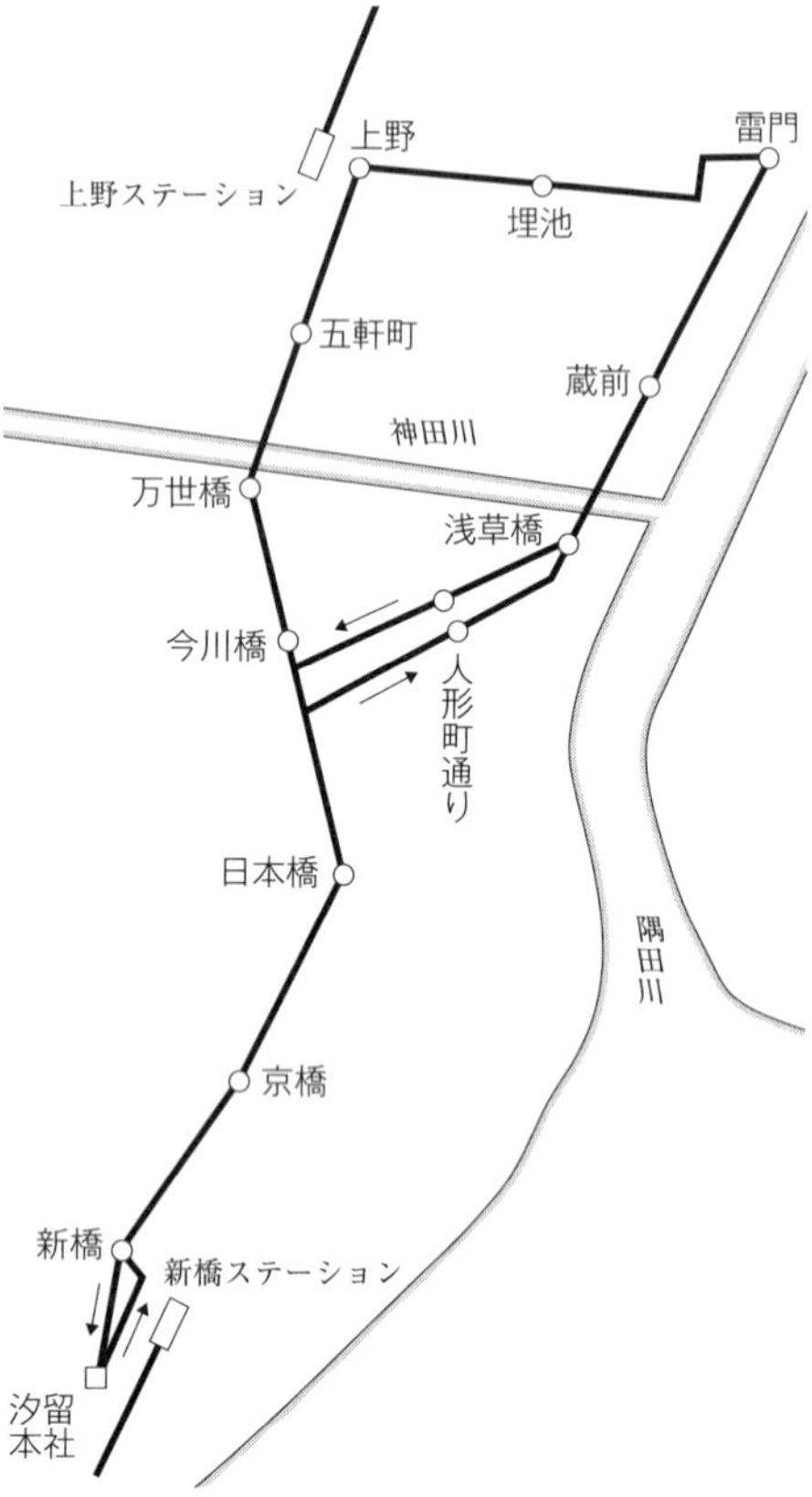

図11　東京馬車鉄道の路線概要図
出典：東京都編（1989）『東京馬車鉄道』p. 85から作成.

創業に際して東京馬車鉄道の問題は、馬と車両をまとめて収容できる本社の場所を確保することであったが、神田花岡町火除地《ひよけち》（現在の秋葉原駅）、上野旧下寺明地（同上野駅構内）の借用は許可されなかった。谷元と種田は、芝汐留町の鉄道局構内の用地借用を鉄道局長官の井上勝に請願したところ許可を得ることができた。構内の線路敷設、厩・停車場の建設についても許可された。井上は、家屋が密集している市街地（新橋—上野間）の交通を鉄道に代わって馬車鉄道に担わせようとしていた[49]。この一件が発起人に評価され、谷元が社長、種田は副社長、五代は顧問に就くことになった。

一八八二年六月二五日、新橋—日本橋間の開通によって、東京市内初の軌道交通が誕生した。その後、日本橋

―上野間、上野―浅草間、浅草―日本橋間の軌道工事が相次いで竣工し、一〇月には全線開通となった（図11）。利益金をみると、一八八二年こそ一万一三三四円であったが、翌年には六万三一八〇円に急増し、三年目には六万六二二六円になった[50]。

東京馬車鉄道の開業をきっかけにして、碓氷馬車鉄道（一八八七年）、小田原馬車鉄道、生野飾磨馬車鉄道、房総馬車鉄道、安蘇馬車鉄道、秋田馬車鉄道（一八八八年）、川辺馬車鉄道、上毛馬車鉄道、伊勢崎本庄馬車鉄道、高崎前橋渋川馬車鉄道、富士馬車鉄道（一八八九年）が認許をうけた[51]。都市交通機関としての馬車鉄道の普及は限定的であったが、地方では軽便《けいべん》鉄道（一般の鉄道よりも軌間が狭く、レールが軽量で輸送能力は低いものの建設費用が安い鉄道）に先立つ交通機関として導入されることがあった。

②阪堺鉄道設立への関与

わが国の私鉄事業は日本鉄道会社の創設をもって始まるが、同社の建設工事は鉄道局によってなされ、さらに多額の補助金を受給してきたことからいわゆる半官半民の会社であった。日本鉄道に次いで設立された阪堺《はんかい》鉄道（南海電鉄の前身）は、純然たる私鉄としてはわが国初のケースであった。大阪と堺を結ぶ私鉄計画は、一八七二年以降にたびたびみられたが、いずれも実現に至らなかった。

一八八二年になると藤田伝三郎、小室信夫《こむろしのぶ》、平瀬亀之助らの発起人が、大阪難波新地から天下茶屋、住吉を経て堺まで六哩《マイル》（約九・七㎞）あまりの鉄道を建設して沿線地域における交通利便性の向上を図ろうとした。五代は、この計画の発起人には加わっていなかった。ただし、一八八四年九月の松方正義から五代宛ての書簡によると、伊集院兼常《いじゅういんかねつね》が独逸商人と商法結社の末に堺筋（阪堺）鉄道の鉄類一切を調えて送ることを希望しており、五代の尽力を願っていた。この点から、五代は阪堺鉄道の設立活動に関与していたことがわかる。[52]

藤田の尽力で、阪堺鉄道には官営釜石鉱山において不要になった機関車とレールおよび付属品の払い下げが認許されていたが、それでもなお不足する資材はドイツから輸入することにしていた。前述した松方から五代への書簡は、このことに関係するものであると思われる。在官当時に堺事件、その後に薩摩藩の堺紡績所掛を務めた経験をもつ五代にとって、堺は馴染みのある地域であった。五代は、商業地としての大阪と堺の密接な関係はもちろん、途中の天下茶屋や住吉には行楽地があることから、鉄道で結ぶことによって物資輸送だけでなく、旅客の利便性を向上させることができると考えていた。[53]

一八八四年六月に事業認可を得ると、資本金二五万円の大阪堺間鉄道会社（のちに阪堺鉄道に改称）を設立した。総株式数の二五〇〇株（一株の額面は一〇〇円）のうち一一五八株を発起人が引き受けて、残余を一般募集したところ直ぐに満株になった。[54]事業認可後に交付された「大阪堺間鉄道築造並営業許可に付命令書」（全三五条）には、「内国人の外株主たることを許さず」（第一二条）と規定され、外国人に株主資格は認められていなかった。

いよいよ阪堺鉄道が建設工事に着手しようとすると、「種々弁難攻撃」と「百方妨害」を被るようになった。鉄道建設反対派の素性は明らかではないが、「到底本鉄道の将来見込みなしと誹謗し、暗に沿道の人力車夫を教唆し、妨害を加えしめん」とする状況であった。帝都ないし皇居において起業した日本鉄道とは異なり、阪堺鉄道の発起人は沿線地域の反対運動にも対応しなければならず、「堅忍不抜の精神を以て、拮据経営遂に期する処の事業を完成」させたのである。[55]

一八八五年二月に起工した阪堺鉄道は、大阪府に用地買収を依頼して同年一二月に難波—大和川北岸間、一八八八年に難波—堺（吾妻橋）間を開業させた。

しかし、五代自身は、同鉄道の開業をみることなく死去した。阪堺鉄道初代社長の松本重太郎は丹後国竹野郡の出身で、五代から指導を受けた実業家の一人であったが、南海鉄道、山陽鉄道、阪鶴《はんかく》鉄道、七尾《ななお》鉄道などの設立・経営にも関わった。また、鉄道以外にも紡績、保険、糖業などの事業経営に関わり、関西財界に足跡を残した。

阪堺鉄道の純益金と配当率をみると、一八八八年には四万六六八一円で一割配当、一八九三年には七万二七四〇円で一割五分配当、そして一八九七年には一五万三九六〇円で三割五厘配当を実現するほど順調な経営を続けていたのであるが[56]、一八九八年九月に一切の権利財産を南海鉄道株式会社に譲渡して解散した[57]。一八八六年に景気が上向くと、阪堺鉄道と日本鉄道の良好な経営がきっかけになることで一八八九年までの間に両毛鉄道、山陽鉄道、九州鉄道、大阪鉄道、関西鉄道、北海道炭礦鉄道が相次ぎ設立された。こうした「鉄道熱」が呼び水になることで株式会社の設立ラッシュが現出したのであった。

③鉄軌道事業の創業と五代の役割

東京馬車鉄道、阪堺鉄道は、ともに軌道会社、私鉄会社として日本で最初期に設立された事業であった。五代は、起業意欲のある有志から求められたとき、採算が見込めるかは分からないが、国や地域・都市の発展にとって有益な事業計画であると判断した場合には出資に応じたり、発起人・創立委員として設立活動に関与したりするなどした。

当時において前例のない民営による鉄軌道事業は、株主募集や用地買収、建設工事に際して周囲の人びとから理解されないだけでなく、ときに反対運動に対処しなければならなかった。新しいビジネスを始動させるにあたり直面するトラブルを解決へと導き、事業計画を完遂させるための役割が五代に期待されていたのであり、五代本人もまた意識していたように思われる。こうした行動は、国益や公益に資することを何よりも重んじていた五代自身の価値観と適合するものであった。

五代は、江越間鉄道を国益の増進にとってプラスであると前向きに評価していた。当時の大阪商業にとって不利な一面もあることは予想していたが、大阪商業の再興に必要な商業政策を提言することで、同鉄道の開業による市場環境の変化に大阪商人を対応させようとしたのである。五代は東京馬車鉄道と阪堺鉄道について、それぞれ東京市内と大阪・堺地域における人びとの往来の増加と商工業の発展にとって有益な事業であることを認識していた。五代にとって鉄軌道の開業とは、商工業者を刺激して地域の活力を高めるきっかけにすることを意味していたと思われる。

開業後の東京馬車鉄道と阪堺鉄道は、ともに良好な経営状況で推移することになるが、このことが前例になることで好景気になると各地の実業家や資産家らが鉄軌道事業を起業ないし投資対象にするようになった。幕末から明治初期にかけて、私利を得ることに執着せずに国益に奉仕する公共心をもった五代のような人びとが欧米諸国から電信架設と鉄道建設の利権を守ったことで官営電信・鉄道が成立できたのであり、民営による鉄軌道事業の始動を支援したことで私鉄が発展する素地が整えられた。渋沢などの後進の実業家は、五代らによって整えられた鉄軌道事業をさらに発展させた。五代と渋沢のような実業家が存在したからこそ、日本の鉄道は創業し、発展していったのである。

第3章　鉄道網の広がりと商工業の発達

1　私設鉄道事業への関与

①多数の鉄道会社との関わり

渋沢栄一は、一八九五年から一九〇七年にかけて、役員・重役として延べ五〇社もの会社に関与した。銀行、保険業、紡績、織物、鉄道、造船、製鉄、ビールなどの多様な産業に関係していたのであるが、その特徴として欧米の先進的な知識や技術を活用する産業、そして鉄道、港湾、炭礦などのインフラ事業、エネルギー産業が中心であった。[1] 株式保有については長期継続的に関わった会社の出資比率が高かったが、基本的には経営権の行使にあたって不足のない程度の株数を所有していた。[2]

鉄道に限定してみると、一八八〇年代後半から一九〇〇年代初頭にかけて、表4で示すように四〇社以上の鉄道会社に関わった。株主、発起人、役員など立場はさまざまであった。渋沢が鉄道会社（計画を含む）に関わった動機もまた、さまざまであったと思われるが、たとえば一八九〇年代末の不況下で資金難に陥っていた上武鉄道への融資を決めた理由は、路線の延伸による出身地・埼玉の秩父地域における産業振興への期待にあった[3]。もっとも、渋沢が関与したすべての鉄道会社が開業にこぎつけられたわけではなく、なかには出願すら叶わずに解散したこともあった。

他方で、私鉄のなかにも、沿線地域の産業・地域振興との関連を意識した出願書類を作成することがあった。たとえば、日本鉄道会社の創立願書には、「貨物の運送行旅の来往に無上の便宜を与え沿道各地の生産力を増加するにおいて意外の結果を見ることあらむ」と、産業振興を下支えするインフラ事業であることが明記されていた。また、九州鉄道会社の創立願書にも「物資の運搬行旅の来往実に無量の便宜を与え各地の生産力を増加するに於て意外の結果を見るに至るべし」と、似た文言ではあるが、沿線地域の生産活動や輸送ニーズに対応することが記載されていた[4]。そこで、渋沢が関わった鉄道会社のなかでも、初期のものである日本鉄道会社の設立経緯とその後の鉄道会社設立ブーム、すなわち鉄道熱について詳しくみてみることにしたい。

渋沢の立場・役割
株主
株主，理事委員，取締役
発起人
賛同して浅野総一郎を発起人にした
株主，創立委員長
株主
発起人，監査役
株主
発起人，株主，相談役
株主
発起人
発起人
発起人，常議員
発起人
発起人
株主
株主
諸井恒平を派遣して調査のうえ建設資金を援助
発起人
創立委員・創立委員長
発起人
創立委員
発起人
株主
創立委員長
株主
創立発起人
発起人
発起人
株主
発起人
株主
創立委員長
設立資金を後援
相談役
発起人，創立委員長
学識経験者を紹介
株主
発起人
株主
賛成人
賛同して助言を与えた
相談役

表4　渋沢栄一が関わった私鉄

会　社　名	設立年	主　な　区　間
東京馬車鉄道会社	1880	新橋—浅草広小路，上野広小路—浅草広小路
日本鉄道会社	1881	東京—前橋，同区間から分岐して青森
濃勢鉄道会社	1884	四日市—垂井
両毛鉄道会社	1886	小山—前橋
日光鉄道会社	1886	宇都宮—鹿沼
水戸鉄道会社	1887	小山—水戸
北越鉄道会社	1887	直江津—新津—新発田，新津—沼垂
九州鉄道会社	1887	門司—三角，田代—早岐
筑豊興業鉄道会社	1888	飯塚—直方—若松港，赤池村—直方
総武鉄道会社	1889	本所—八街
東京市街鉄道	1889	外濠線（神田万世橋—水道橋—市ヶ谷御門—新橋），中央線（新橋—昌平橋），水道橋線（水道橋—板橋），新宿線（市ヶ谷御門—新宿）
常磐炭礦鉄道会社	1889	水戸—平
北海道炭礦鉄道会社	1889	官設鉄道（手宮—幌内太・幾春別）払い下げと室蘭—空知太，同区間から分岐して夕張炭山，空知炭山
参宮鉄道株式会社	1889	津—小俣
岩越鉄道株式会社	1894	郡山—新津，酒屋
京都鉄道株式会社	1894	京都—和田山
両山鉄道株式会社	1894	広島—松江
上武鉄道株式会社	1894	熊谷—秩父大宮
磐城鉄道株式会社	1895	郡山—平
京北鉄道株式会社	1895	京都—敦賀常宮
掛川鉄道株式会社	1895	掛川—二俣町
陸羽電気鉄道株式会社	1895	塩釜—藤助新田
群馬電気鉄道会社	1895	高崎—伊香保
南豊鉄道株式会社	1895	別府—長洲，判田—竹田
駿甲鉄道株式会社	1895	岩淵—甲府
毛武鉄道株式会社	1895	巣鴨—足利
武上鉄道株式会社	1895	高崎—八王子
函樽鉄道株式会社	1896	小樽—函館
西成鉄道株式会社	1896	川北村—梅田
金城鉄道株式会社	1896	金沢—名古屋
船越鉄道株式会社	1896	船越—大宰府，仲原—飯塚，前原—満島
京板鉄道株式会社	1896	板橋—春日
函館馬車鉄道株式会社	1897	函館—湯ノ川
京阪鉄道株式会社	1897	大阪—京都
小倉鉄道株式会社	1903	足立—熊田，富野—原町
東京鉄道株式会社	1906	東京市街鉄道，東京電気鉄道，東京電車鉄道が合併
京阪電気鉄道株式会社	1906	大阪（高麗橋東詰）—京都（五条大橋東詰）
京越電気鉄道株式会社	1906	
越後鉄道株式会社	1906	白山浦—柏崎
神戸電気鉄道株式会社	1907	
筑波鉄道株式会社	1910	土浦—下館
富士身延鉄道株式会社	1912	富士—甲府
東京地下鉄道株式会社	1917	高輪南町—浅草広小路，車坂町—南千住町
田園都市会社（荏原電鉄）	1918	目黒—調布村，大井町—調布村

出典：竜門社編『渋沢栄一伝記資料』渋沢栄一伝記資料刊行会，第8巻，第9巻，第51巻，第53巻，などから作成.

②日本鉄道会社の設立と鉄道熱の現出

日本鉄道会社（以下では日本鉄道と省略する）は、一八八一年に岩倉具視の主唱により、第十五国立銀行頭取だった池田章政ほか四六一人の発起人によって設立された。

当初は、（1）東京より上州高崎に達し、この中間から陸奥青森まで、（2）高崎より中山道を通し越前敦賀の線（長浜—敦賀間官設鉄道）に接続し、即ち東西京の連絡をなす、（3）中山道線路中より北越新潟を経て羽州に達す、（4）九州の豊前大里より小倉を経て肥前長崎に達し、この中央より肥後に及ぼすという計画で、まさに「全国一条の鉄道を敷設」することを目的としていた。[5] ただ、結局は（1）の区間のみの建設にとどまることになり、第一着手として東京から高崎までを第一区線、第一区線の途中から分岐して白河までの第二区線、白河から仙台までの第三区線、仙台から盛岡までの第四区線、そして盛岡から青森までの第五区線に工区を分けて建設することになった。資本金は、第一区線から第五区線までの建設費に相当する二〇〇〇万円であった。

一八八一年に工部卿から送達された日本鉄道の特許条約書には、官有地で鉄道の線路、倉庫、停車場建築のための地所は会社に無賃貸与すること（第二条）、民有地の場合には公共土地買上規則により政府が買い上げて会社に貸与すること（第三条）、鉄道用地にかかるすべての国税を免除すること（第四条）、株金募集開始から各線区の建築落成までは一か年八分の利子を補給すること、そして各線区の運輸開始後は純益が一か年八分に満たない場合には東京—仙台間は一〇年間、仙台—青森間は一五年間、政府が不足額を補うこと（第五条）など、会社と株主にとって有利な諸条件が示されていた。[6]

ただ、折しも西南戦争の戦費として乱発した不換紙幣を整理する松方正義大蔵卿によるデフレ政策（「松方デフレ」）の影響により日本経済は不振であった。一八八六年に日本経済が好景気を迎えると、一八九〇年まで続く株式会社設立ブーム、いわゆる第一次企業勃興が現出したことで、鉄道会社は第一次鉄道熱として紡績や鉱山にならぶ有望な投資先になった。

この時期に、前述の日本鉄道、九州鉄道と合わせて五大私鉄と称された北海道炭礦鉄道、関西鉄道、そして山陽鉄道の幹線鉄道会社が設立された。一八八七年には私設鉄道条例が公布され、軌道（道路に敷設する鉄道）を除く鉄道会社の設立要件や敷設免許の審査手続きが明確になったことも鉄道熱を促す要因になった。その一方で、官設鉄道の延伸も進められた。一八八九年には官設の東海道線が全線開業したことにより私鉄には及ばないものの、一八八二年の一七三哩《マイル》（1マイルは約一・六〇九km）から一八八九年には一一三九哩へと路線網を拡張させた。

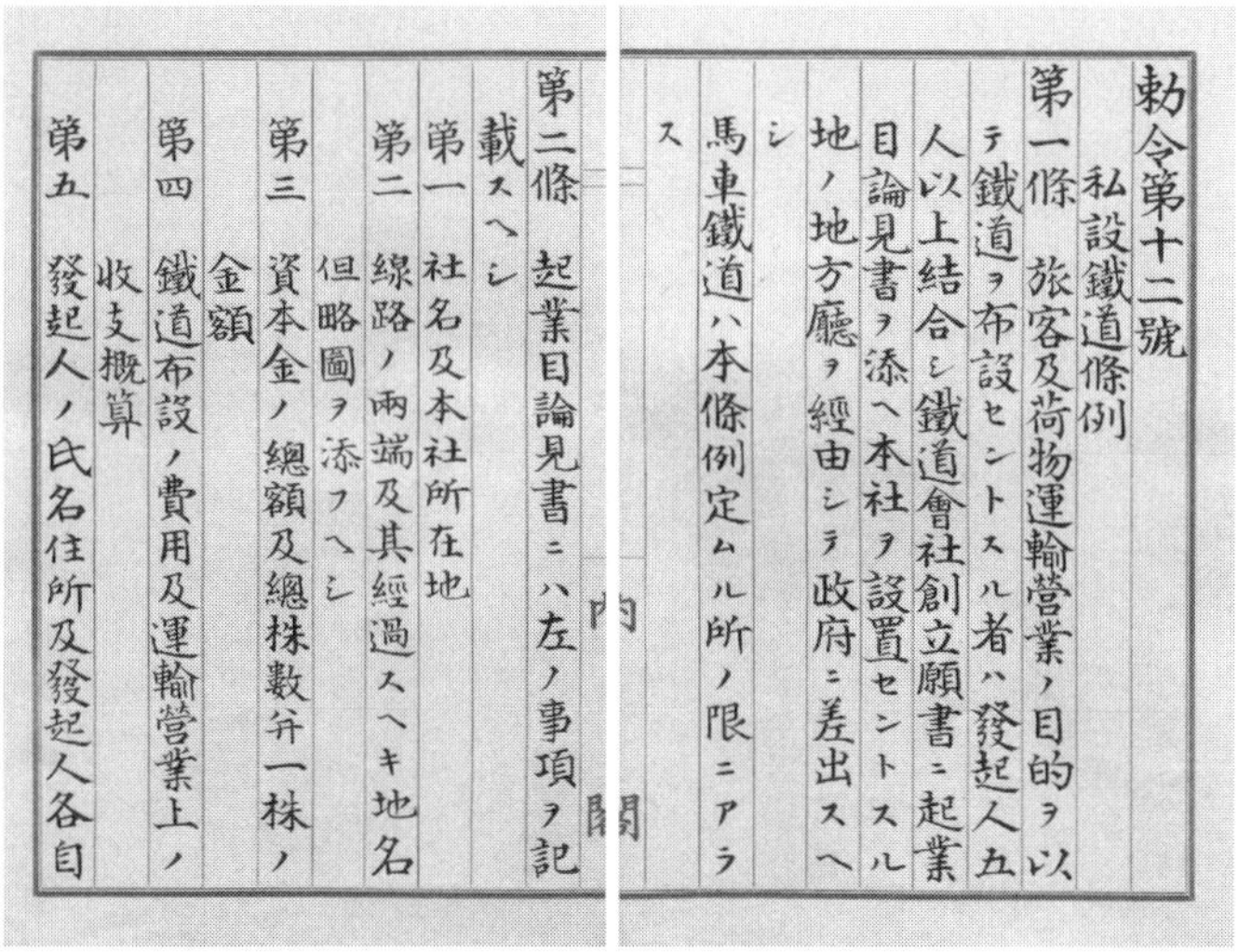
勅令第十二號
私設鐵道條例
第一條　旅客及荷物運輸營業ノ目的ヲ以テ鐵道ヲ布設セントスル者ハ發起人五人以上結合シ鐵道會社創立願書ニ起業目論見書ヲ添ヘ本社ヲ設置セントスル地ノ地方廳ヲ經由シテ政府ニ差出スヘシ
馬車鐵道ハ本條例定ムル所ノ限ニアラス
第二條　起業目論見書ニハ左ノ事項ヲ記載スヘシ
第一　社名及本社所在地
第二　線路ノ兩端及其經過スヘキ地名
但略圖ヲ添フヘシ
第三　資本金ノ總額及總株數幷一株ノ金額
第四　鐵道布設ノ費用及運輸營業上ノ收支概算
第五　發起人ノ氏名住所及發起人各自

図12　私設鉄道条例　国立公文書館デジタルアーカイブより

鉄道会社の設立ブームは、一八九〇年の恐慌で沈静化したものの、日清戦争をはさむ好景気に乗じて再び活発になった。一八九〇年代末まで続いた第二次鉄道熱では、短距離の比較的小規模な私鉄が数多く設立された。私鉄の設立は、仮免許と本免許の二段階の審査によっていたのであるが、一八九六年度に仮免許を得るために出願した私鉄の数は四五〇社にものぼった。これらのなかには投機目的のために設立され、実体の不確かな会社も含まれていたが、本免許が下付された私鉄であったとしても、開業に至るケースは決して多くはなかった。[7]

このような二度の鉄道会社設立ブームを巻き起こした時代の渋沢と鉄道の関わりはどのようなものであったのだろうか。以下ではまず、鉄道会議における議論を、次いで日本鉄道の重役としての行動をみていくことで商工業の発展と鉄道のあり方を考えてみたい。

2　鉄道会議における私鉄の議論

①鉄道会議の概要

鉄道会議とは、一八九二年に成立した鉄道敷設法において規定された鉄道会議規則に基づいて、同年六月から一九四九年六月まで監督官庁に設置された諮問会議であった。鉄道敷設法は、日本において建設されるべき鉄道路線を定めた法律である。

東海道線などが官設鉄道として開業した一方、財源難の政府に代わり各地で私鉄による鉄道建設が進められたのであるが、なかには経営不振に陥るケースもあった。「日本の鉄道の父」として知られる鉄道庁長官の井上勝は、一八九一年七月に「鉄道政略に関する議」を建議して、鉄道の全国への拡張を実現するための手段として鉄道専門官の判断による私鉄の政府買収などを主張した。ただ、鉄道敷設法の審議過程で井上の理想とする鉄道政策は否定され、鉄道建設や私鉄の買収などは行政官ではなく、鉄道会議を設置して議会の意向を強く反映するような仕組みになった。[8]とはいえ、鉄道敷設法は官設鉄道建設の具体的な路線や着工に至る法的手続きを明示した点において日本鉄道史上画期的な法律であった。[9]

鉄道会議規則の第一条では、鉄道会議は内務大臣（一八九四年に鉄道庁が内務省から逓信省に移管された際に「逓信大臣」に改められる）の監督に属しその諮詢に応じることとされ、五つの主な審議事項が示されていた。（1）鉄道敷設法第一五条に掲げられている事項（鉄道工事着手の順序、第一期線の鉄道工事の都合で募集するべき公債金額）、（2）新設鉄道の線路および設計、工費予算、（3）私鉄買収の方法順序、（4）汽車発着の度数および運賃定率に関する事項、（5）技術上の規程に関するものを除くほか、鉄道運輸規則および鉄道警察規則に関する事項などであった。

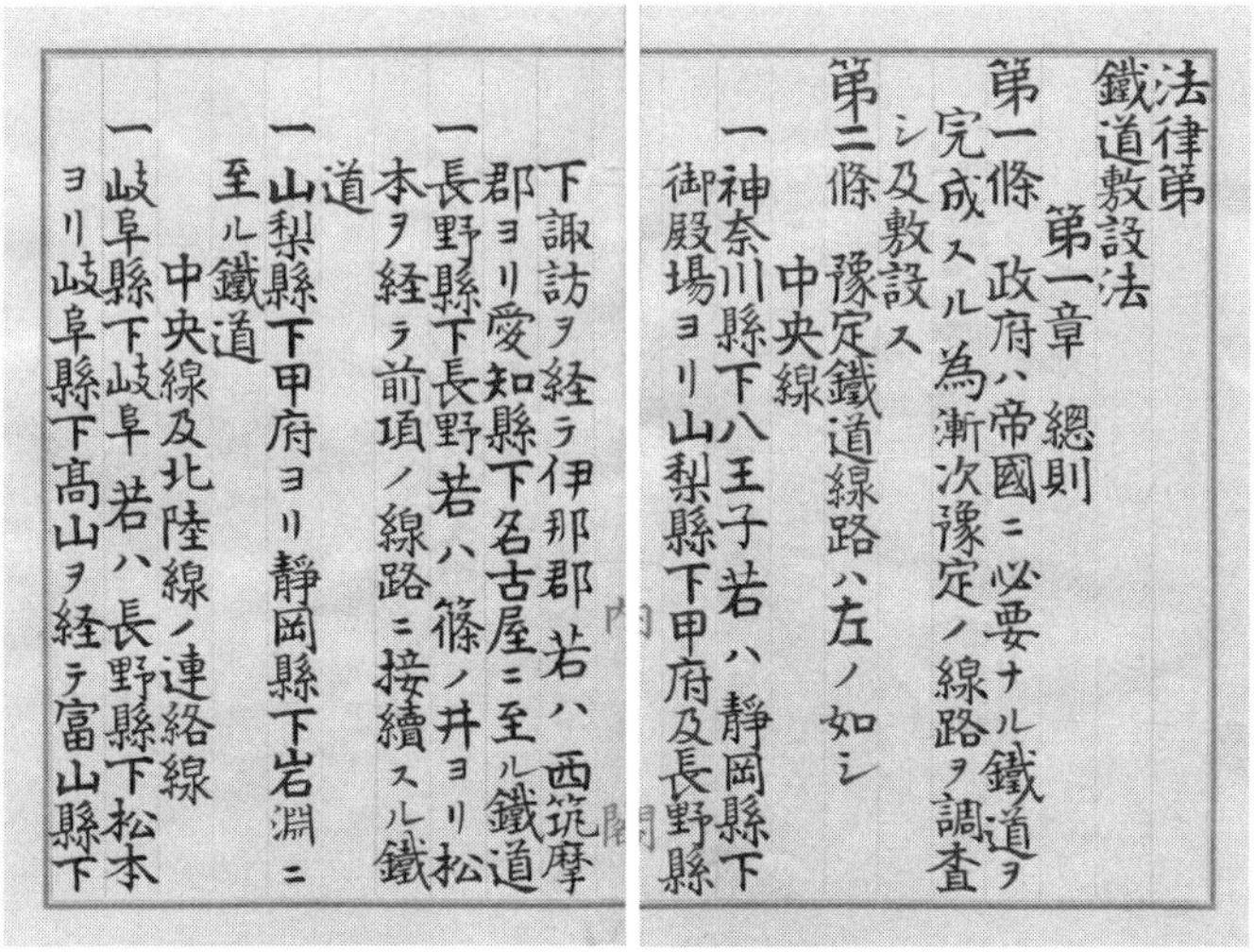

法律第
鐵道敷設法
第一章　總則
第一條　政府ハ帝國ニ必要ナル鐵道ヲ完成スル為漸次豫定ノ線路ヲ調査シ及敷設ス
第二條　豫定鐵道線路ハ左ノ如シ
中央線
一　神奈川縣下八王子若ハ静岡縣下御殿場ヨリ山梨縣下甲府及長野縣下諏訪ヲ経テ伊那郡若ハ西筑摩郡ヨリ愛知縣下名古屋ニ至ル鐵道
一　長野縣下長野若ハ篠ノ井ヨリ松本ヲ経テ前項ノ線路ニ接續スル鐵道
一　山梨縣下甲府ヨリ静岡縣下岩淵ニ至ル鐵道
中央線及北陸線ノ連絡線
一　岐阜縣下岐阜若ハ長野縣下松本ヨリ岐阜縣下高山ヲ経テ富山縣下

図13　鉄道敷設法　国立公文書館デジタルアーカイブより

当初、鉄道会議には実業界や商業界の代表者が参加することは考えられていなかった。なぜならば、鉄道会議の目的は、従来の鉄道建設の際に要した煩雑な手続きを簡略化することにあったからである。たとえば、予算額の査定は大蔵省、線路の経過地点については陸軍省や海軍省と折衝する必要があった。架橋などの土木工事の設計は内務省土木局との交渉も必要であった。全国の幹線鉄道網を整備しようとしていた政府は、従来の手続きを踏襲することが大きな障害になると考えていたのである。[10]

図14　井上　勝

鉄道会議の議員定数は、議長一名と議員二〇名、臨時議員若干名とされていたが、議員二〇名のうち、一〇名については参加資格が定められていた。監督官庁高等官四名、陸軍省・参謀本部高等官二名、大蔵省、海軍省、農商務省、内務省高等官各一名と、鉄道建設の手続きに関わる各省庁の代表者が議員に名を連ねていた。議員の任期は三年間で再任もあり得た。鉄道会議には、他に書記と幹事が出席していた。

一八九二年八月に東京商業会議所会頭の渋沢栄一の名で、商業者を鉄道会議の議員に加えるための規則の改正が建議された。結局、改正は見送られたが、表5の通り、第一回鉄道会議の開催に先立って、実業界の代表として渋沢と、大阪商業会議所副会頭などを歴任した田村太兵衛が臨時議員として任命された。

渋沢は、第一回から第四回までと第八回の鉄道会議に臨時議員として参加した。鉄道会議は、諮詢の件数に応じて一回の会議日程が数日、数か月に及ぶこともあった。渋沢は、すべての開催日程を皆勤していたわけではなく、全体を通じて五〇％程度の出席率であった。

鉄道会議での具体的な審議内容は、四種類に分類された。第一に鉄道の比較線の決定、鉄道敷設法改正などの法律改正に類する審議、第二に私鉄会社の免許の許否、線路の延長、支線建設の許否などの行政命令に類する審議、第三に新設鉄道会社の線路および設計ならびに工費予算の決定、変更等の執行手続きに関する事項、第四に鉄道会議規則第二条による会議自体の建議または調査に関する事項であった[11]。

②官設鉄道北陸線、奥羽線の経路をめぐる討議

渋沢は、一八九三年二月の第一回鉄道会議において、鉄道敷設法の第一期線である北陸線の敦賀—富山間と奥羽線の秋田—鷹巣間の線路決定をめぐり激論を交わした。鉄道敷設法は、国民経済上、軍事上重要な幹線として三三路線の建設予定線を規定していたが、そのなかでも優先的に着工する第一期線として北陸線と奥羽線を含む

表5　第1回鉄道会議の構成員（1892年12月13日）

議　長	参謀次長陸軍中将	川上操六
議　員	鉄道庁長官　子爵	井上　勝
	逓信次官	河津祐之
	陸軍中将	児玉源太郎
	大蔵省国債局長	有島　武
	農商務省商工局長	齊藤修一郎
	逓信相郵務局長	古澤　滋
	鉄道庁部長工学博士	松本荘一郎
	陸軍歩兵大佐	高橋維則
	海軍大佐	有馬新一
	土木監督署技師工学博士	石黒五十二
	従二位　子爵　貴族院議員	谷　干城
	従四位　子爵　貴族院議員	堀田正養
	従三位　衆議院議員	渡邊洪基
	従四位　子爵　貴族院議員	川田小一郎
	正七位　貴族院議員	村野山人
	貴族院議員	小室信夫
	貴族院議員	若尾逸平
	衆議院議員	伊藤大八
	衆議院議員	佐藤里治
	衆議院議員	箕浦勝人
臨時議員	鉄道庁参事官	中根重一
	陸軍工兵少佐	山根武亮
	陸軍歩兵少佐	山口圭蔵
	従四位 子爵 第一国立銀行頭取	渋沢栄一
	大阪商業会議所副会頭	田村太兵衛
幹　事	逓信書記官	田　健治郎

出典：『日本国有鉄道百年史』第3巻，日本国有鉄道，1971年，pp. 216-217，松下（2005）『鉄道建設と地方政治』日本経済評論社，pp. 50-51 などから作成．

注：任命は，1892年10月1日付．ただし，渋沢栄一，中根重一，田村太兵衛は同年11月8日付の任命．

九路線を選定していた。

まず北陸線では、軍事上のメリットから内陸部を通したい臨時議員で陸軍の山口圭蔵らに対して、渋沢は越中地方の主要産物である米の輸送に便宜を図るため富山の伏木《ふしき》港や福井の三国《みくに》港といった海港地を経由するよう繰り返し主張した。結局、鉄道庁の松本荘一郎が、貨物輸送は河川でも可能であり、鉄道を迂回させることは得策ではないと説明したことで、渋沢の主張は聞き入れられなかった。[12] なおも渋沢は、代わりに港までの支線を建設するよう食い下がったのであるが、支線は鉄道敷設法の規定外であるという松本の回答をもって打ち切られた。[13]

次に奥羽線では、内陸の山間部を経由する仁別《にべつ》線と沿岸部を経由する桧山《ひやま》線が候補にあがっており、さらに桧山線の途中から分岐して当地方の商都である能代《のしろ》を経由する能代線も選択肢の一つになっていた。陸軍は、既設の日本鉄道の一部区間（塩竈《しおがま》付近、野辺地《のへじ》―青森間）で線路が海岸に露出していることを問題視しており、福島から山形、秋田を経由して青森に至る奥羽線の建設計画を好意的にとらえていた。ただ、鉄道庁による予定経路では、秋田―能代間で海岸線近くに線路を敷設する可能性があったため、仁別線を強硬に主張していた。[14]

これに対して、渋沢は、仁別線の場合、地域の商業や工業にとってメリットがないことを指摘し、みずからは桧山線、さらに一歩進めて能代線を採用するべきであると主張した。仁別線は、秋田―鷹巣間を最短距離で結ぶルートであったが、内陸の山間部を経由するため建設費は高額であった。沿岸部経由の桧山線は、迂回するルートであるため距離は長くなるが、建設費の点では仁別線より約五〇〇万円も節約することが可能であった。能代線は、桧山線よりもさらに遠回りになるが建設費はもっとも安く、桧山線よりも一五、六万円の節約になることが見込まれていた。採決の結果は、一票の僅差で桧山線の採用が決まり、仁別線と能代線はともに不採用になった。

このように、鉄道の軍事的要素が新設路線の決定にあたり考慮されたわけであるが、当初これらの要素は第二義的に扱われることが多く、結局工費等の経済的な要素が最優先された。[15]

③金融逼迫の懸念と私鉄許可の方針をめぐる討議

一八九三年三月二一日の第一回鉄道会議では、日本鉄道（八戸線）、総武鉄道（小岩—本所間支線）、摂津鉄道、甲武鉄道（新宿—飯田町間）、そして播但《ばんたん》鉄道について、出願書類の審査が諮詢された。その後、私鉄の許可方針のあり方についての調査が付託された。鉄道会議の開設以前に敷設本免許を得ていた私鉄のなかには、建設費全額の調達を終えていない会社もあった。政府は、将来的に鉄道建設のための資金需要が増えることで金融が逼迫し、日本経済が混乱に陥ることを危惧していた。政府は、金融市場に配慮しながら官設鉄道の建設資金に充てる鉄道公債を募集していたため、私鉄の資金募集に対しても何らかの対策を講じるべきであると考えていた。

鉄道会議は、逓信大臣からの諮詢に対して答申する際に、あわせて「意見」を上申することを議決した。その「意見」案とは、「官私鉄道工事の為め募集すべき資金一時巨額に達し、国内一般の経済に影響を及ぼすべき虞《おそれ》あるに依り、政府は今に於て相当の方法を設け、若《も》しくは処分を為《な》し」（傍点は引用者、以下同じ）て、資金募集に伴う経済上の急変を予防するというものであった。[16]

また、鉄道会社からの出願書類のなかに純益の見積もりが甚だしく不当であると判断できるものがあることから、「附記」として、当局者は会社の収支予算を審査する時に一定の標準を設けて、会社の見込にかかわらず、資本に対する純益が薄く、将来維持の目的なしと認められるものは不許可とし、改めさせた後に認可の手続をすることを希望するという注文を申し添えることも提案された。[17]

渋沢もまた、金融の逼迫による国内経済への影響を懸念していた。そこで、「意見」案に対しては、原案の「相当の方法」の箇所を「今に於て之を節制する方法を設け若くは処分を為し」と改める修正案を示した。政府は、鉄道の予算全体や公債募集額の見込みなどをもって、鉄道のために拠出できる年間予算を見通すことができるわけであるから、必要に応じて公債償還年限を延ばすといった資金を節制する対応を取り得るという主旨であった。他方で、「附記」案について、収支予測はあくまでも想像上の数値であり、純益の「薄い」、「厚い」については具体的基準を示すことができない以上、明らかな錯誤でない限り、審査対象から外すべきではないという考えを示した。[18] そのうえで渋沢は、「収支予算を審査するに一定の標準を設け不当の計算は更正せしめたる後認可の手続を為さん」という修正案を提示した。

「意見」案と「附記」案は、採決の結果、前者は提案者によって「今に於て相当の方法を設け若しくは処分を為し」の字句を削除する修正案が渋沢の同意を経て可決され、後者は不成立となった。渋沢は、鉄道敷設法と私設鉄道条例に基づいて出願書類の審査を行うべきであると考えており、鉄道会議の場において規制や条件を追加することには否定的であった。

鉄道会議において私鉄の出願審査に関する討議は、これ以降も行われた。一八九三年一二月一一日に開かれた第三回鉄道会議において諮詢された内容は、私鉄の免許に関する方針について、(1)巨額の資本を鉄道会社に投入することにより生じる経済上の変動を予防する方法、(2)小鉄道会社分立の弊害を予防する方法、(3)鉄道の起業に関する一定の営業収益の標準についてであった。[19]

鉄道会議は、渋沢を含めた九名を調査委員に選出した。同年一二月二一日の鉄道会議において調査委員会から次のような検討結果が報告された。[20]

(1)巨額の資本を鉄道会社に投入することにより生じる経済上の変動を予防する方法は、鉄道事業を規制して投入する資本額に制限をかける方法以外ないが、経済の現象に対して政治的に干渉しても効果を得ることはできない。そのため、公私の利便を間違いなく高めるように資本を投入させるようにして、事業を審査する際に不公正な競争を防ぎ、不経済な放資を避ける方法を講じるべきである。

(2)小鉄道会社分立の弊害を予防する方法については、鉄道路線の起終点の地域と各地方を区画して、一事業者が一区画を経営することが望ましい。しかし、法律や規則で規制するには精密な調査が必要であるため、当面の間は事業ごとに精査して経営が成り立つ程度に合併させるなどして小会社分立を防ぐことが必要である。

そして、(3)鉄道の起業に関する一定の営業収益の標準については、地方の状況や起業の見込みによるため、一定の基準を設けることは難しいが、事業の実況を精査して相当の利益あるものに限って建設を認めることになった。

この内容で鉄道会議メンバーは大筋で同意した。そして、同月二三日に開催された第三回鉄道会議で一部修正のうえ議決された。

このように、(2)の小鉄道会社分立の弊害を予防する方法では合併や接続、延伸の勧奨といった政策的介入の余地があることが指摘されていたのであるが、基本的には政治的な干渉は不要であるとされた。[21]ただし、この報告文では調査委員の一人である渋沢個人の主義・主張がどれほど反映されているのかはわからない。そこで、一八九六年一二月に開催された第八回鉄道会議、つまり渋沢が出席した最後の鉄道会議における議事を検討することにしたい。

④臨時議員の再任命と鉄道熱への対応の討議

一八九四年八月二三日に改正鉄道会議規則が公布された。同規則第一三条（附則）には、従前の議長、議員及び臨時議員は、辞令を用いることなく本令施行の日より解任されたものとすると規定されていた。このことに従えば、渋沢は臨時議員を解任されたことになる。その後、一八九六年一二月七日に渋沢は、第八回鉄道会議の直前にふたたび鉄道会議の臨時議員に任命されたのであるが、会議に出席した日程は一二月一四日から一六日までの三日間であった。なお、解任の時期は不明である。この三日間で、野村靖逓信大臣から諮詢された「鉄道起業稟請の処分に関する件」についての審議が行われた。

一二月一四日の会議冒頭で野村大臣から諮詢内容の大要が説明された。すなわち、鉄道事業は、他の事業と比べてより多くの資本を必要とする。第二次企業熱の折から、このままでは鉄道以外の事業に資金が供給されず、産業の発達が妨げられてしまう可能性がある。このため出願された鉄道計画の許否の緩急について鉄道会議の答申を求めたいというものであった[22]。

鉄道会議では、参考資料として一八九六年一二月時点の官設鉄道と私鉄の総距離と資本金（官設鉄道の場合は建設費）の一覧が示された。これによると、官設鉄道と私鉄の総距離は約四六九〇哩（官設＝一五二〇・六四哩、私設＝三一六九・四四哩）でその資本金・建設費の総額は約二億六六九七万円であった。これに加えて仮免許が下付されている私鉄の総距離が一五四三哩、資本金総額が六九八七万円、さらに出願中の私鉄の総距離が一万二三五一哩、資本金総額が六億六九〇万円であった。本件は、慎重な審査を必要とするため、臨時議員として渋沢のほか、中上川彦次郎《なかみがわひこじろう》、原善三郎《はらぜんざぶろう》、三野村利助《みのむらりすけ》、浜岡光哲《はまおかこうてつ》、そして山本亀太郎が任命された。彼らは当時を代表する私鉄、金融機関の経営者であった。

鉄道会議は、委員会の設置を決めると、臨時議員の六名全員と三名の議員を選出した。そして、委員の互選によって渋沢が委員長に就いた。翌一五日に委員会が開催されたのであるが、大蔵官僚で渋沢の女婿である阪谷芳郎《さかたによしろう》は、次に示すようにみずからの考えを五点に集約して発言した。[23]

（1）事業が成り立つかどうかは資本が供給されるかどうかにかかっている。金融が縮めば事業も縮むものであり、事業の許否如何によって金融を制するということは本末を誤った考えである。

（2）私鉄の起業について資本が十分であるかどうかは起業を目論む人の判断によるものであり、当局者や会議の場で一定の標準を設け、その標準をもって鉄道事業の許否を判断することには弊害がある。

（3）国家の存亡に関わる非常時には他の事業に資本を流入させるため、私鉄の許可を一時的に制限することは政治判断としてあり得るが、目下のところそうした状況ではない。

（4）金融市場が「起業熱」、軍備拡張、そして戦後経営による巨額の資金需要を負担するため、当局者は鄭重に線路を調査する必要がある。既定線のない地方であったとしても鉄道の敷設をすぐに認めるのではなく、収益性が低いと判断される場合、他日に延期する方針をとること。

（5）政府は、私鉄の起業者が事業内容に鑑みて適当な資産を保有しているかどうか精密に調査すること。また、相当の技師を雇って出願路線の工費、収支予測を調査していることを確めること。線路はなるべく既設鉄道を延長するか、併せんとするものを選び、私鉄として確実に起業できるものにすること。権利株、つまり会社設立以前における株式引受人の権利を売買して利ざやを得ることを目的にした投機的な計画を抑制し、金融市場の攪乱を予防する必要がある。

何人かの委員が発言した後、渋沢は「経済と云うものは成る可《なべ》く自然に任せたが宜《よ》かろう」と述べ、「仮令《たとえ》願

って も出来ぬものは出来ぬ、事実力の無いものは出来ぬ」と、私鉄出願の許否に緩急をつけるような人為的な介入を不要とする自身の考えを示した。その一方で、政府に対して「商売社会の金を軍備拡張にずんずん取って往くと云うのは、商売社会の圧迫を来しはしないか」と、日清戦後における陸海軍の軍備拡張政策に懸念を示した。渋沢は、大筋で阪谷の意見に同意しつつ、(4)と(5)については「行政官に迷惑を与える様なもの」という理由で除外し、調査報告には(1)〜(3)を採用することにした。要するに、渋沢は委員長として「緩急如何《いかん》を斟酌《しんしゃく》するには及ばぬ」と結論付けたのであった。[24] 渋沢に近い考えを持つ阪谷や中上川といった委員が参加していたからであるが、結果的に渋沢の考えが取り入れられた。

翌一六日の鉄道会議では、渋沢委員長から委員会報告がなされた。阪谷が提案した(1)〜(3)の内容を読み上げると、「矢張《やは》り私設鉄道条例に規定せられてある条件を標準として許否することを至当と認める」という結論を述べた。[25] そして、採決の結果、賛成多数で鉄道会議としての答申になった。この方針が、第二次鉄道熱期における鉄道会議の基本的な姿勢になった。[26]

しかし、一八九六年後半には金融の逼迫、金利の上昇、株価の下落などにより権利株の売買相場が暴落したことで、日清戦争後の起業熱は沈静に向かった。このことは第二次鉄道熱に致命的な打撃を与え、投機的な私鉄の設立計画をほとんど消滅させたのである。[27] このときの不況は延伸工事中の私鉄の経営にも深刻な影響を及ぼした。

3　日本鉄道の重役として

①日本鉄道会社への関与

第1章で述べたように、渋沢は東京鉄道組合に参加する華族の資産を活用して新橋―横浜間官設鉄道の払い下げを計画したことがあったが、政府に上納する年賦金を調達することができなくなり断念していた。華族督部長の岩倉具視による華族財産の管理・保全を目的にした第十五国立銀行の設立が具体化して、同行の出資金に華族の資産が動員されたためである。

渋沢は、東京鉄道組合を断念したことについて「快からず」と思っていたため[28]、日本鉄道の設立当初には関わらなかった。だが、日本鉄道の出資者でかつて東京鉄道組合に参加していた松平慶永（春嶽）の懇請を受け入れて渋沢は日本鉄道の株主になり、一八八四年一〇月に理事委員に名を連ねるようになった。渋沢は、重役改選を経ても再任を繰り返し、一九〇四年一〇月に健康上の理由で辞退するまで日本鉄道の経営に関わった（一九〇〇年一二月二四日の定款改正にともない理事委員は取締役、検査委員は監査役にそれぞれ改称された）。

渋沢は、「大綱の画策に任じ、細苛《さいか》の干渉は之を避くる」ことを基本的な方針にしていた[29]。経営の重大問題が発生したときに表に出てきて議論を取りまとめる役割を果たしていた。

当時の日本鉄道社長は、二代目の奈良原繁《ならはらしげる》であった。この時代には、品川―赤羽間（一八八五年三月）、大宮―宇都宮間が開業した（同年七月。翌年六月には利根川橋梁が完成して直通列車の運行が開始）。これにともない既設区間の保守管理を日本鉄道の直営に切り替えるため、鉄道局から技術者を招いて、社内に技術部を新設して第一区線の川口―熊谷間の工事を担当した毛利重輔を技術部長に任命した。日本鉄道は順次延伸を続け、一八九一年九月には上野―青森間を全通させた。一八八七年と翌八八年には日本鉄道の支線と見なされていた水戸、両毛、甲武の私鉄三社が設立され、奈良原が各社の重役に就いた。一八九〇年八月には日光鉄道（宇都宮―日光間）が開業し、同年一一月には上野―秋葉原間が貨物線として延伸した。奈良原が社長だった時期の列車走行哩は、一八八四年

図15　日本鉄道株式会社鉄道線路略図　渋沢史料館所蔵

の八万九三七六哩から一八九一年九月の八〇万一七二八哩へとおよそ九倍に増えた。

当時の日本鉄道は、「万事が創草の有様にして、私設鉄道の嚆矢《こうし》なれば、他に見習うべき模範」がないなか、「利子補給の保護会社として、大蔵省の煩瑣厳密な監査の下に置かれて」いたこと、「重役連は種々の異分子を交えて居って、動《やや》もすれば天狗の鼻突合と云う風情」というように、渋沢を理事委員に迎えることで政府、会社、重役の協調和合と増資金融の衝に当たらせようとしたのであった。[30]

一八八九年に設立された北海道炭礦鉄道で会計担当者だった植村澄三郎《うえむらちょうざぶろう》は、発起人の一人が渋沢だったことについて、「銀行会社を創立するには、青淵（渋沢のこと――引用者注）先生のご指導を仰いで」いたため、「会社の創立に非常な好都合」であったと述懐している。[31] 渋沢には、株式会社の設立や運営にかかるアドバイザーとしての役割が期待されていた。

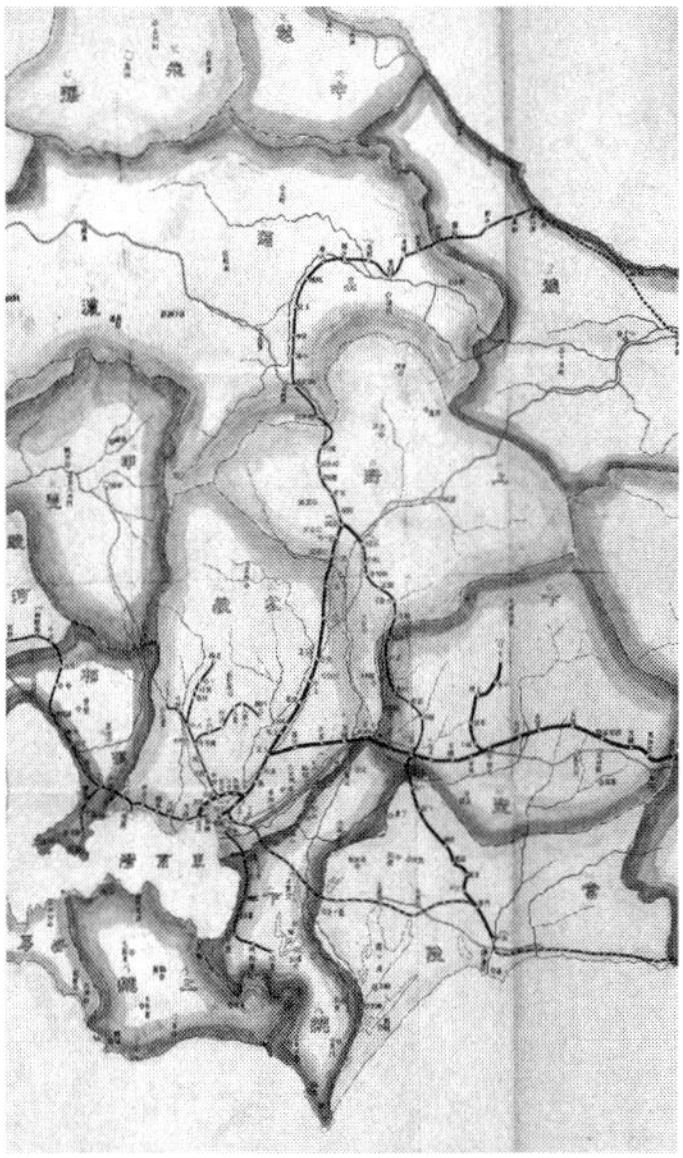

②磐城炭礦社の設立と磐城線の開業

福島県における政治家から実業家へと転じた白井遠平《しらいえんぺい》は、炭鉱開発を目論むなかで磐城炭輸送の活発化のために、水戸から福島県の平《たいら》までを結ぶ磐城炭礦鉄道の起業を計画した。一八八九年六月には渋沢をはじめ高崎五六《たかさきごろく》（男爵、元東京府知事）、浅野総一郎、川崎八右衛門（廻漕業）、小野義真《おのぎしん》、奈良原繁らを発起人に迎えていた。

これに先立つ一八八四年に渋沢は、浅野総一郎や地元議員などの有力者とともに磐城炭礦社を設立して取締役会長に就いていた。常磐炭田からの出炭は、輸送条件の悪さから少量にとどまっており、磐城炭礦社では炭鉱から積出港である小名浜《おなはま》まで馬車鉄道を敷設して石炭の運搬に活用してきたのであるが、小名浜港からの海運による輸送もまた、海難事故などの危険性があった[32]。磐城炭礦社は、工部権大技長の足立太郎に炭量を実測させてから小野田坑横坑の開削を開始した[33]。

足立は、一八八九年に工部省技師として水戸鉄道、日光鉄道などの鉄道敷設に関わった人物で、一八九一年に日本鉄道に転じると保線主任、翌年には運輸課長兼汽車課長に昇格した。また、海外の鉄道事業を視察するため欧米諸国への長期出張も経験していた[34]。これ以降の渋沢は、折に触れて足立と関わるようになる。

ところが、一八九〇年に鉄道庁長官の井上勝は、既設の日本鉄道東北線に打撃を与えるため磐城炭礦鉄道の建設は時期尚早である旨を奈良原に伝えた。この頃の日本経済は第一次鉄道熱を沈静化させた恐慌に陥っていた。

こうした事情によって磐城炭礦鉄道の計画は中止された。

しかし、地元有志はあきらめなかった。常磐鉄道と名を変えて、景気が上向いてきたタイミングで白井は出資者を募り、渋沢、浅野、川崎と日本鉄道三代目社長の小野義真（在任期間＝一八九二年三月〜一八九八年四月）が応じた。結局、常磐鉄道の敷設免許は日本鉄道に譲り渡され、日本鉄道磐城線（水戸—岩沼間）として建設された。なぜならば、常磐鉄道が別会社で開業すると、井上勝が指摘したように日本鉄道の既設路線との競合が予想されていたからである。

一八九七年二月に水戸—平間が開業したことで常磐炭田からの鉄道による石炭輸送が開始された。翌年八月には平—岩沼間が延伸されたことで、磐城線経由による上野—青森間直通列車の運行が開始された。一九〇一年に磐城線は、隅田川線（田端《たばた》—南千住）、土浦線（南千住—友部）、水戸線（友部—水戸）とともに線路名称を海岸線に変更した（現在のＪＲ常磐線）。

日本鉄道の事業規模は、奈良原の後任社長である小野のもとで拡大を続けていた。前述した磐城線の水戸—平間と隅田川線と土浦線が開通（一八九六年）したほか、八戸線が開通（一八九四年）した。また、両毛鉄道会社の買収（一八九七年）も実施された。ところが、日本鉄道では磐城線の開業にあわせて石炭輸送に対応するため運炭車の整備や機関車の修繕などを進めた結果、燃料費の高騰も相まって営業費が嵩み、収益を圧迫するようになったのである。[35]

③「日鉄改革運動」と渋沢の行動

一八九〇年代末の日本鉄道は、収益の停滞による配当率の低下と株価の下落に直面していた。とくに、配当や株価の変動を気にする株主にとっては由々しき問題であり、改革運動の動機の一つになった。日本鉄道の経営改革運動（「日鉄改革運動」）の内容については、既存の研究成果に学びながら概説するだけにとどめたい。

この原因は、大株主である第十五銀行（一八九七年五月に普通銀行へと改組された）の関係者が提起した定款改正の決議が政府によって不認可になったこと、運輸課調査掛員が日清戦争の際の軍隊輸送賃金の六万円ほどを私消したこと、そして日本鉄道機関方と火夫らが待遇改善などを要求して同盟罷業を強行した、いわゆる「日鉄機関方争議」に対する重役らの失態があった。これらに加えて、日本鉄道の経営状況の悪化という根本的な問題があった。[36]当時の執行部体制を擁護する第十五銀行派株主と執行部の入れ替えを要求する改革派株主の対立が激化したのであるが、[37]このことが「日鉄改革運動」へと発展していった。

一八九八年三月一八日に経営陣である理事委員と検査委員一同が辞職を申し出たことで、翌月の臨時株主総会で補欠選挙が実施された。選挙にあたり、改革派と第十五銀行派の双方が推薦する候補者が擁立された。新たな理事委員と検査委員は表6に示すとおりである。渋沢は、両派の推薦を得て再任された。新社長には理事委員の互選により毛利重輔が選出された。

同年八月九日の株主総会では毛利社長に代わり渋沢が議長になった。総会の席上で、株主配当が年

表6　経営陣の補欠選挙結果

投票数	氏　名	新任 再任		
理事委員				
5,480	毛利重輔	再任	◎	
5,470	浅野長勲	再任	◎	●
5,437	山本直成	再任	◎	●
5,409	渋沢栄一	再任	◎	
5,394	二橋元長	再任	◎	
5,364	久米良作	新任	◎	
2,788	西園寺公成	新任	○	
2,730	足立太郎	新任	▲	
2,712	白杉政愛	新任	▲	
2,712	角田林兵衛	新任	○	
2,710	菊池長四郎	新任	▲	
2,706	深川亮蔵	新任	○	
検査委員				
5,498	渡辺福三郎	新任	◎	
5,488	久野昌一	新任	◎	●
2,882	林賢徳	新任	▲	●

出典：『中外商業新報』第4846号，1898年4月8日．

注：◎＝両派が推薦
●＝第十五銀行代表
▲＝第十五銀行派
○＝改革派

表7　1898年12月31日時点における日本鉄道の経営陣

理事委員　社長	曽我祐準	新任	陸軍軍人，陸軍士官学校長，宮中顧問官など
副社長	毛利重輔	再任	アメリカレンセラー工科大留学，工部省鉱山寮七等出仕，釜石鉱山鉱石運搬鉄道を敷設
	有島　武	新任	大蔵省横浜税関長，国債局長，第十五銀行取締役，日本郵船監査役
	富田鉄之助	新任	日本銀行総裁，貴族院議員，横浜火災保険社長など
	酒井　明	新任	徳島県知事，第四十銀行副頭取など
	角田林兵衛	再任	第百七銀行頭取，福島県会議員など
	久米良作	再任	東京瓦斯社長，国際信託会社社長，日本工業倶楽部理事など
	二橋元長	再任	三菱本社副支配人など
	渋沢栄一	再任	第一銀行頭取など
	菊池長四郎	再任	東海銀行頭取，八千代生命保険取締役，富士製紙取締役，東洋モスリン取締役など
	若尾幾造	新任	若尾銀行頭取，東京電燈取締役，京浜電気鉄道取締役，帝国ホテル取締役など
	渡邊福三郎	新任	横浜市議会議員，同市議会議長，石炭販売業など
検査委員	安川繁成	新任	工部省書記官，会計検査院部長，愛国生命保険社長など
	林　賢徳	再任	民政局出仕，海軍兵学校教官，海軍秘書官など
	久野昌一	再任	日英水電取締役，九州水力電気取締役，第十五銀行監査役

出典：日本鉄道株式会社『第34回報告』（1898年7月1日～12月31日）などから作成.

率五・五%に減配されることが報告されると、出席株主からは不平・不満と経営陣を非難する声が沸き起こった。前年同期の配当率は年率一一%であったから半減しており、株主らの反発は無理からぬことであった。

総会の詳しい様子を知ることはできないが、渋沢が議長としてその場をおさめ、引き続いて臨時株主総会を開き、経営陣の改選が行われた。表7は、一八九八年一二月三一日時点における日本鉄道の経営陣の一覧である。社長の曽我《そが》祐準《すけのり》、取締役の富田鉄之助は改革派であった。他方で、新任の有島と酒井が第十五銀行派であった[38]。改革派の曽我が理事委員の互選によって社長に選出され、毛利は副社長に降格となった。曽我に日本鉄道の経営に参加するよう声をかけたのは、鉄道局長の松本荘一郎と渋沢、渡辺治右衛門（改革派）らであった。

渋沢は、これまでも北海道炭礦鉄道の一八九二年五月二五日の株主総会とその直後に開かれた懇談会を社長に代わって議長になり、合計四時間半の長時間にわたり株主からの質疑に応えることで彼らの疑念を晴らしたことがあった。前述の植村は、「会社の為に責任を持って尽される行為は他のものとは違って居た」と回顧している。北海道炭礦鉄道のときの渋沢は、会議の参加者から質問や意見が出尽くすまで対応し、まさに熟議を経たうえで結論を出していた[39]。

曽我社長を中心とする日本鉄道の新しい経営陣は、幹部職員の刷新を進めながら、営業費を削減するべく会計、購買、人事の面で改革を断行していった[40]。庶務課長には、曽我の参謀的な立場で改革運動に関わった山田英太郎が就いた[41]。山田は、運輸課長の足立太郎など幹部職員に対して退職金を出さない解職を行った。しかし、見兼ねた渋沢が、足立を「依願解職」してくれないと辞令に判がつけないというから、山田はその通りに改めたという。山田によると、「足立太郎その他皆渋沢さんの処へ是非何とか使ってもらいたいと泣きついて京仁鉄道其他にゆくことになった」と回顧しているように、渋沢は日本鉄道を解職された幹部職員に仕事を紹介したこともあった。足立は、のちに京仁鉄道の総支配人として朝鮮にわたり、現地の監督者として活躍することになる（第6章）。

山田によると、改革の騒動にあって渋沢は「全然中立、あゝ云う玲瓏《れいろう》たる人物私達も屢々訪れて陳状したが、困りましたなアと云う位」であった[42]。後年、渋沢は事業家に必要な要素として実地、知識そして人格の三要素を挙げて「公平に不偏不党ならざるべからず」と説いていた[43]。日本鉄道における渋沢は、他の重役とは一線を画す「不偏不党」な存在として、議論を尽くすことで会社内部の紛争を解決へと近づけようとしたのであった。

4　「日鉄改革運動」と商業会議所

①仙台商業会議所による問題提起

一八九九年一〇月一一日に開かれた第八回全国商業会議所連合会において仙台商業会議所は「鉄道法制定の件」の継続議案を提出した。全国商業会議所連合会は、一八九二年九月に初回の会議が京都で開かれて以来、各地の商業会議所の代表者が集まって開催されていた[44]。全国的に共通する課題の共有や、政府に陳情・請願する事柄について情報を集約し、一致した行動をとることが目的であった。

第八回連合会は東京で開催され、全国四六か所の商業会議所の代表者が参加した[45]。仙台商業会議所の議案は、第七回連合会（横浜開催）においても提出されていたのであるが、結論を出すことができず、「宿題」として持ち越されていた。

仙台商業会議所がこの議案を提出した理由には、「従来鉄道に対しては殆《ほとん》ど無法律の姿なるを以て（中略）是れ独り経済社会の損失なるのみならず公権私権を侵害するものなるを以て茲《ここ》に鉄道法なるものを設け其官設と私設とを問わず監督を厳密にし国道たるの性質を完うせしめんとする」ことにあった[46]。

仙台商業会議所代表の遠藤敬止《えんどうけいし》（第七十七国立銀行頭取、仙台商業会議所会頭ほか）は、「一昨年あたり度々此水害出水等がありまして、鉄道の不通、通路の閉塞などが始終ございましたために、著しく不便を感じました」と、自然災害による輸送の杜絶が提案に至った動機の一つであることを説明した。また、「先般の九州鉄道の一部の機関手等に改革派などが出来まして、鉄道の組織に至ってはどのようになっても利益さえ取れば宜いと云う株主などがある、日本鉄道の株主などにも色々の改革派、ストライキなどがありまして、益々鉄道法の必要なることを感じた次第で」あると、鉄道会社における株主同士の紛争が、提案のもう一つの動機であった。[47]

仙台は、「日鉄機関方争議」の際に輸送が杜絶するなどの影響を被った地域の一つであった。[48] 改革派株主らは争議を利用して一連の改革運動を推進してきた。その一方で、鉄道の利用者である商工業者のなかには、こうした一部の株主に対して、鉄道輸送の果たすべき公益性を軽んじていると批判的にとらえた者もいたのである。

もっとも、仙台商業会議所が日本鉄道に対して感じていた「不便」は、これだけではなかった。一八九四年四月には貨車不足を理由に日本鉄道が小牛田《こごた》と石越《いしこし》の両駅から塩竈までの近距離の米穀輸送を一日一車しか対応しようとせず、その反面で遠距離の東京直通便は定額運賃の二割を減じて出荷を促していることは不当であると宮城県知事に訴え出ていた。[49] 日本鉄道は、宮城県知事への説明のなかで各地からの多量の貨物輸送に対応するためには貨車が不足しているという説明に止めていた。つまり、「日鉄改革運動」以前から、日本鉄道は沿線地域の商工業者や荷主の輸送ニーズに十分に対応できていないこともあった。

さらに同年には夏季の降雨にともない第二区線のうち利根川、西鬼怒川、箒川の築堤が決壊したことで数日間におよぶ列車運休が発生していた。さらに、第四区線内（岩手県内）における築堤の崩壊、第五区線内（青森県内）における鉄橋の陥落など、降雨を原因とする輸送障害が頻発しており、復旧までに数日を要していた。日本鉄道では数年おきに水害を原因とする輸送の杜絶が発生していたが、そのたびに商工業者らは気を揉んでいたのである。

図 16　中野武営　国立国会図書館「近代日本人の肖像」より

②「鉄道法」制定をめぐる討議

仙台商業会議所によって提出された議案は出席していた各地の商業会議所の代表者によって討議されたのであるが、「鉄道法」という新たな法律を制定することを目的にしていたことから、出席者からは賛否両論の意見が寄せられた。議案への賛成者は、栃木、水戸という日本鉄道の沿線に位置する商業会議所であった。反対者は、大阪、広島、熊本、いずれの立場をとるか決めかねている者は神戸、金沢、豊橋、横浜、岡山の各商業会議所であった。

賛成者の一人は、一八九七年の柏崎地域を中心とする水害の影響で関東から北越方面の貨物が群馬県の高崎で動かせなくなり、「麦が麴になり、米が砕けて腐敗」したため多大な損害が発生したとして制度上の不備を指摘して、「商業家として一日も黙認することは出来ませぬ」という見解を述べた。[50]

一方の反対者からは、政府によって私設鉄道条例の改正案が内々に準備されているため、今さら法律制定の是非を議論する必要はないというものや、商業者から調査委員を選出して調べてみたとしても個々の条文について十分理解できるかどうかわからないといった消極的な発言が目立った。

東京商業会議所副会頭の中野《なかの》武営《ぶえい》は、個々の条文を商業者が作成しなくても、このタイミングで政府当局に調査を申し入れ、法律の趣意を確かめてから本連合会として必要な交渉を行うことと、そのための調査委員を選出することを提案した。中野の案は、現実的な落としどころであると思われたが、反対派は調査委員の役割について、単に法律案を確認するだけというのはいかにも薄弱で、そのような委員は不要であると反論した。討議の推移を見守ってきた渋沢の議長としての判断は、この議案を「宿題」として翌日に持ち越すことであった。

翌日、中野はあらためて自身の考えを説明した。すなわち、政府が改正に取り掛かっているとされる私鉄事業に関する法改正の内容が、商業者の利害を反映したものになっているかどうかを確かめる必要がある。既存の私設鉄道条例のように私鉄を対象にした改正になるのか、それとも仙台商業会議所が主張する官設と私設を問わずすべての鉄道を対象にした法律なのか、こうした基本的な情報を把握してから次の行動を検討するというものであった[51]。中野は、渋沢議長に対して法案の調査委員として三人程度を選出すること、政府に私設鉄道条例の改正法案の調査を受け入れることと情報開示の機会を設けることを提議した。

帝国大学法科大学出身で京都商業会議所書記であった岩村茂によると、一八七二年に定められた鉄道略則がいまだに適用されていることは不都合であるため、「一つ洗い直して鉄道の規則が出来なければならぬ」という考えから京都商業会議所において調査をすすめていることを明かした。岩村は、とくに貨物の取り扱いについて制度上の不備を指摘した。鉄道略則の第一八条は、「鉄道掛の怠惰疎漏より起りしに非《あらざ》れば政府に於て敢《あえ》て之を償うことなし」として、鉄道側の過失に起因する損害賠償を一切認めていなかった。また、貨物の輸送日数に関しては規定自体がないことから、「鉄道で貨物を運送すれば延着と云うことはない」状態であった。岩村が「誠に商工業者に取っては不便極まる話」と評したように、鉄道略則の内容はすでに時代錯誤なものであった[52]。

岩村の発言が討議の方向性を決めたようで、前日には議案の撤回を要求していた広島商業会議所が賛成に転じた。その後、渋沢の判断で採決を取ることになり、賛成多数で中野案が採択された。渋沢議長の指名によって、遠藤敬止（仙台）、大沢善助（京都）、桐原恒三郎（広島）の三名が法案の調査委員になった。

③新しい監督法規の施行と日本鉄道の貨物輸送

さらに二日後の一〇月一六日に連合会の会議が開かれた。冒頭で遠藤が口頭で調査内容を報告した。私鉄の監督法規として私設鉄道法が編成されて従来の私設鉄道条例を置き換えること、鉄道略則に代わって官設・私設鉄道の双方を対象とする鉄道営業法が施行されること、そして物品の輸送方法や賠償方法などの内容を含めた細則（鉄道運輸規程として施行された）が設けられるという情報がもたらされた。遠藤の話によると、鉄道局長の松本荘一郎（在任期間＝一八九三年三月～一九〇三年三月）が対応したものと思われる。

遠藤らの調査委員は、条文そのものを確認することはできなかったようであるが、局長から詳しい説明があったこと、立法化に向けた手続きが進められていることなどを鑑みて、「鉄道法の事に付て此連合会に於て調査する」ことを止め、議案の撤回を宣言した。

一九〇〇年二月に政府は、第一四回帝国議会に私設鉄道法案と鉄道営業法案を提案して、翌月一六日付で二つの法律とも公布された（ともに施行日は同年一〇月一日）。京都商業会議所の岩村が懸念を示していた貨物の取り扱いについての制度は、鉄道運輸規程の第四章（第七三条～第七六条）において「鉄道の責任」として損害賠償規程が盛り込まれたほか、運送日数（たとえば貨物の輸送期間は一六〇㎞ごとに一日ずつ加算し、さらに発送と集配に各一日を合算する）についても基準が定められた。

私設鉄道法は、軍部、とくに陸軍の意向による影響を受ける制度であると考えられていたが[53]、商工業者の利害に一致するような内容も含められていた。「日鉄改革運動」は、地方の商工業者が鉄道貨物の制度上の不備に関心をもち、みずから調査するようになるトリガーになったのである。では、一九〇〇年以降の貨物運送はどのようなものであったのであろうか。

一九〇〇年八月以降、日本鉄道では、「米穀、肥料等を始めとして雑貨類の荷動き急激に増加したるため」貨物列車を臨時運行するほどの輸送ニーズが発生しており、秋葉原や隅田川といった東京市内の貨物ターミナルでは滞貨が発生していた。[54] 一九〇二年一月の仙台商業会議所の臨時総会では議員の清野喜平治（のちに宮城商業銀行頭取、仙台商業会議所会頭）が、日本鉄道に対する貨物取り扱いの改善を求める建議を行った。清野によると、日本鉄道では「微力の者の荷物は一向動かずして停滞に苦しみ唯金のあるもの丶都合よし」という不当な取り扱いがなされているため、宮城県内における商工業の発展が阻害されているというのである。[55] また、小牛田駅において駅務員が米を塩竈に輸送することを承諾しないために荷主が苦慮しているという情報も寄せられていた。他の議員からは日本鉄道の貨車不足が指摘されるなど、私設鉄道法、鉄道営業法、鉄道運輸規程が施行されたとはいえ、直ちに輸送体制の不備が解消されたわけではなかった。

他方、鉄道会社側の観点に立つと、鉄道運輸規程の貨物に対する損害賠償条項は、財務上のリスクを高めることになった。そのため、経営方針などについて、「大に面目を革むべ」きであるとされた。[56] 官設鉄道と私鉄の輸送の現場においては、徐々にではあるが、より確実かつ効率的な作業が求められることになったのである。

第４章　東北振興と横断鉄道計画
――陸羽電気鉄道と大船渡開港鉄道鉄業の設立計画――

１　東北地方の横断鉄道構想

東北地方における初の幹線鉄道は、前章でもみた日本鉄道（現在のＪＲ東北本線、ＩＧＲいわて銀河鉄道線、青い森鉄道線）によって建設された路線である。

一八八〇年に設立された日本鉄道は、上野―前橋間を第一区線、第一区線の途中（大宮分岐になる）―白河間を第二区線、白河―仙台間を第三区線、仙台―盛岡間を第四区線、そして盛岡―青森間を第五区線に区分していた。第一区線から順番に着工していったのであるが、必ずしも区分ごとに開業したわけではなく、たとえば一八八七年七月には黒磯―郡山間、同年一二月には郡山―塩竈《しおがま》間が延伸した。一八九一年九月一日には上野―青森間の全線が開業した。このときの所要時間は片道で二六時間半であった。

日本鉄道は、茨城県、福島県、そして宮城県の太平洋沿いにも路線を建設した。一八九五年一一月には土浦―

友部間の土浦線、翌年一二月には田端《たばた》―土浦間の土浦線と田端―隅田川間の隅田川線が開業、水戸以北は磐城線として建設され、一八九八年八月に田端―岩沼間が全線開業した。一九〇一年には土浦線と水戸線の友部―水戸間、そして磐城線と隅田川線を統合して海岸線（現在のＪＲ常磐線）に改称された。

次いで、日本鉄道福島駅から分岐して山形県、秋田県を経由して青森駅に至る官設鉄道奥羽線が着工した。奥羽線は両端の福島駅と青森駅から建設され、一九〇五年六月に青森―横手（秋田県）間の奥羽北線が開業、同年九月には福島―横手間の奥羽南線が開業したことで、全線開業となった。

これらの鉄道は、いずれも東北地方を南北に結ぶ縦貫鉄道であった。明治政府は全国的な幹線鉄道ネットワークの整備を急いでおり、東北地方の地域振興というよりは、むしろ北海道への輸送の円滑化が意図されていた。もちろん、東北地方に幹線鉄道が三路線あることは、資源開発や産業振興の点で多くのメリットが期待できそうではあるが、鉄道以外の交通が十分に整備されていなかった時代において、地域によっては移動や輸送に不便を強いられることもあった。

たとえば、一九一〇年代に東北各県でもっとも鉄道路線が充実していたと思われる福島県でさえ、太平洋側の平《たいら》町から福島市に移動しようとすると、いったん宮城県まで鉄道で北上して再度南下しなければならなかった。[1]奥羽山地を挟んで県境を接する宮城県と山形県、岩手県と秋田県についても地域間の往来は同様に不便であった。

東北地方を東西に結ぶ、いわゆる横断鉄道的な路線を求める動きは、東北地方のなかからあがっていた。[2]このような鉄道には、郡山（福島県）―新津《にいつ》（新潟県）間などの敷設免許を得ていた岩越鉄道がある。一九〇四年一月までに岩越鉄道は、福島県内の郡山―喜多方間を延伸したのであるが、一九〇六年の国有化を経て一九一四年一一月にようやく郡山―新津間の開業を果たした。岩越鉄道以外の東北地方の横断鉄道は国有鉄道として建設された。

とはいえ、明治期の東北地方において民間有志による横断鉄道構想が岩越鉄道以外にまったくなかったわけではない。東京の実業家が東北地方の産業振興を図るために横断鉄道の計画を立てたこともあった。渋沢栄一もこうした実業家の一人であり、岩越鉄道の設立にも関わったほか、地元の有力者や有志らとともに鉄道事業を立ち上げるために行動した。

本章では、東北地方における港湾と横断鉄道の整備計画のなかで、渋沢が設立活動に関わった陸羽《りくう》電気鉄道と大船渡《おおふなと》開港鉄道鉄業の設立活動をみていく。これらの鉄道計画の事例を通じて、渋沢による東北地方の資源開発や産業振興を促す鉄道構想について考えてみよう。

2　野蒜築港計画と陸羽電気鉄道計画

①野蒜築港と塩釜港

一八七八年に内務省の主導により日本初の洋式築港として野蒜《のびる》築港事業が開始された。東北地方の産業振興を目的にして内務卿の大久保利通が中心となって推進した築港計画であるが、これをきっかけにして東北各県から宮城県の野蒜に至る道路や運河の整備も計画された。[3]

野蒜港は、河川舟運と内航海運の双方に対応できる点を特徴としていた。第一期工事として内港の整備が開始された。具体的には内港の泊地、内港から外港までの航路を保護するための突堤、市街地を造成する埋め立て地、野蒜から北上川と松島湾それぞれに抜けるための運河（北上運河、東名運河）の建設が進められた。

市街地の造成地は、工事の進捗とともに払い下げの要望が増えていった。渋沢は、一八七八年七月に従兄の渋沢喜作と石巻の豪商として知られた戸塚貞輔らとともに「一大商港の体面を具《そな》えんが為め」倉庫家屋を新築しており、[4] 野蒜築港の完成に期待を寄せていた。ところが、野蒜築港事業は、第一期工事を終えたものの、第二期工事である外港の整備に着工できずにいた。一八八四年には台風によって内港入口の突堤が破壊されてしまい、そのことをきっかけに同年末をもって築港工事自体が打ち切られた。渋沢らが新築した倉庫家屋は同時期に廃止された。

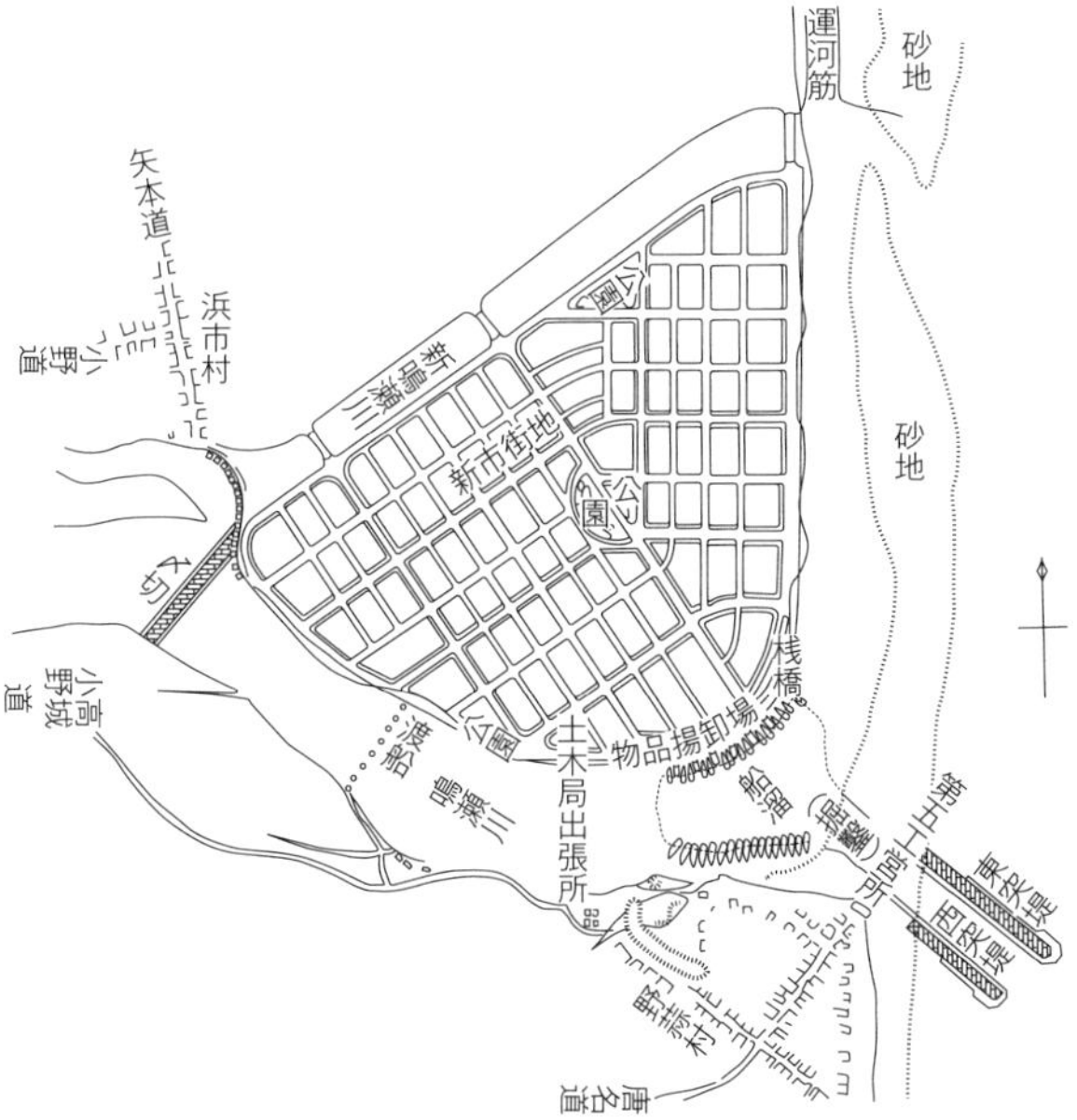

図 17 「野蒜新港図」『宮城県教育百年史』第 1 巻（明治編），ぎょうせい，1976 年より

　他方、仙台藩の門戸港として発展してきた塩釜港は、土砂の堆積を原因とする港内の水深が浅いという事情によって、明治維新後には大型の汽船が寄港できず、次第に利用されなくなっていた。一八八五年には宮城県による支援を受けて、海面埋め立てと護岸工事、そして浚渫《しゅんせつ》作業による水路の確保がなされた。

　一八八六年には日本鉄道によって第三区線建設のための資材の荷揚場が塩釜港に確保され、これにともない岩切駅までの資材運搬用の仮設線路が整備された。翌年には、営業用鉄道に改められ、仙台—塩竈間が延伸開業した。こうして、海陸連絡施設をもつことになった塩釜港は再び仙台の門戸港として利用されるようになった。[5]

②陸羽電気鉄道の設立活動

一八九五年一一月に山形県士族の千坂高雅《ちさかたかまさ》、宮城県平民の富田鉄之助、そして東京府平民の渋沢の三名が塩釜港と山形県酒田港を結ぶ陸羽電気鉄道の敷設計画を内務大臣宛に出願した。

千坂は、出羽国置賜《おきたま》郡出身で石川県令、岡山県令・知事などを経て貴族院議員に勅選されていた。また実業家として両羽銀行取締役、横浜倉庫社長などを歴任した人物であった。横浜鉄道（東神奈川—八王子間）取締役、未成であるが武州鉄道（高崎—八王子間）の創立委員長を務めるなど、鉄道事業への関心も高かった。

富田は、仙台藩出身で日本銀行総裁、貴族院議員に勅選され、さらに東京府知事などを歴任し、実業家としても日本勧業銀行設立委員、富士紡績会長、横浜火災保険社長、日本鉄道理事などを務めていた。また、野蒜築港の代替地を選定するための中心的団体である宮城県築港期成同盟会の会長でもあった。[6] 当時の千坂と富田はともに貴族院議員であった。

陸羽電気鉄道の目的は、塩釜湾と酒田港に通じる最上川の河岸を結び、なおかつ日本鉄道と奥羽線を連結することで陸羽両国間の運輸交通の利便性を向上させることであった。同鉄道の予定線は、陸前国塩釜湾頭を起点にして、塩釜街道を経て仙台、仙台からは関山街道を経て奥羽線神町《じんまち》駅（山形県）に至り、さらに谷地街道を経て最上川東岸（藤助新田）を終点とする八一・二㎞の路線と、仙台二日町から国分町、大町、芭蕉の辻を廻り新伝馬町と名掛町を経て日本鉄道仙台駅に至る二・一㎞の仙台市街支線からなった。[7]

陸羽電気鉄道の計画は、東北地方を東西に結ぶ横断鉄道的な性格をもっていたが、鉄道と最上川舟運を組み合わせることで塩釜港と酒田港を結ぼうとしていた。公称資本金は一二五万円で、このうち「道路開修費」に二二万八四二四円、軌道費に三一万九〇〇〇円が計上されていた。年間の収支予測では総収入一五万一七一七円のうち旅客収入が八万七三二八円、貨物収入が六万四三八九円、これに対する営業費は四万八〇〇一円であった。差引利益である一〇万三八三円の資本金に占める比率は約八％であった。[8]

明治時代における最上川舟運は低調であったとされるが、一八七九年には物資輸送を目的とする会社、一八八一年には旅客と荷物の輸送を目的とする運送会社が設立されていた。[9] 一九一四年に酒田線（現在のＪＲ陸羽西線）が開業するまでの期間において、最上川は依然として地域の交通路としての役割を果たしていた。

当時、電気を動力とする電車は最先端技術を象徴するものであった。仮に仙台市街支線が開業すると、日本初の市街電車を開業させた京都電気鉄道に次ぐ早さであった。電力は、一次発電所の三居沢《さんきょざわ》、鳳鳴《ほうめい》ヶ滝、そして石動ヶ滝の三か所と二次発電所の三か所（塩釜付近、関山峠付近、藤助新田付近）から受電することとされた。

陸羽電気鉄道は、基本的に国道と県道上に線路を敷設して運行する路面電車（軌道線）として計画されていた。宮城県内における約五六・八㎞の軌道延長のうち、県道上の併用軌道区間は約四二・六㎞、専用軌道区間は約一四・一㎞であった。路面電車は鉄道会議の審議対象外であったから、逓信省と関係各県の認許を得られさえすれば着工することが可能だった。宮城県と山形県を結ぶ道路で併用軌道が計画された関山街道には野蒜築港の着工に合わせて開削・改良された区間があり、一八八二年九月に完成していた。

陸羽電気鉄道の創立委員には富田、千坂、渋沢、浜口吉右衛門（衆議院議員、豊国銀行頭取、富士紡績社長など）、荒井泰治（日本銀行における富田鉄之助の秘書、貴族院議員、仙北軽便鉄道社長など）、早川智寛（野蒜築港内務省土木局出張所主任、仙台商業会議所会頭、仙台市長など）、佐藤里治（山形県会議員など）、渡邊弥太郎、そして遠藤庸治（初代仙台市長、宮城県会議員、宮城農工銀行頭取など）といった東京と沿線地域の有力者が名を連ねた。こうしたことも相まって株式の応募も順調に進み、宮城県に割り当てられた株式は満株になったことが報じられた[10]。

③計画の中断

陸羽電気鉄道には、一八九六年一二月に仙台市内から山形県内まで、一八九七年七月に塩竈から仙台市内までの軌道事業の認可が下りた。このときに塩竈から仙台市内まで複線にするよう計画変更したことで公称資本金は一二五万円から一五〇万円へと増額された。

陸羽電気鉄道は、第一期線として塩竈―仙台間と仙台市街支線を合わせた約四八・二㎞の建設費を約五六万円と見積っていた。一八九九年八月には着工を前に第一回株金払込（一株につき一二円五〇銭）を募集する予定になっていたのであるが、実際に払込募集がなされたかどうかは明らかではない。渋沢栄一日記には、同年一〇月二七日の朝に遠藤庸治が渋沢のもとを訪れて「陸羽水力《ママ》電気鉄道のことを談ず」という記述がみられるものの、具体的な相談内容は不明である。翌月四日付けの『東京経済雑誌』には、「時宜によっては其動力をセルポレー式（蒸気動車の一種――引用者注）に取らんとの議もあり」という記述があることから[11]、当初の電車による運行が困難になる事情が生じたことが窺える。

一九〇一年に陸羽電気鉄道は解散した。同年一〇月には仙台商業会議所において「陸羽横断鉄道布設に関する調査の件」として陸羽電気鉄道の計画ルートに近い路線の事業可能性について議論されたのであるが、山間部の鉄道建設工事は多額の工費を要すること、福島―山形間の奥羽線の開通後には仙台から山形間を陸路で輸送する荷物は「誠に些少」になったため収益が期待できないといった指摘があった。[12] こうした事情などによって、陸羽電気鉄道の将来性に不安を抱く出資者が相次いだものと思われる。このとき、渋沢は何も言葉を残していないが、やむなく事業の継続を断念したのではないかと思われる。

3　大船渡の開港と陸上交通の整備

①大船渡港の有望性

陸羽電気鉄道の設立計画を断念した渋沢栄一は、岩手県における港湾整備と鉄道建設を手掛けようとしていた大船渡開港鉄道鉄業の設立活動に関わることで、再び東北地方の横断鉄道計画の実現に向けた行動を起こした。まず、大船渡湾について概説しておきたい。岩手県南東部に位置する大船渡湾は、湾口から南北に細長く、湾奥までの距離は約六㎞、湾内の水深は二〇～三八ｍ、四方を山で囲われているような地形であり、大型船舶の停泊も可能であった。一八八一年に日本海軍の軍艦雷電が避難入港したことをきっかけに大船渡の名は広く知られるようになった。当時は港湾として整備されていたわけではないが、一八八四年にはフランスの軍艦が避難入港、翌年には日本海軍の軍艦葛城が入港した。[13] その後、海軍大尉の斎藤実《さいとうまこと》が大船渡湾を視察したことを受けて、地元における「大船渡開港熱」が高まり、海軍省が第五の鎮守府として北海道の室蘭を候補地にした際には大船渡の地元住民らによる鎮守府の誘致活動がみられた。[14]

一八九六年六月に発生した三陸大津波による岩手県沿岸地域の被害は甚大なものであったが、早くも翌年には気仙郡長などの地元有力者が大船渡開港の有望性を唱えていた。こうした大船渡港の有望性に着目した実業家の

図18　雨宮敬次郎　国立国会図書館「近代日本人の肖像」より

一人が雨宮敬次郎《あめのみやけいじろう》であった。一八九七年頃に岩手県の有志から大船渡の開港について相談を受けていた雨宮は「俄《にわ》かに乗る気」になり、専門家などの話を聴いたうえでみずから調査するために大船渡に赴いた。[15]

②雨宮敬次郎と製鉄事業

甲斐国山梨郡出身の雨宮敬次郎は、甲州出身という郷党意識をもって関東を中心に経済活動を展開した「甲州財閥」と呼ばれる実業家グループの一人であった。雨宮は、鉄道事業だけでも甲武鉄道、川越鉄道、北海道炭礦鉄道、大師電気鉄道、東京市街鉄道、大日本軌道、そして江ノ島電鉄などの経営や設立に関わっていたが、このほかに製粉事業や軽井沢の土地開発事業などにも手を広げていた。

雨宮は、もともと製鉄事業にはあまり関心をもっていなかったとされるが、北海道炭礦鉄道の経営に関わったことをきっかけにして鉄鋼業界に進出した。雨宮の製鉄事業構想は規模が大きく、官営八幡製鉄所の設立前後において東洋製鉄会社という、北海道、新潟、九州、そして岩手の四か所に製鉄工場を建設する計画を立てていた。[16] 結局、この計画は景況の悪化により挫折したものの、このうち岩手については仙人山の製鉄事業として実現をみた。

一八九四年に雨宮が所有権を取得した仙人山鉄山は、日本鉄道黒沢尻駅《くろさわじり》（現在のJR北上駅）の西方約二二㎞の岩手県和賀郡岩崎村と湯田村にまたがる鉄鉱山であった。ところが、すぐに日清戦争が勃発したことで鉄鉱石開発は中断せざるを得ず、その後は一八九六年まで雨宮自身が東京市の水道用鉄管事件に関わったとして勾留されたため、なかなか製鉄事業に手を付けることができなかった。一九〇〇年一一月にようやく雨宮は仙人製鉄所を稼働させたのであった。

③大船渡開港鉄道鉄業の胎動

一八九八年一二月に海軍水路部長の肝付兼行《きもつきかねゆき》海軍中将は、「大船渡の開港に対する私見」というテーマで演説を行い、大船渡港を貿易港として開港することは東北地方だけでなく日本全体の利益であることを強調した。肝付は、港を繁栄させる要件として河川舟運との連携を指摘していたが、大船渡は「人造の河道」である鉄道が仙人山などを結ぶことで開港地として成り立たせることができると主張した。もちろん、鉄道の敷設には多額の資金がかかるが、「東北人智の開道と勧業を目的とし、半利半義の公共心」をもつことで大船渡港は「忽《たちま》ちにして便利極まる鉄道と船舶との接続地」になり、一〇年も経たずに東北有数の「繁華港」になるというのである。将来、東北地方でアメリカ向けの商品生産が行われることがあれば、横浜港ではなく大船渡港とアメリカ西海岸の諸都市との貿易が可能になるという可能性にも言及した。

このように、「大船渡に貿易港を開くことは、国家の為め、時代の為め地方の為めに、実に有益多望な好事業」であるというのである。[17] 肝付の演説から、この時点において大船渡への鉄道建設が計画されていたことがわかる。仙人山という具体的な地名が挙げられていたことから、雨宮が所有する仙人山の製鉄事業との連携を念頭に置いた計画であると考えられる。雨宮が大船渡の開港に関心を示した理由は、みずからの製鉄事業へのメリットを期待したからであった。

一八九九年二月に東京築地における雨宮の別邸である築地館において、大船渡開港鉄道鉄業の発起主唱会が結成され、東京と岩手出身の有力者と東京と岩手選出の帝国議会議員などが参加した。「鉄業」というのは製鉄事業のことであり、将来的には大船渡港の近傍に製鉄工場を建てて周辺の鉄鉱山から採掘された鉄鉱石を利用して鉄製品を生産することが意図されていた。「大船渡開港鉄道主唱発起趣意書」によると、東北地方には商港がないために、生糸、木材、銅鉄、米穀、水産物、鉄鉱、石炭、金銀山などの生産・発達が妨害され、「国家の一大病害」になっているというのである。[18]

同年三月の発起人総会では、創立委員長に榎本武揚、副委員長に雨宮が就き、ほかに東京と地元でそれぞれ用務をこなす常務委員八名と地方委員九名が選出された。同日には事業ごとの資本金が取り決められた。すなわち、公称資本金を一二〇〇万円にして、その内訳は①大船渡築港予算に一五〇万円、②日本鉄道花巻駅から大船渡までの鉄道建設予算に六〇〇万円、③製鉄業予算に四五〇万円とした。予算的には、大船渡港へのアクセスを担う鉄道建設が事業の中心になっていた。

4　大船渡開港鉄道鉄業と磐仙鉄道計画

①鉄道建設のルート検討と磐仙鉄道計画の出現

一八九九年四月に技師の菅原恒覧《すがわらつねみ》が鉄道建設ルートの現地調査を始めた。菅原は日本鉄道の栗橋—福島間の工事に従事したほか甲武鉄道、九州鉄道、川越鉄道、青梅鉄道などの設計・監督を手掛けてきた。岩手県一関出身の菅原にとって大船渡は地元のような場所であったが、それだけでなく甲武鉄道の建設に従事していた際に同社

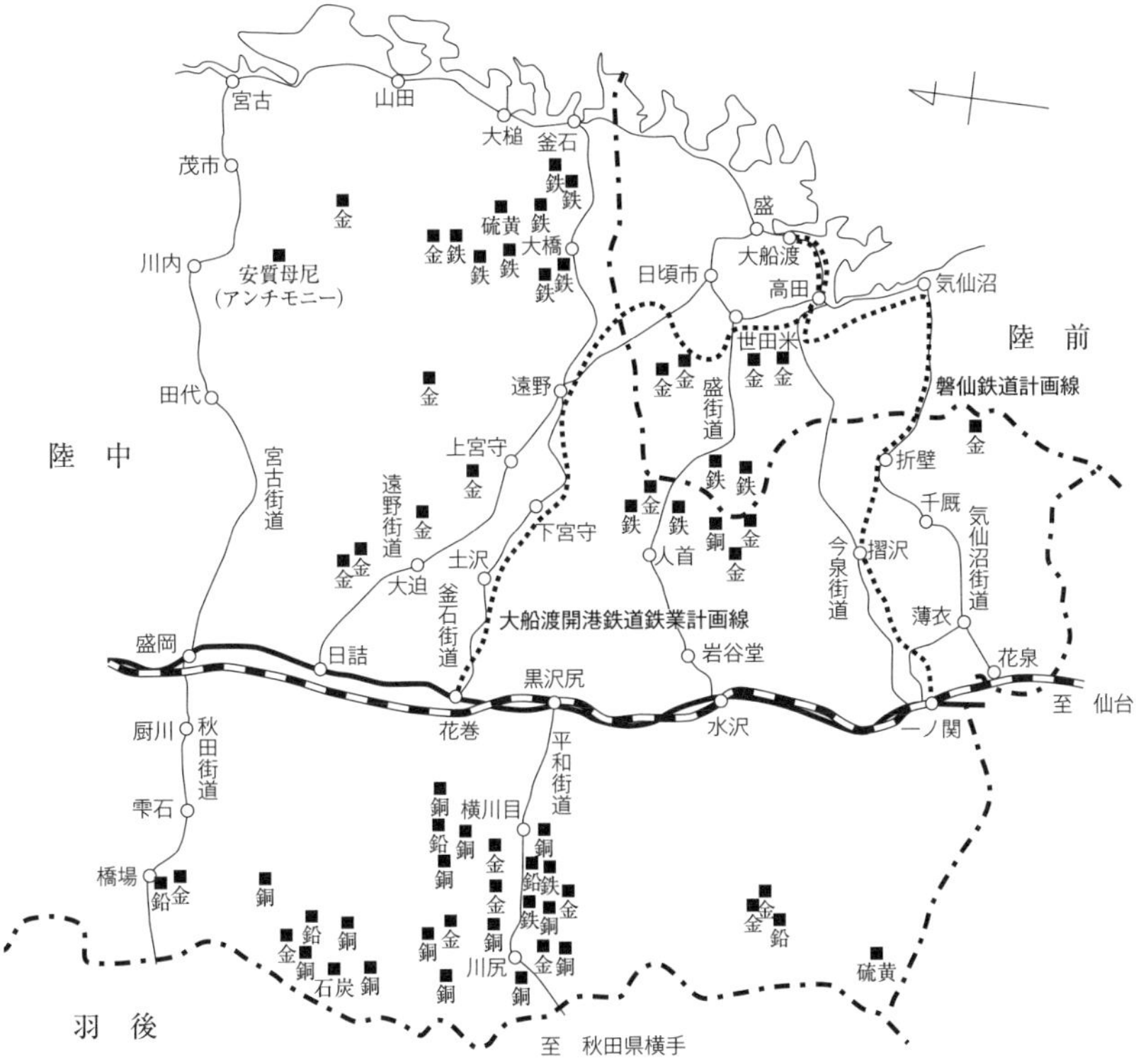

図19　大船渡開港鉄道鉄業と磐仙鉄道の計画線

出典：『大船渡湾開発計画書　全』（大船渡湾海陸連絡図）1900年，大船渡湾開港期成同盟会から作成．

の取締役であった雨宮敬次郎の信用を得ていたことも起用された要因であった[19]。

同年七月までに菅原が取りまとめたルート案は、日本鉄道花巻駅を起点に小友《おとも》、世田米《せたまい》、高田を経て大船渡に至るものであった。他方で野呂《のろ》景義《かげよし》は鉄鉱山へのアクセスを考慮して遠野経由のルートを強く推しており、同年末には花巻駅を起点に遠野、小友、世田米、高田を経て大船渡に至るものに変更された（図19）。東京帝国大学教授だった野呂は、冶金学や製鉄理論の専門家で、官営八幡製鉄所の技術的確立に尽力するなど、日本の鉄鋼業発展の礎を築いた人物であった。野呂は、各地の事業者に対して技術的な指導を行うこともあった。

しかしながら、花巻から大船渡への鉄道敷設は、途中に急勾配の区間を含むため技術的に困難であるとみられていた[20]。菅原の計算によると、花巻から大船渡間の一〇六・二㎞に要する建設費は六〇〇万円（一㎞あたり約五・六万円）であると見込まれていたが、着工後に資金不足になることも十分に想定された。創立委員会は営利事業として建設・運営することは難しいと判断して、急ぎ発起人の追加と国庫補助を請願することを取り決めた。

雨宮らが対応を急いだ理由は、日本鉄道一ノ関駅を起点に太平洋岸の高田までを結ぶ磐仙鉄道の設立計画があったからである。

一八九六年に一関町、気仙沼町、摺沢《すりさわ》村など沿線地域の有志を中心に計画された磐仙鉄道は、海軍省の技師から「三陸で唯一の良港」であると評された気仙沼港へのアクセスを担う陸上交通として位置づけられていた。創立委員長には旧近江宮川藩主で貴族院議員、筑豊興業鉄道社長などを歴任した堀田《ほった》正養《まさやす》、創立委員には一関出身の日本鉄道理事であった二橋元長などが就き、主に関係省庁との交渉にあたった。

一八九七年三月に磐仙鉄道が敷設免許を出願した際の建設費は七〇・八㎞で二三〇万円（一㎞あたり約三・二万円）であると見込まれていたから、前述の大船渡開港鉄道鉄業の見積もりと比べて低廉であった。しかも、磐仙鉄道の発起人らは技師の国沢新兵衛に依頼して、高田―大船渡間を延伸した場合の建設費も見積っていた。一八九九年一〇月には、一ノ関―大船渡間の建設費が約九九・八㎞で四三五万円（一㎞あたり約四・三万円）であることがわかると、翌月のうちに出願書類の修正を願い出て終点を高田から大船渡へと変更した。大船渡開港鉄道鉄業にとって磐仙鉄道は競合関係にあたるものであったが、敷設免許の出願では磐仙鉄道がリードしていた。磐仙鉄道の設立活動を目の当たりにした大船渡開港鉄道鉄業の創立委員会は国庫補助を確保して建設資金を調達しようとしたのである。

②国庫補助の断念

一九〇〇年二月における大船渡開港鉄道鉄業の発起人主唱会の名簿をみると、賛成人のなかに渋沢の氏名が確認できる。また、渋沢と事業上のつながりが深い人物である山中隣之助《やまなかりんのすけ》、梅浦精一《うめうらせいいち》、日比谷平左衛門、大倉喜八郎なども含まれていた。大船渡開港鉄道鉄業は、必要資金の一二〇〇万円を株主の出資だけに頼らず、岩手県の拠出金で二〇万円、国庫補助で四〇〇万円、そして一般株主の割り当てで七八〇万円を調達しようとしていた。一方、雨宮の経営する仙人山の製鉄事業への利益供与であるとして大船渡開港鉄道鉄業の国庫補助請願を批判していた磐仙鉄道の創立委員会は、みずからの事業について年間七朱の株主配当を見込んでおり、事業の堅実性をアピールしていた[21]。

一九〇〇年二月には岩手県選出の衆議院議員だった下飯坂権三郎《しもいいざかごんざぶろう》らが、大船渡開港鉄道鉄業への国庫補助を求める建議案を衆議院に提出した。同月には貴族院にも国庫補助を請願することになっていたのであるが、創立委員のメンバーが貴族院の領袖として知られていた岡部長景《おかべながかげ》に事前に相談したところ、政府財源に余裕がないとの理由で消極的な反応だったため見送られた。もっとも、下飯坂らが衆議院に提出した国庫補助を求める建議案についても、そもそも大船渡港の開港自体が難しいものであった。

一八九九年の勅令三四二号によって日本の開港地は、静岡県の清水港をはじめ二一か所が指定されていたのであるが、大船渡港は含まれていなかった。開港地は地方の情実によるものではなく、貨物の集散状況を鑑みて関税行政の執行上必要とされる数を大蔵大臣が指定することになっていた。鉄道との海陸連絡施設をもたない大船渡港においては、開港の必要に迫られるほどの貨物の集散が期待されていなかったのである。

③外国資本への期待

大船渡開港鉄道鉄業の創立委員会は、国庫補助に代わって外国資本による資金調達へと方針を転換した。一九〇〇年の日本経済は恐慌による財界混乱に陥っており、一般株主による出資だけに頼ることはできなかった。東北地方にも財界混乱の影響が及んでおり、雨宮が経営する仙人製鉄所では、同年一一月に精錬を開始した直後に経営不振に陥った。

他方で、一九〇二年四月に磐仙鉄道は経済の不振による資金難を理由に建設費を引き下げるべく、仮免許に記載された終点を大船渡から気仙沼へと短縮する変更願を送達した。だが、磐仙鉄道は規定の期間内に本免許を出願することができず、一九〇三年五月に仮免許の失効を迎えた。[22]

大船渡開港鉄道鉄業の創立委員は、一九〇五年に元フィリピン知事というアメリカ人と会談して出資をめぐる交渉を行った。大船渡における現地調査を経て、築港、鉄道、鉄業だけでなく鉄を利用した船渠事業にも進出するべきであるといった議論が交わされた。

雨宮はこのアメリカ人に期待していたようで、すぐに船渠事業を兼営するために公称資本金を一二〇〇万円から一八〇〇万円へと修正し、日米両国で出資金を折半する旨の協約を締結した。[23]ただ、このアメリカ人自身は資産家や実業家ではなく、アメリカに帰国後に出資者を募ることとされた。これ以降、このアメリカ人の話が出てくることはないことから、出資を得ることは叶わなかったように思われる。

他方で、大船渡における現地調査に同行したという内務省の技師によると、大船渡の商港としての有望性は、

「日本海と太平洋の連絡今少し密接とならば兎《と》も角《かく》、今分にては見込甚《はなは》だ少なし」というものであった[24]。仮に花巻から大船渡までの鉄道が開業したとしても、大船渡を貿易港として開港させるほどの輸送ニーズを確保することが難しいと判断されたのである。

5　大船渡開港鉄道鉄業計画の顚末

①「横貫鉄道」計画への変更

大船渡開港鉄道鉄業の設立活動はしばらくの間停滞していたのであるが、一九〇六年七月七日には発起人総会が開催され、国庫補助金を活用して敷設することが示し合わされた。渋沢はこのときに創立委員の一人に推されて同年一〇月には創立委員長に就くと、一九〇九年六月まで設立活動に関わった。このとき以降、史料には大船渡築港鉄道鉄業と記載されることが多くなるため、以下、大船渡築港鉄道鉄業と記載することにする。

同年九月には渋沢、近藤廉平《こんどうれんぺい》（日本郵船社長、横浜船渠取締役など）、雨宮敬次郎、馬越恭平《まごしきょうへい》（日本麦酒専務取締役、帝国商業銀行取締役会長、磐城炭礦監査役など）、小野金六《おのきんろく》（東京機械製造社長、東京商業会議所特別会員、東京電灯監査役ほか）、佐竹作太郎（第十銀行頭取ほか）、園田孝吉《そのだこうきち》（十五銀行頭取、帝国倉庫運輸社長ほか）、浅田正文（日本郵船取締役ほか）、そして若尾幾造《わかおいくぞう》（衆議院議員、横浜若尾銀行代表社員、横浜電気、横浜鉄道、横浜倉庫取締役ほか）といった首都圏を拠点に活動する実業家や銀行経営者を創立委員に加えると、政府に対して財政負担の大きい国庫補助ではなく、年間六朱の利子補給を向こう一五年間継続する方針へと改めた。このときの大船渡築港鉄道鉄業の事業計画は、公称資本金を一五〇〇万円として、内訳は築港事業（一五〇万円）、製鉄事業費（四五〇万円）、そして大船渡から日本鉄道黒沢尻駅を経て秋田県横手町で奥羽線に連絡する「横貫鉄道」の敷設費（九〇〇万円）とされた。さらに、事業進捗を鑑みて増資と船渠事業への進出が想定されていた[25]。

これまでの計画と大きく異なっている点は鉄道の敷設区間であった。すなわち、これまでの計画では花巻駅で日本鉄道線のみに接続していたものが、新たな計画では黒沢尻駅で日本鉄道線、横手駅で奥羽線に接続することで、太平洋側の岩手県大船渡港から日本海側の秋田県土崎港や船川港へのアクセスも視野に入れた横断鉄道的な性格をもつ路線に改められていた。大船渡築港鉄道鉄業は、この計画を「国家的事業」と位置づけていたが、「奥羽地方山岳重畳する（中略）僻遠の地人煙稀なる処を横断する鉄道」ゆえに開業後も十分な収益が期待できないとして政府に対して支援を求めたのである[26]。

渋沢らの計画に対して主務省である逓信省はどちらかというと好意的な反応を示していた。大船渡築港鉄道鉄業の敷設区間については、「私設として出来得る限り有志者の運動に対し便宜を与えん決心なり」というように[27]、私鉄による敷設と運営を容認するかのような対応であった。同年一一月二六日には大船渡築港鉄道鉄業の創立委員らは東京市麴町区の星ヶ岡茶寮に各党派の政治家を招いた。その席上、雨宮は大船渡港沿革談、渋沢は東北発展と製鉄事業の話を披露して、各政党の議員に対して事業の有望性をアピールしたのである。

②政府事業としての「横貫鉄道」建設決定

大船渡築港鉄道鉄業への政府補助については政治家からも要望が出されていた。一九〇七年三月には衆議院の建議案委員会において、立憲政友会所属の議員である森本駿《もりもとしゅん》が政府の姿勢について、「満韓又は台湾等に於いて力を尽くせるも東北方面に対しては注意を欠けり」と批判した。森本によると、東北は交通の事情が悪いために開発が遅れており、鉄道と海陸連絡施設を整備して沿線における鉄鉱資源の開発と製鉄事業を通じて産業発展させるべきなのであった。しかも、こうした事業は最初から十分な利益をあげることは難しく、相当の期間にわたり政府による利益補給が必要であると主張した[28]。

渋沢もまた同様の考えであった。一九〇七年二月の憲政本党本部における演説では、大船渡は東北地方で唯一の良港になり得るものであるが、海陸連絡施設の整備が必須であることを訴えた。また、東北地方にはすでに「縦貫鉄道」が敷設されているものの「横貫鉄道」がなく、交通事情の不便さが東京以南の地域と比較したときの発展の遅れの要因になっていると指摘した。そのために大船渡港から秋田方面への鉄道を敷設し、沿線における鉄鉱資源の開発と製鉄事業を兼営する計画を立てていると説明した。大船渡築港鉄道鉄業は、もちろん利益を得ることを目的に設立した会社であるが、それだけではなく国家の進運と東北地方の開発という公益性を合わせ持っているとして、国家の助力、すなわち利子補給を求めて参加議員の賛意を募った[29]。同月に開催された創立委員会において、渋沢は委員長として政府によって鉄道を敷設するよう催促すること、もし政府財政の問題で速やかな敷設が難しいようであれば民間に許すことなどを決議した[30]。

では、大船渡築港鉄道鉄業の利子補給の請願に対する政府の反応はどのようなものであったのだろうか。一八九二年に公布された鉄道敷設法によって定められていた岩手県の内陸部から太平洋岸に至る横断線は盛岡から宮古もしくは山田に至る鉄道であったため、逓信省では、花巻―大船渡間（調査資料では黒沢尻ではなく花巻が起点とされた）の鉄道と比較した場合の建設費と営業面での優劣、宮古港・山田港・大船渡港の三港の優劣が検討された。結果、花巻―大船渡間の鉄道と大船渡港がもっとも優れた組み合わせであることが明らかになった[31]。

他方で、農商務省は製鉄事業の有望性を確認するため岩手県下における鉱物調査を実施したのであるが、鉄鉱資源は各地域に散在しているものの、推定鉱量が思いのほか少ないことが明らかになった。しかも、燐や硅酸などの成分を含むことから鉄分が少なく、鉄鉱資源として利用できる鉱量はさらに減ることが想定された。それだけでなく、大船渡周辺では、製鉄所のエネルギー源である石炭の安定的な確保も困難であった。大船渡築港鉄道鉄業では石炭を北海道から海運で調達する計画を立てていたが、これに対して農商務省では運賃などの費用が嵩むことで収益を圧迫すると予想しており、計画されていた規模の製鉄所を稼働させることは困難であると判断していた。

一九〇七年一二月に政府は大船渡築港鉄道鉄業の事業計画のうち、鉄道事業のみを「財政の状態に応じ適当の時期に於て之れが完成を図る」として引き受けた[32]。すでに施行されていた鉄道国有法の理念によって、鉄道敷設法の予定線に準じた主要路線の敷設・運営を民間に委ねることは適当ではなかったからである。

こうして、一九〇九年一月に大船渡築港鉄道鉄業に対する利子補給の建議案は不採択になったのであるが、渋沢の求めた政府による東北地方の「横貫鉄道」の敷設という目的には道筋をつけることができた。同年末には岩手県議会が花巻—大船渡間鉄道の早期着工を求める建議案を採択したほか、郡民大会なども開いて東京で陳情活動を実施したのであるが、一九一〇年三月の衆議院委員会において盛岡—宮古間、盛岡—大曲間、黒沢尻—横手間、追分—船川間とともに第二期線として敷設されることになった。黒沢尻—横手間の鉄道（横黒線、現在のＪＲ北上線）が開通するのは一九二四年一一月、一ノ関—大船渡間の鉄道（大船渡線）が開通するのは渋沢の死後の一九三四年九月のことであった。

他方で、大船渡築港事業は民間事業として残された。一九〇九年に渋沢は数えで七〇歳を迎えたタイミングで六月に大船渡築港鉄道鉄業の創立委員長の役職を辞任した。同年一二月一日には大船渡築港鉄道鉄業の解散総会と大船渡興業の創立に関する会議が開催された。鉄道敷設が政府事業になったことで事業計画を立て直すことになったためである。大船渡興業では雨宮敬次郎、千坂高雅、竹内綱、そして小野金六が創立委員になった。公称資本金五〇〇万円とされ、内訳は繫船堤築設費（一七五万円）、土地買収費（一二〇万円）、倉庫業費（五〇万円）、金・銀・銅・鉄製錬施設費（一五五万円）であった[33]。ただ、大船渡興業のその後の運営については明らかではない。

③渋沢栄一の東北振興と鉄道整備の認識

渋沢の東北振興と鉄道整備のあり方についての認識はどのようなものだったのだろうか。まず、渋沢の私見をもとに東北振興についての認識を理解しよう。渋沢によると東北地方は九州などの諸地域と比較すると産業などが発展していないのであるが、この理由として港湾の数が少なく海運が振るわないこと、陸運についても依然として鉄道では「縦線」が充実している一方で「横線」は不十分であることを挙げていた[34]。

一九一三年に設立された東北振興会は、北海道・東北地方を襲った大凶作をきっかけに岩手県出身の内務大臣であった原敬の呼びかけに応じた中央政財界の有志らで結成された組織であるが、渋沢が会頭を務めていた。東北振興会の活動は、当初において義捐金の募集などの凶作被害の救済事業を中心にしていたが、その後の組織改革を経て産業振興を中心とするものへと変容していた[35]。

渋沢自身も、東北を発展させるためには不可欠であると考えていた貿易港や漁港の築港と、太平洋岸から日本海側に直通する「東西に横断する鉄道」の敷設については東北振興会として力を尽くすと述べていた[36]。当時、すでに政府事業として着工することになっていた黒沢尻―横手間の鉄道が開通すれば利便性が高まるとしながらも、東北地方には良港とされる港湾が少なく、築港工事が進められていた秋田県の船川港は周囲の波が高く、塩釜港は規模が小さいため必ずしも良港であるとは言えなかった。渋沢は、東北地方において「努力勤勉」で「敢為《かんい》の精神」をもち、人びとを鼓舞するような指導者的な役割を果たす人の出現が産業発展を促すために必要であると指摘していたのであるが、[37]交通インフラの充実については政府の積極的な関与を求めていた。

そこで次に、鉄道整備のあり方について考えてみる。渋沢によると、地方の鉄道は大規模な建設費に対して小規模な輸送ニーズにとどまるため低収益になりがちであった。そのため、民間による営利事業として成り立たせることは難しかった。渋沢は、私鉄が多数の小組織によって運営されていることを問題視していた。鉄道相互間の接続や連絡の点で利便性を欠くうえに運賃は安くなく、「独占的交通機関として産業開発の大旨に反する」ような鉄道も少なくなかった。渋沢は、このような私鉄運営の問題を解決するためには「政府自ら進んで経営」するか、「又は国有其他の方法に由《よ》て統一整理すべ」きであると考えるようになっていた。[38]少なくとも、地方における重要産業の商品に対しては運賃を低減させるべきであり、政府には積極的に官設鉄道の運賃率を引き下げるだけでなく、私鉄に対しても同様の運賃政策を適用することを望んでいた。

海運と鉄道の結節点である港湾における海陸連絡についても、渋沢は国家の力をもって整備・運営するほかないという考えであった。渋沢の鉄道に対する認識は、東北や北陸といった地方を含めて、日本各地の産業振興と活発な商取引を実現するような鉄道や港湾などの交通インフラ（ハード面）と、輸送の利便性や低廉な運賃（ソフト面）を実現させることにあった。

6　産業発展への理念

渋沢は、一八七〇年代後半には青森県弘前における第五十九国立銀行の創立にあたり懇切丁寧な指導をするなど東北地方の銀行設立に関与してきた[39]。東北地方の経済や商工業の発展を地元の有志らとともに図ろうとする渋沢は、鉄道や港湾といった交通インフラ事業の設立計画にも関与した。野蒜築港計画が進展するとすぐに石巻の豪商とともに市街地の土地を購入して事業拠点を設けたのも、交通インフラの整備が地域の商工業を発展させると期待していたからであった。

渋沢は、東北地方の鉄道が三つすべて縦貫鉄道であることに問題意識をもっており、「横貫鉄道」という東西方向の鉄道を建設しようとしていた。太平洋側から内陸部を通り日本海側に至る鉄道ができることで、内陸部の資源開発と産業化を促すことができるうえ、両端の地域における港湾部との海陸連絡によって資源や商品の移輸出を活発にすることになるからであった。陸羽電気鉄道と大船渡開港（築港）鉄道鉄業には、「横貫鉄道」としての役割が期待されていた。

渋沢が設立活動に関わった陸羽電気鉄道と大船渡開港（築港）鉄道鉄業は、いずれも設立に至らなかったが、両者の間には大きな違いがあった。前者は、設立を断念した後には誰にも継承されなかった。交通インフラの整備という点からみて失敗だったと判断して差し支えない結果であった。一方で後者は、確かに渋沢ら民間有志の力で開業させることはできなかったものの、鉄道敷設法の予定線に準ずる路線として政府事業として継承されたことで、交通インフラとして整備された。渋沢の目的は達成されたと考えてよいであろう。

大船渡開港（築港）鉄道鉄業は、渋沢らによって政府への財政支援の要望が繰り返されたほど収益に期待することができなかった。もはや東北地方の資源開発と産業振興を目的とした公益的事業であると言って差し支えないものであった。

こうした渋沢の認識が他の発起人や創立委員とどれだけ共有されていたかはわからないが、東京や地元の実業家や政治家など多くの有力者が設立活動に関わったということは、鉄道が短期的な収益だけでなく、地域の輸送ニーズを掘り起こし、資源の開発や産業発展を経て中長期的に収益をあげることができればそれでよいと認識されていたからだと思われる。

よく知られているように、渋沢は官営や国営よりも民営による事業展開を支持してきた。「合本主義」という言葉に象徴されるように、企業や組織間における適切な競争のもと道徳的な経営を行うことで、事業で得た収益を国家社会に広く還元する、つまり公益を追求することができるという考えによるものであった[40]。

しかし、本章でわかったことは、東北地方の鉄道事業について渋沢は必ずしも民営にこだわっていたわけではなかったことである。渋沢の考えは、短期的な収益は期待できないが、資源開発の期待できる地域に向けて鉄道を延伸させ、産業発展を促すような輸送サービスを提供することこそが重要なのであり、それが実現できるのであれば、国や政府の関与を受け入れるというものであった。それは、この時期における私鉄経営に対する渋沢自身の考えが反映されたものであると思われる。

第5章　渋沢栄一の鉄道構想と鉄道国有化

1　鉄道国有化への反対

渋沢栄一は、いくつもの私鉄に出資することで経営の意思決定に関わるだけでなく、政府の鉄道政策に対して自分自身の考えを表明してきた。代表的なものの一つが一九〇六年と翌〇七年に実施された鉄道国有化である。

鉄道国有化は、鉄道国有法に基づいて主な私鉄一七社が政府によって買収されたことにともない開業距離で九〇・九%、輸送人キロで九一・四%、そして従業員数では八八・四%を占める巨大な組織を生み出した、日本の鉄道史における画期であった。国有化以前における官設鉄道は約二四〇〇㎞に過ぎず、私鉄の約五一〇〇㎞の半分程度の規模であったものが、国有化を境にそれぞれ六六四〇㎞と七一七㎞というように完全に逆転した。また、京釜《けいふ》鉄道買収法に基づいて朝鮮の京釜鉄道が統監府鉄道管理局の所管となった。

鉄道国有化政策をめぐっては、当時における鉄道経営者・技術者、政治家、鉄道官僚、軍部、そして商工業者などの多くの論者によって議論されてきた。渋沢もまた、鉄道国有化政策についてみずからの考えや認識を論じた一人であった。

これまでの研究では、鉄道私有論者である渋沢は、鉄道国有化に反対してきたものの、一九〇〇年代になると鉄道国有論者の主張に耳を傾けざるを得なくなり、日露戦争後には鉄道国有化を容認せざるを得なくなったことが指摘されている。[1] 渋沢が鉄道国有化を容認した理由として、日露戦争後には朝鮮半島や満洲、そして中国大陸への商品流通を促進させるために輸送効率の向上と輸送力の増強を実現させ、鉄道輸送の利便性を高めることがあった。[2]

ところが、後になって渋沢は鉄道国有化には反対で、一時的に容認したことを誤りであったと述べている。それどころか、渋沢自身は「鉄道民有説」を終始一貫して主張してきたというのである。[3] 渋沢が、日露戦争後に鉄道国有化を容認しながらも、その後にふたたび反対へと主張を変えた要因について、これまでの研究では必ずしも明らかにされてこなかった。そこで本章では、鉄道国有化政策についての議論に即して渋沢の鉄道構想、すなわち商工業を発展させるために鉄道が果たすべき役割について考えてみたい。

2　鉄道国有化への賛否

①渋沢栄一の「株屋連中」批判

日清戦争（一八九四―一八九五年）を挟んで起きた好景気に現出した株式会社の設立ブーム、いわゆる第二次企業勃興では、鉄道業についてみると地方の比較的小規模私鉄の設立が相次いだ。このとき渋沢は、中上川彦次郎《なかみがわひこじろう》

（山陽鉄道社長など）、末延道成《すえのぶみちなり》（山陽鉄道取締役など）ら鉄道資本家とともに、官設鉄道の既設路線の民間払い下げを企画したのであるが、その後に発生した経済の混乱による影響を受けて立ち消えていた。日清戦争後には政府の財政支出の増加と清国からの賠償金獲得によって一時的に好景気になったものの、翌年には金融逼迫によって企業の資金調達が困難になり、一転して一部の鉄道資本家のなかから政府による私鉄の買い上げを求める議論が巻き起こった。

一八九八年には金融逼迫を解決するため、自由党財政問題調査委員会は私鉄を国有化することについての検討を始めたのであるが、これをうけて板垣退助は東京府下の実業家に向けて演説を行った。すなわち、資本が不足して諸事業が衰退するなか「根本的積極救済法」として政府は外資を導入して全国の私鉄のうち、日本鉄道、山陽鉄道、九州鉄道、そして甲武鉄道を買い上げよ、という主旨のものであった。[4] 板垣の演説内容に相場師の一派が反応したことをきっかけにして、政府による私鉄の買い上げを求める声は高まった。

このような中、京都商業会議所は、第一二回帝国議会において独自に作成した「鉄道国有実業振興の議」に基づいて請願を行った。東京商業会議所もこれに続き、副会頭である中野武営《なかのぶえい》の名義で「私設鉄道を国有となすの建議（請願）」を政府に進達した。この建議書には、私鉄の路線距離は伸びていないこと、既設鉄道の改良、新設鉄道の敷設とともに私鉄の多くは資金不足に苦しんでいること、鉄道の建設資金は、国民が放下するもので外国人が享有するものではないといったことが記された。そのうえで、国防の観点からみて重要な私鉄から順次政府が買い上げることにして、買収経費として約二億円の外債を募集することを提言した。[5]

渋沢は韓国視察のためにこのときの会議を欠席していたのであるが、帰国後に会議録を確認したところ、鉄道の政府買い上げの請願について「大に異見有之《これあり》」と異論を唱えた。[6] 渋沢によると、民間の人びとのなかには真の実業家もいるかもしれないが、たいていは軍人や政治家を利用して株価の上昇を図り、株の売買によって利鞘を得ようとする投機家的な資本家、いわゆる「株屋連中」であるというのである。渋沢は、「株屋連中は随分熱心であろうが、私は官有論には全く反対である」と、政府による私鉄買い上げの請願を批判した。[7]

渋沢は、日本の鉄道が二〇年ほどの期間で約三二〇〇哩《マイル》（約五一四九㎞）の距離に発展できた要因の一つとして私鉄の存在をあげており、仮にすべて官設鉄道であったならば半分の規模にも満たなかったであろうと民間活力の意義を強調した。渋沢によると、「鉄道の目的は商工業の発達に在」るのであって、五〇年から一〇〇年に一度あるかどうかの有事に備えて鉄道を官有にして国や地域の経済発展を妨げるべきではないというのであった。[8]そして、日本全体の商工業を発展させるためには鉄道ネットワークを全国に拡充させることが必要であり、そのためには私鉄でなければならないと主張したのであった。

②京都商業会議所による「鉄道国有附実業振興の意見」

一八九八年一一月に開催された第七回商業会議所連合会において、京都商業会議所は「鉄道国有の件」という議案を提出した。この主旨は、「鉄道を国有と為《な》し、資金の潤沢を計り以《もっ》て実業の振興を促すべしと云《い》うに在り」というものであったが、この議案は継続審議とされた。翌年一〇月の第八回商業会議所連合会において、京都商業会議所は「鉄道国有附実業振興の意見」という甲号、乙号、そして丙号からなる議案を提出した。この議案では、京都商業会議所の鉄道国有化に対する見解がまとめられているので詳しくみてみたい。

「鉄道国有附実業振興の意見」は、冒頭において「本邦鉄道の現状を観察するに転《うた》た浩歎《こうたん》の至りに堪えざるもの」とあるように、私鉄経営に対する疑念と不信が述べられていた。一八九八年時点における全国の私鉄の路線距離は、約九三七八・七㎞（既設線と本免許、仮免許がそれぞれ下付された路線の合計距離）で会社数は一一八であったから、[9]私鉄一社あたりの平均距離は七九・四㎞に過ぎなかった。京都商業会議所によると、多数の小規模私鉄が各所に割拠して私利を得ることに熱心で公益を顧みず、ゆえに列車速力の遅緩、駅頭での滞貨、接続時間の不適合、貨車・機関車の過不足などが発生しているというのである。各私鉄間の連絡運輸で生じた運賃精算の手続きが煩雑であること、列車の運行には多くの人員が必要であること、さらに工事の脆弱さ、器械の不良、同盟罷業の危険など、小規模私鉄が分立することによる弊害が生じていた。一国の交通機関は人体の脈管に例えられ、ひとたび循環不調に陥ると、商工業の発展を阻害することになりかねない。京都商業会議所は、交通機関の「主脳」を一つにするべきであると考えていたのであるが、小規模私鉄の分立によって「主脳」が複数に分かれていると統率が取れず、運輸の杜絶という問題を生じさせてしまうと考えていた。

さらに、海外の事情としてイギリスでは二七〇有余の小鉄道会社が合併して六大鉄道会社に、フランスもまた四八の小鉄道会社が合併して六大鉄道会社になったこと、アメリカは一一社の独立路線を併合して「紐育《ニューヨーク》中央鉄道」が発足したことを例に示しつつも、全国で二、三社の大規模私鉄に統合・再編することは至難の業であろうから、むしろ「国家的の観念」のもと「法律の力を用い」た国有化が望ましいという内容であった。[10]

このように京都商業会議所は、多数の小規模私鉄の分立体制によって引き起こされる弊害を解消するための一策として鉄道国有化による経営統合と再編の必要性を主張していたのであるが、この目的は輸送を円滑にすることで商工業を発展させることであった。ただし、京都商業会議所による建議を推進したメンバーは、京都鉄道株式会社の主要発起人であった。[11]同社は一八九九年に京都―園部《そのべ》間を開業した直後に資金難に陥り、園部から舞鶴までの延伸を断念せざるを得なくなっていた。[12]このことから、国による京都鉄道の株式買収を画策して鉄道国有化を建議したという見方もできた。

③各地の商業会議所の反応

一八九八年一二月に東京商業会議所によって再度建議・請願された「鉄道国有に関する義に付請願」は、翌年二月に衆議院で可決されたため、政府は鉄道国有調査会（会長＝芳川顕正《よしかわあきまさ》）を設置した。同会による調査の結果、政府は国有化の対象として九私鉄を選定し[13]、鉄道国有法案と私設鉄道買収法案を帝国議会に提出した。だが、財政的な制約と政府自身が鉄道国有化への熱誠を欠いていたことから審議未了で不成立になった[14]。一九〇〇年五月に開催された第九回商業会議所連合会において京都商業会議所は、このことを「甚だ遺憾」であるとして、鉄道買収資金を外資導入によって調達する「鉄道国有の儀」を提出した。

同連合会において、京都商業会議所副会頭の中村栄助は、私鉄の買収資金に充てる鉄道公債を海外で募集することで国内の生産活動に投じる資金を得ることができると述べ、恐慌による財界混乱のなかで私鉄の株価が低迷しているときこそが鉄道国有化の好機であると主張した。

このときの出席委員は三一名であったが、中村の提案に賛成した者は資料上では有志として参加していた雨宮《あめのみや》敬次郎《けいじろう》と松山商業会議所だけであった。ただし、雨宮が、外資にとって日本の私鉄は魅力的な投資先であると、「株屋連中」の立場で賛成したのに対して、松山商業会議所は全国に縦貫鉄道を敷設して運輸交通の利便性を向上させるためには国有鉄道であることが望ましいと、地域振興・産業振興を促進させる立場から賛成した。この他、豊橋商業会議所は外資導入に反対、名古屋商業会議所は鉄道国有化そのものに反対、大阪商業会議所と大垣商業会議所は継続審議を希望した。

このとき渋沢は議事進行役であったため個人的な意見を発言することはなかったが、鉄道国有化は商業会議所同士であったとしても賛否の分かれる議題であった。結局、京都商業会議所の議案は継続審議になり、翌年の一九〇一年九月に開催された第一〇回商業会議所連合会においてようやく採択されたのであった。

3　輸出振興と小規模私鉄の弊害

①国内商品の輸送・輸出振興策

日本の貿易収支は、明治維新後における繊維製品や機械などの資本財の輸入増加にともない基本的には輸入超過（貿易赤字）で推移してきた。明治中期には、政府による外貨獲得奨励策として輸出拡大方針が採られたことで、一時的に輸出超過（貿易黒字）を実現していたものの、明治後期には国内経済の拡大にともなう輸入増加によってふたたび輸入超過に陥っていた。[15]

一八九七年から一九一一年にかけて輸出超過を記録したのは、一九〇六年と一九〇九年の二か年だけであった。当時における主要な輸出商品は生糸、茶、農産加工品などの在来産品、石炭や精銅などの鉱産品、そして綿糸、綿布であったが、輸出額では生糸が全体の約三〇％を占めており、戦前期を通じて第一位の重要輸出品であった。[16]

日清戦争後において渋沢は、これまでの企業と産業界の主体性を尊重する自由主義的な産業政策から、輸入防《ぼう》遏《あつ》、国内産業を保護育成するために政府介入を求める保護主義的な産業政策を重んじる立場へとみずからの考えを修正しつつあった。[17]

一九〇〇年に商業会議所連合会は、「財政経済に関する調査委員会」を設置した。その目的は、日清戦後経営

図20　山県有朋　国立国会図書館「近代日本人の肖像」より

において政府として軍備を増強すると、民間部門への資金量が減ってしまい産業の発展を抑制するという問題意識から、商工業者が産業発展を促進させるために政府に要望することを調査研究することにあった。

商業会議所連合会から委員が選任されると調査を経て（委員長＝井上角五郎）、一九〇〇年五月の第九回商業会議所連合会の席上で調査結果が報告された。このうちの一つが、「鉄道その他、運輸交通機関を速成することで海陸の連絡を図り、かつ特別運賃の制を立てて内国製品の運搬に便を与える」というものであった。もう一つは、航海奨励の保護を受けている船舶を使用する運送業者は勉めて運賃を低廉にして、内国産の商品輸出を円滑にするというものであった。いずれにせよ、内国産の商品を円滑に輸送・輸出するために海陸連絡施設などの交通インフラ整備と運賃の低廉化といった利便性の向上を求めていた。[18]

同年五月二五日には全国商業会議所連合会の有志委員として渋沢のほか阿波、長崎、金沢、大阪、岡山、東京の各商業会議所の代表者ら八名と、内閣総理大臣の山県有朋、大蔵大臣の松方正義、逓信大臣の芳川顕正、農商務大臣の曾禰《そね》荒助《あらすけ》との会談が首相官邸で行われた。[19]会談の目的は、「財政経済に関する調査委員会」が報告した調査内容について、関係する大臣と意見交換することであった。

「運輸交通機関の完備を期すること」が議題の順番になると、芳川は、鉄道など運輸交通機関の速成は財政上の制約もあって思うように進展していないこと、海陸連絡施設の不備は運輸交通上の課題として認識していること、これらのことを踏まえて政府としては有志委員の要望に応えていくつもりであることを述べた。

そして特別運賃、これは同じ商品であっても外国品には通常運賃、内国品には割引運賃というように、内国品に限定して低い運賃率（重量、輸送距離あたりの運賃）を適用することを意味するのであるが、芳川によると導入可能ではあるものの、私鉄に指示すると内国品への運賃割引の適用にともなう減収を補うための見返りとして、何らかの「保護」を与える必要があるというのである。「鉄道を国有にでもするの外《ほか》は行われざること」というように、芳川によると運賃割引による内国品の輸出振興策の実現には、鉄道国有化を含めて検討する必要があった。[20]

一九〇〇年六月に東京商業会議所会頭の渋沢栄一名義で「国家経済の方針に関する義に付建議」が内閣総理大臣を含む四大臣あてに進達された。

建議の一つが、「運輸交通機関の完備を期すること」という表題で、「鉄道其他運輸交通の機関を速成し、以て各部の統一を保ち、海陸の連絡を謀り、且《か》つ特別運賃の制を立て、内国製品の運搬に便を与うること」という内容であったから、前述の芳川との会談内容を踏まえた建議文であった。さらに、「本項の目的を達する為《た》めに必要なる鉄道を買収すること」という一文が追加された。[21]東京商業会議所は、割引運賃の適用を通じて実効性のある輸出振興策を策定するために、必要であれば政府による私鉄の買い上げを容認するようになったのである。

②私鉄各社の運賃値上げ

東京商業会議所がこのような内容の建議文を用意した背景には、当時の私鉄各社による相次ぐ運賃値上げが関係していた。

一九〇〇年には鉄道事業者にとって三つの重要な法令と規程が施行された。一九〇〇年三月一六日に私設鉄道法と鉄道営業法が公布され、二つの法律とも同年一〇月一日付けで施行された。そして、同年八月一〇日には鉄道運輸規程が施行された。鉄道運輸規程は、駅における運賃表、時刻表、そして時計を掲示することなど、旅客に向けた設備の充実を定めていたため、私鉄によっては対応に追われることもあった。大手私鉄の日本鉄道でさえも、小規模な駅では全線の運賃表が設置されていないことがあった[22]。

一九〇〇年一〇月から一一月にかけて日本鉄道、甲武鉄道、総武鉄道をはじめ約二〇の私鉄が相次いで逓信省に旅客と貨物の運賃値上げを申請した。それには、物価上昇への対応に加えて前述の法律・規程の施行にともなう設備の改修に要する費用を旅客や荷主に転嫁させようとする思惑もあった[23]。急遽、逓信省と鉄道局は運賃値上げを申請した私鉄各社の経営状況を調査することにして、運賃値上げが不適当であると判断された場合には、運輸交通に支障があることを理由に認可を見送ることにした。

その一方で、瀬戸内海の汽船と競合するなかでさまざまな旅客・荷主サービスを展開していた山陽鉄道では、依然として運賃割引策を継続していた。

山陽鉄道は、一九〇一年に神戸—馬関（現在の下関）間を開業させると、九州と朝鮮半島への連絡航路事業に進出したほか、一八九四年には神戸—広島間で日本初の急行列車を、一九〇三年には神戸—下関間に特別急行列車を導入した。一八九九年五月には食堂車、一九〇〇年四月に一等寝台車、そして一九〇三年五月に二等寝台車を日本で初めて導入したほか、荷物を運搬する赤帽や車内給仕（列車ボーイ）を採用するなど、官設鉄道を刺激するような新しいサービスを矢継ぎ早に打ち出していた。

他の私鉄をみると、北越鉄道が一八九七年一一月の開業とともに飲食物の車内販売を開始、関西鉄道は一八九八年に客車内の電灯を日本で初めて導入していた[24]。もっとも、このような新しい取り組みを実施した私鉄は、都市間を結ぶ幹線鉄道会社に限られていた。

逓信省総務次官の田健治郎《でんけんじろう》は、一九〇一年に発表した論文において「生産力の増殖を為《な》さんと欲せば先《ま》ず交通運輸の機関を整備」すべきであるという認識に立ち、鉄道経済策として鉄道の普及、鉄道の整備、鉄道の統一の三点から官私鉄の統合の必要性を論じた。とくに、鉄道の統一は、政治経済、商業経済、そして軍事関係の点からおろそかにできない重要問題であり、「運輸の疎通」「運搬力の増加」「設備の統一」を論点にして検討されていた。

第一に「運輸の疎通」では、官私鉄の事業者が分裂割拠してみずから路線の利益最大化を追求していることを問題視した。自社以外の私鉄や官設鉄道の路線を直通して運送する連帯輸送では、自己の路線を経由する距離が短く、他社線を経由する距離が長い場合にはその取り扱いを拒むことがあった。また、運賃については各私鉄線内で打ち切り計算にすることがあった。そのため荷主は線路所有者が異なるという事情によって本来よりも高額な運賃を負担しているというのであった。

第二に「運搬力の増加」では、「小線分裂の為め全く車両流用の便を失い」というように、小規模私鉄が独立しているため会社間の車両融通がきかず、「商機を失わしめ農工商業の発達を阻害」していたというのである。

そして第三に「設備の統一」では、小規模私鉄においては軌条、橋梁、連結器などの設備の仕様が異なることがあるために、たとえ港湾部において海陸連絡施設や貨物積み卸し装置が完備されたとしても、十分に活用することができないであろうと指摘していた[25]。

田の論文は、国家財政の収入増加の手段とするために鉄道の国有化を主張するものであり、鉄道の経済効果を中心に論じたものであった。すでに、鉄道国有論が官僚や軍部の立場だけでなく産業資本家の利害と一致するようになっており、社会的な世論になりつつあったのである。[26]

③「鉄道国有実行の義に付建議」の提出

東京商業会議所は一九〇一年一二月二五日に会頭の渋沢栄一名義で内閣総理大臣、大蔵大臣、逓信大臣、農商務大臣の四大臣と貴衆両院議長に宛てて「鉄道国有実行の義に付建議（請願）」を提出した。「鉄道国有の問題は既に国論の一致する所」と議論が尽くされたにもかかわらず、「私設鉄道の買収並に之れが経費支弁に関し其方法充分の研鑽を経ざるが為」という事情で実行に移されていないことを問題視した。全国の九私鉄を国有化し、特種の公債を発行して買収経費を支弁すること、買収価格は過去数年間の平均利益率などをもとにして計算することなどを求めたのであった。[27]

国有化対象の私鉄は、日本鉄道、山陽鉄道、甲武鉄道、九州鉄道、関西鉄道、北海道炭礦鉄道、京都鉄道、北越鉄道、そして西成鉄道であった。各私鉄の過去三年間（京都、北越、西成の三私鉄は過去二年間）の平均利益率を資本総額に乗じて二五倍にした金額を買収価格にすることにして、総額で約二億九一四〇万円が見積もられた。ただし、渋沢自身はこの私鉄買収案についても懐疑的であった。渋沢は、商業会議所の委員らの多数意見に反対することはないと言いつつも、二億九〇〇〇万円ほどの公債を発行した場合の経済界に及ぼす影響などを懸念していた。[28]依然として渋沢は、個人的には私鉄のままである方が望ましいと考えていた。[29]

鉄道国有実行の陳情委員である渋沢、雨宮（北海道炭礦鉄道取締役など）、井上角五郎（北海道炭礦鉄道社長など）、小松正一（材木商）、堀江恒三郎（合資会社田中商会代表社員など）は、一九〇一年一二月二八日に内閣総理大臣の桂太郎を訪問して陳情したものの、受け入れられなかった。桂によると、鉄道国有化は多年の宿論であるから反対するわけではないものの、日清戦後経営にともなう財政膨張と経済界の不振を立て直すことを優先することから、財政整理のうえでなければ着手できないのであった[30]。

4　保護主義の貿易政策と鉄道国有化

①保護主義への移行

渋沢は一九〇三年七月二七日に、官設鉄道はもちろん、政府より特別の保護を受ける鉄道、汽船会社は、輸出振興の対象になるべき特定の商品に対して運賃割引の規定を設けるべきであると提案した。

当時における世界の商業政策は自由主義から保護主義へと傾いており、イギリスではバルフォア内閣の植民地大臣だったジョゼフ・チェンバレンが植民地に特恵関税制度を設けて大英帝国内の関税率を引き下げる政策を実行していた。自由放任を標榜していたイギリスといえども、保護主義に転じようとしていた。渋沢は、世界の趨勢に日本だけが逆らうことは難しいと考えるようになり、東京商業会議所の会頭として政府に対して保護主義を確立するよう建議した[31]。渋沢はこの前年、一九〇二年五月から一〇月にかけて欧米出張をした際に、ロンドンにおいて鉄道抵当法、とくに鉄道担保公債の海外募集に関する打ち合わせを行っていた[32]。その直後にイギリスの商業政策と貿易政策は大きな転換点を迎えていたのである。

一九〇五年一〇月に渋沢が演説において「鉄道が種々なる商品に対しての力の用い方は甚《はなは》だ薄いと思う」と批判したように、私鉄による輸出振興の対象になるべき商品の運賃割引は不十分なものであった。渋沢は、政府によ る保護を享受している私鉄に対して、「自家の経営にのみ注意し自家の利益さえ増せば宜《よ》い」というような方針ではなく、「鉄道自身が利益を損せぬ限りは」輸出振興するべき商品の運賃を引き下げる義務を負っているものと考えていた[33]。そのため、「余計に取った方が都合が好い」などという理由で、荷主に高い運賃を請求しているようでは、他方でいくら政府が輸出奨励策を講じていたとしても価格競争で海外の商品に競り負けてしまう[34]。結果として、日本の貿易や商工業の発展が停滞してしまうというのであった。

日露戦争の開戦とともに、貨車や汽船の多くが軍事輸送のために供出されたために、民間部門の輸送力に不足をきたすようになった。たとえば、石炭運賃をみると九州炭、北海道炭、そして磐城炭がそれぞれ値上げされ、門司―横浜間の石炭運賃は一万斤に対して二円ほどの値上げ、東京市場においては一万斤あたりの相場は最高で一五円、最低で四円五〇銭の値上げになった[35]。石炭相場の上昇は、燃料価格とともに商品価格を引き上げる要因になっていた。

②運賃低減による輸出振興策

日露戦後の一九〇六年になっても鉄道貨物の利便性は依然として低いままであった。なぜならば、私鉄が多数の小規模会社から成り立っているため会社間の連絡輸送を欠いていること、鉄道は国内枢要の地を通るように敷設されているが、東奥・北陸の要部では中断していることもあり、その連絡はなおも不完全だからであった[36]。渋沢によると、生糸と石炭については、一部の例外を除いて輸送の便に乏しく、運賃についても「不当に不廉」であった。

こうした私鉄に対して渋沢は「独占的交通機関として産業開発の大旨に反する」と批判し、政府はみずから進んでこうした鉄道を経営するか、または国有化などによって統一整理し、「少なくとも海外輸出品だけなりとも運輸を便にし運賃を低減」してもらいたいと主張した。重要な輸出商品である生糸についてみると、長野県諏訪地方の中心部である岡谷への鉄道延伸によって製糸業者の利便性は高まっていたが、「運賃の不廉に苦めり」というように、運賃を低廉にすることで発展する余地があると見込まれていた。[37] 渋沢は輸出振興を通じて商工業を発展させるという目的を達成するための手段として鉄道を位置づけていたのである。

また、渋沢によると海運と陸運、とくに鉄道輸送を連絡させる海陸連絡施設の整備には多額の資金を要するため、個人や営利会社に委ねるのではなく、政府が主導して完成させるべきものであった。

前述した田健治郎の論文によると、海陸連絡施設が不完全である場合、船舶と鉄道の間における貨物の積卸と艀船利用にかかる費用として、鉄道運賃に換算すると約四八・二㎞ないし約八〇・四㎞、船舶運賃に換算すると一八五・二㎞ないし二七七・八㎞に相当する金額を要した。貨物の積卸作業の所要時間では、海陸連絡施設が完備されている港湾であれば二四時間以内で完了できるところ、不完全であると三日間ないし四日間、大型船舶の場合には一週間程度を要することもあった。こうした費用は、すべて荷主の負担になり、貨物の取引価格に転嫁されることで価格競争力の向上を阻害する要因になっていた。[38]

渋沢は、「海陸連絡に要する経費の如《ごと》き或《あるい》は交通機関の改善拡張を謀《はか》るが為《た》めに増税の必要あるか如きありとせば課税の種類に依《よ》りては之《こ》れを賛成する」とまで言い、[39] 政府による海陸連絡施設の速成を求めた。[40] 折しも、渋沢は岩手県大船渡における築港と鉄道事業の計画（大船渡開港（築港）鉄道鉄業）に発起人として関わっていた。[41] 東北地方の資源開発と産業振興のためにも、各港湾における海陸連絡施設の整備を求めたのである。

同年二月、渋沢は本章の冒頭において言及した鉄道国有化を容認する見解を示した。その内容は以下の通りである。

（日露――引用者注）戦後経営即ち国の発達を謀るにはドウしても商工業品の運賃等に大いに注意を加えて便益を謀らなければならぬ、例えば重なる輸出品を奨励するには其《その》運賃を安くせんければならぬとか、或《あるい》は工業の原動力となるべき石炭抔《など》には成《なる》たけ便利を与え、運送の費用を安くして供給せねばならぬ、如何《いか》に政府が監督権を有して居《お》っても私設の営利会社に在りては中々政府の命令通りに言うことを肯《き》かぬ、（中略）寧《むし》ろ其れよりは国有にした方が宜《よ》かろうと云《い》うことも今日国有論の重なる理由のように聞える、若《も》し斯《かく》の如《ごと》き論拠であるならば、私共も是《これ》には同意を表せざるを得ぬ（中略）現政府が若し鉄道政策に依て輸出入抔の上に注意を加へ国力を増進すると云う見地から鉄道国有を主張するものなれば止むを得ず、自分等も最初は反対した政策であるけれども今日の場合或は同意せざるを得ぬかと思う[42]

渋沢は、鉄道の貨物運賃を低廉にすることで輸出振興を促し、商工業の発展を通じて国益を増進させる手段として鉄道国有化に同意した。より丁寧な言い方をすれば、私鉄各社がみずからの判断で荷主や旅客の利便性を高めるようなサービスに努める限りにおいて私鉄による鉄道運営を支持するのであって、荷主や旅客の利害を考慮しないで自社の利益確保のみを追求する私鉄は国有化することで政府運営のもと運賃割引などを実施するべきなのであった。渋沢は国有化するべき私鉄について具体的な会社名を挙げていたわけではない。ただ、上記の引用文においても運賃の低廉化を求めていることから、大規模私鉄よりはむしろ田も指摘したような小規模私鉄を念頭に置いていたのではないかと思われる。

③鉄道国有法の成立

元老の井上馨は、鉄道国有問題にも関心を向けるようになった。一九〇三年一二月に田が将来の鉄道国有化を見越して鉄道会計を一般会計から特別会計に移すための制度を新設する提案を井上に持ちかけたところ、ただちに賛成した（一九〇六年に帝国鉄道会計法として成立）。一九〇五年八月に逓信大臣の大浦兼武《おおうらかねたけ》が田と鉄道局長の山之《やまの》内一次《うちかずじ》とともに井上邸を訪問した際に、井上から「実はこれまで鉄道国有ということには余り賛成ではなかったが、既に時機が熟したと考える。自分も賛成するから大いに努力するように」と激励した[43]。このことをきっかけにして政府内において鉄道国有化問題は解決に向けて動き出した。

大浦は、桂首相と曾禰大蔵大臣、児玉源太郎《こだまげんたろう》陸軍大臣らとの協議を経て、同年一一月末までに鉄道国有化の大枠を決定した。山之内のもとで調査が進められ、一二月二二日に鉄道国有法案、鉄道国有の趣旨概要、買収価格に関する調書、買収線路調書、そして買収公債に関する調書を閣議に具申した。

一九〇六年一月に桂内閣（第一次）が更迭され、新たに西園寺公望内閣（第一次）が発足したのであるが、鉄道国有政策は引き継がれ、二月一七日には逓信大臣の山県伊三郎が鉄道国有法案を閣議に具申した。

図21　井上　馨　国立国会図書館「近代日本人の肖像」より

当初の法案によると国有化の対象は都市間輸送を担う幹線鉄道を中心とする一七私鉄（北海道炭礦、北海道、日本、岩越、北越、甲武、総武、房総、七尾、関西、参宮、京都、西成、阪鶴、山陽、徳島、九州）であったが、閣議においてさらに一五社（川越、成田、東武、上武、豆相、水戸、中越、豊川、尾西、近江、南海、高野、河南、中国、博多港）を加えた三二私鉄へと修正され、買収総額として四億七〇九八万円ないし五億五八六七万円が見積られた。

図22　山県伊三郎　国立国会図書館「近代日本人の肖像」より

　他方で、この頃の渋沢は、関係者と頻繁に面会することで鉄道国有化についての情報や意見交換を重ねていた。渋沢栄一日記によると、二月二四日に大蔵大臣で渋沢の女婿であった阪谷芳郎《さかたによしろう》を訪ねて鉄道国有の得失について談話、同月二七日には西園寺を訪ねて鉄道国有に関する利害の討議ののち、井上と豊川良平《とよかわりょうへい》と鉄道国有について談話、三月一日にはふたたび西園寺のもとを訪れて鉄道国有に関する談話、そして翌二日にも「井上伯及園田、豊川、早川、安田、池田、相馬、馬越」らと面会して鉄道国有に関する要件を話していた。[44]

　鉄道国有法案は一九〇六年三月六日に衆議院に提出された。西園寺による「鉄道国有の趣旨」の記述に従うと、鉄道国有は一方で「政府の経営に統一し」て「運輸の疎通と運搬力の増加」により「生産力の勃興を誘導」すること、他方において「設備の整斉、営業費及貯蔵品の節約」により「運送費の低廉」を図ることにあった。[45] これに加えて、私鉄のまま存続させた場合に将来いずれかの時期に外国資本に株式が買い取られる可能性があり、その際には軍事輸送の機密保持に支障をきたすといった事情もあった。[46] また、日露戦争の戦費のうち大部分を関税や煙草専売益金を担保にした外債によって調達したものの、賠償金が得られなかったために戦後の財政整理のために外債の追加発行は避けられず、新たな担保になり得るものが鉄道以外になかった。[47] 円滑な軍事輸送と日露戦後の財政運営のためにも鉄道国有化は必要とされたのである。

　衆議院では、特別委員会を経て本会議場で採決され、反対一〇九票、賛成二四三票で可決された。続いて法案は貴族院において審議されたのであるが、特別委員会では原案を修正のうえ可決し、一九〇六年三月二七日に本会議場において委員会修正案を反対六二票、賛成二〇五票で可決された。修正内容は、買収期間を原案の一九〇六年から一九一一年までとあるのを一九一五年までに延長すること、買収私鉄は原案の三二私鉄から一五私鉄を削減し、本法発布の日において運輸を開始していない鉄道も買収対象に含めるという規定も削除された。その一方で、買収対象の一七私鉄は、他の私鉄との合併・買収を禁じる規定が追加された。

同法の修正案は即日、衆議院に回付され、西園寺は原案の成立を希望するも大局に鑑みて修正案への同意を表明すると、すぐに議長によって討議を経ずに採決に移る緊急動議が出された。議場が喧噪に包まれるなか動議の可決が宣言され、記名投票による採決にすることがわかると反対派議員は全員議場から退場したため投票総数二一四票はすべて賛成票になった[48]。こうして鉄道国有法は成立したのである。

5　国有化直後の鉄道

①国有化の推移

一九〇六年一〇月以降、国有化の対象になった私鉄の国家買収が実施された。表8は、一七私鉄の買収価格等の一覧である。買収年月をみると、一九〇六年一〇月から翌〇七年一〇月までの一年間で完了したことがわかる。鉄道国有法の第四条では、一九〇六年から一九一五年までの一〇年以内に対象の私鉄を買収することを規定していたのであるが、逓信大臣の山県伊三郎は早期買収に取りかかるために「鉄道国有の実行を速にするの議」を閣議で諮った。買収期間が長期にわたることで国家財政や運輸交通の面において弊害が予想されたからである。一

表8　国有化された17私鉄の鉄道公債交付総額

鉄道名	買収年月	延長(km)	買収価格(千円)		
			鉄道等	兼業等	公債交付総額
北海道炭礦	1906年10月	334.0	30,886	111	30,997
甲　武	1906年10月	44.5	14,600		14,600
日　本	1906年11月	1,384.6	142,446	77	142,523
岩　越	1906年11月	79.4	2,422		2,422
山　陽	1906年12月	667.1	75,072	1,567	76,639
西　成	1906年12月	7.1	1,367	480	1,847
九　州	1907年7月	717.8	118,508		118,508
北海道	1907年7月	255.5	6,131		6,131
北　越	1907年8月	137.8	3,722		3,722
京　都	1907年8月	35.7	3,296		3,296
阪　鶴	1907年8月	112.8	3,701	583	4,284
総　武	1907年9月	117.7	12,406		12,406
房　総	1907年9月	63.3	960		960
七　尾	1907年9月	55.2	994		994
徳　島	1907年9月	34.4	697		697
関　西	1907年10月	451.8	30,438		30,438
参　宮	1907年10月	42.0	5,729		5,729
合　計		4,540.7	453,375	2,818	456,193

出典：逓信省『鉄道国有始末一斑』1909年，付録 p.57 などから作成.
注1：鉄道等買収価格は，鉄道買収価格と貯蔵物品買収価格の合計から借入金控除額と補修及び改築改造費控除額を差し引いた金額.
注2：兼業等買収価格は，兼業買収価格と鉄道資本勘定所属以外の物件買収価格の合計金額.

九〇七年一〇月をもって、一七私鉄すべての国有化が完了したのであるが、その総延長は四五四〇km、買収価格の合計は四億八一九八万円、買収にともない交付された鉄道公債（年利率五％国債）の総額は四億五六一九万円であった。なお、本章では、もともとの官設鉄道と国有化後の被買収私鉄を合わせて国有鉄道と称する。

鉄道国有法によると、買収価格の計算方法は、一九〇二年後半期から一九〇五年前半期までの六営業期間における建設費に対する益金の平均割合を買収日における建設費に乗じた額の二〇倍とされた（第五条）。ただし、会社が一九〇五年前半期末において運輸開始後六営業期間を経過した路線をもたない場合、また前述の計算方法で算出された金額が建設費に達しない場合、政府はその建設費以内において協定した金額をもって代えることができるものとされた（第八条）。このため、安定的に収益を得ていた私鉄の買収価格は建設費の二倍以上を記録したのであるが、対照的に経営不振に陥っていた私鉄のそれは建設費を割り込むケースもみられた。[49] 一九〇九年五月には被買収私鉄各社への鉄道公債の受け渡しを終えた。

鉄道公債の発行額は、上述の買収価格である四億五六一九万円に加えて被買収私鉄から継承した負債分などを足し合わせた四億九二一五万円であった。およそ五億円の公債を発行することで公債相場の下落が見込まれたため、渋沢は被買収一七私鉄からの懇請を受けて豊川良平（三菱銀行部長など）、早川千吉郎《はやかわせんきちろう》（三井銀行専務理事など）、園田孝吉《そのだこうきち》（十五銀行頭取など）、原六郎（横浜正金銀行頭取など）といった銀行家とともに公債価格維持のために政府に対して公債の交付方法、国有鉄道を特別会計にすることで益金による公債の元利償還、そして民間並みの収益を上げるような経営に努めることを要求した。[50]

②国有化後の運賃制度

国有化直後における国有鉄道の収支状況は決して良好なものではなかった。国有化の直前にあたる一九〇五年時点の営業収入一〇〇円に占める営業費を示す営業係数は官設鉄道と被買収私鉄ともに四六・三、次いで建設費に占める益金割合は官設鉄道で六・四％、被買収私鉄で一〇・〇％であったのに対して、国有化直後にあたる一九

図23　半谷清寿　衆議院事務局編『衆議院要覧』下，1917年より，国立国会図書館デジタルコレクション

〇八年時点の国有鉄道の営業係数は五六、建設費に占める益金割合は四・七％といずれの指標ともに悪化した。日露戦後における物価上昇による営業費の増加が収支悪化の要因であるとされた。[51]

運賃制度をみると、一方の旅客運賃では国有化後の一九〇七年一一月に国有鉄道の全線で統一的な遠距離逓減運賃制度が導入されたことで運賃負担が軽減された。国有化以前には、複数の会社間を跨ぐ場合に通し計算が適用されないという問題があった。[52] あわせて運賃率の低廉化もみられたことから、[53] 旅客運賃については国有化以前の公約が果たされたと言えよう。

他方の貨物運賃は、一九〇六年一〇月の賃率改正にともない、全国一律運賃を適用するまでの移行措置として全国の国有鉄道を地域別に三〜四地区に分け、それぞれ異なる賃率を導入する方法がとられた。まず通常扱いでは、九州線、山陽線、それ以外の三区分、次に貸切扱いでは、九州線、山陽線、東海道・北陸線、東北地方各線の四区分とされた。このうち、九州線・山陽線は、海運など他の輸送機関と競合していることを理由に低率な運賃が適用されたのであるが、他方で東北地方各線は多額の建設費を要していることに加えて、競合相手が少ないことを理由に高率な運賃が課せられた。[54]

陸奥国行方《なめかた》郡小高郷大井村（現在の福島県南相馬市）出身の実業家・政治家で『将来之東北』を著した半谷清寿《はんがいせいじゅ》によると、「関西に於ては製造品」を主に輸送するのに対して、海運の便に乏しい「東北に在りては原料品を以て鉄道貨物」としていた。鉄道がなければ、「東北は終に死せる」と言わしめたように、「鉄道は実に東北の生命」であった。一九〇六年に東北地方の幹線鉄道である日本鉄道が国有化されたことで、「余輩は東北人一般と共に政府に向って運賃軽減の断行を要求」したのであるが、東北地方各線に九州線や山陽線よりも高率な貨物運賃が適用されたことを「無謀の挙」であると痛烈に批判した。[55] 一九一二年九月に山陽線を除いて全国一律の運賃が導入されるまで、こうした地域別の運賃体系が残された。貨物運賃の低廉化は国有化後すぐに実現したわけではなかったのである。

③鉄道国有化後における渋沢の鉄道認識

本章の冒頭で触れたとおり、鉄道国有化が実施された後、渋沢は談話のなかで鉄道を国有にしたこと自体が間違った政策であったと述べていた。ただし、「政府が若《も》し国有にするとしても収支の償わぬ小会社などを買収するのは宜《よろ》しいが、既に立派に営業して居る大会社迄も国有にされたのは実に感心しない所である」とも述べているように、[56] 渋沢は鉄道国有化そのものに反対していたわけではなく、不採算の小規模私鉄に限って国有化を容認するような発言を続けていた。

その一方で、「旧山陽鉄道時代には（車両なども――引用者注）随分改良に苦心したものであるが、官業になってからは此等の事も殆《ほとん》ど思わしくない」と、[57] 国有化後における山陽線の運営を心配した。私鉄当時の山陽鉄道は、前述の通り新しいサービスを積極的に実施することで知られていた。山陽鉄道運輸課長の西野《にしの》恵之助《けいのすけ》は、同社のサービス実施に携わってきた一人であったが、官吏が嫌いであるという理由によって国有化とともに鉄道事業を離れ、帝国劇場株式会社の専務に転じていた。[58] 鉄道国有化によって、有為な人材が異業種に流出してしまうこともあった。

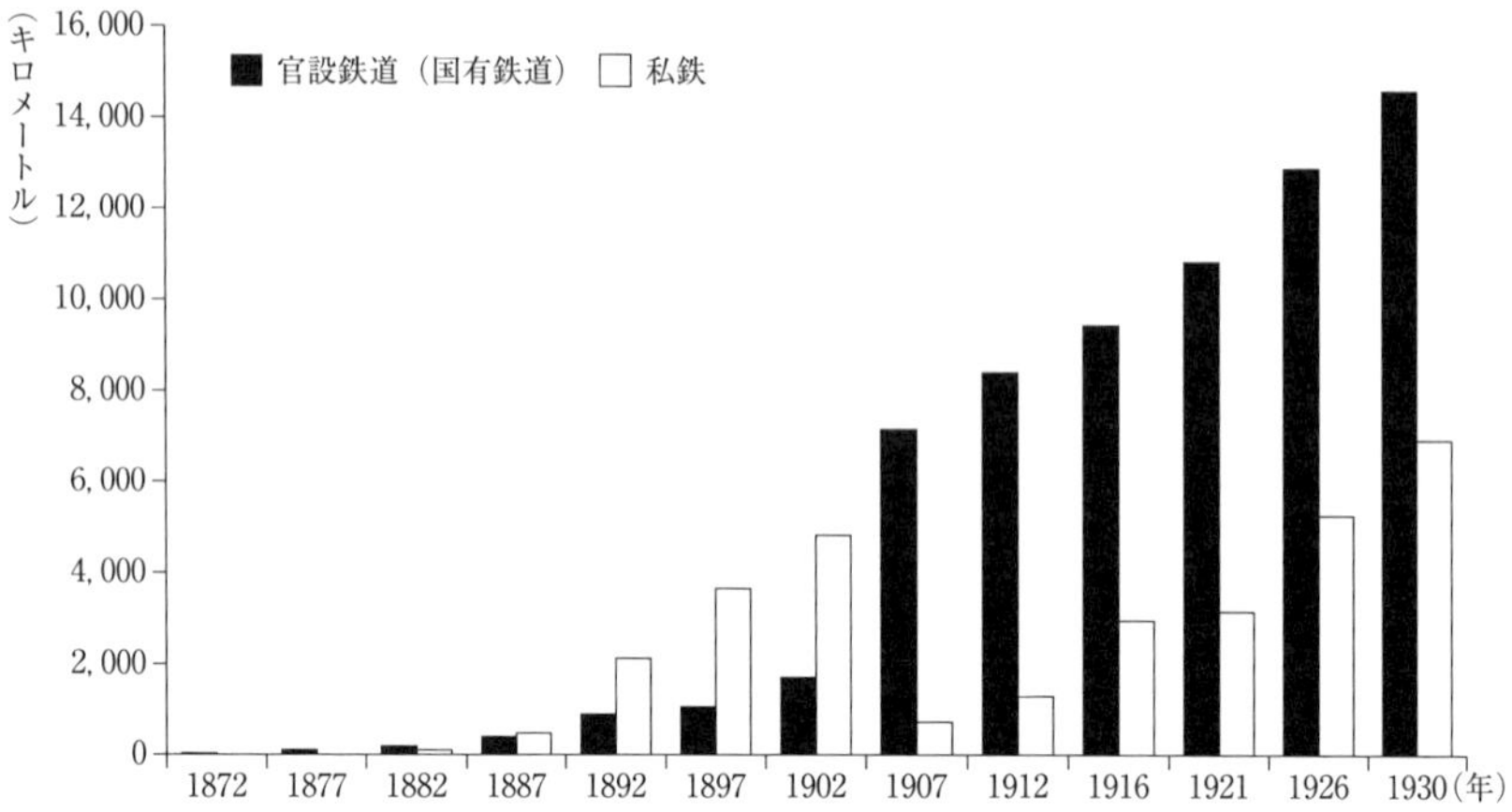

図 24　官設鉄道（国有鉄道）と私鉄の営業距離の推移（1872〜1930 年）
出典：『鉄道統計年報』各年版から作成.
注：私鉄は軌道を除く.

やや後の時代になるが、渋沢は鉄道国有化後における政府の鉄道整備方針について、交通運輸上の要衝や利潤収益の目算ある線路を敷設するものの、他を顧みないために「地方辺《へん》陬《すう》の地は文化の恩沢に浴する事が出来」ていないと、鉄道インフラの偏在を指摘した。地方の鉄道路線が少ないことで「今や驥《き》足《そく》を伸ばすの余地」はなく、地方の産業啓発が十分にできていないというのである。[59] 図24は、官設鉄道（国有鉄道）と私鉄の営業距離の推移を示している。一九〇七年以降に国有鉄道は順調に延伸していることがみてとれるが、主に都市間の路線が延伸されたものの、たとえば東北地方において地域内の路線の延伸はあまり進んでいなかった。[60]

渋沢は、東北の某知事談として、農村の疲弊を救済するためには「鉄道を敷設して埋蔵されつゝある饒多《じょうた》なる富源を開発し、地方産業の啓発に依るの他はない」という言葉を紹介し、軍拡のために充てられる資金と比較すると鉄道整備の資金は「甚だ僅少」であるため、鉄道公債を発行するなどして産業開発と国富増進に努めるべきであるという考えを述べた。翌年、渋沢は地方の人びとに向けて「宜《よろ》しく地方民族自決主義を以《もっ》て、自己の地方は自己自ら之に当るの覚悟」を持つべきであると主張するようになり、政府当局による鉄道整備を待つことなく「自ら進んで鉄道を敷設する如き積極的進取的の気宇《きう》を養わねばならぬ」として[61]、地方の有志による自発的な地域振興への取り組みに期待するようになったのである。

6　渋沢の期待に反した鉄道国有化

これまでみてきたように、日本経済の不況期において、東京商業会議所をはじめとする商工業者らは政府による私鉄の買い上げ、すなわち鉄道国有化政策の必要性を提言してきた。東京商業会議所の会頭である渋沢は、みずからが議長となる討論の場において個人的な考えを述べることを控えていたようであるが、民間による鉄道運営を理想としていた。山陽鉄道に代表される他の輸送機関との競争を通じた旅客・荷主の利便性を高めるようなサービスの提供に期待していたからである。

しかし、官私鉄が分立割拠する体制は、必ずしもメリットだけをもたらしたわけではなかった。とくに小規模私鉄のなかには、生糸や石炭などの貿易や生産活動にとって不可欠な商品の運賃を低廉にすることなく自己の利益向上を志向するような行動をとることもあった。複数の官私鉄線を跨ぐときに自社線内で運賃の打ち切り計算を行うなど、旅客・荷主にとって不利な取り扱いがなされることもあった。こうしたデメリットを知った渋沢は、鉄道の統一を求めるようになり、その手段として国有化も選択肢の一つになり得ると考えるようになった。渋沢は、商工業を発展させて輸出を活発にすることで国益を増進させようとしていたのであり、鉄道国有化政策を容認していたわけではなかった。そのため、国有化するとしても小規模私鉄に限定するべきであると考えていたのである。

一九〇六年三月に成立した鉄道国有法では、全国規模の幹線鉄道を運営する大規模私鉄が国有化の中心になり、一地方の交通を目的とする鉄道は基本的に対象外になった。渋沢にとっては、国有化されるべき小規模私鉄が対象外になり、国有化するべきではない大規模私鉄が対象に含められるという真逆の結果になった。つまり、小規模私鉄の運賃は依然として高額なままで、他方で国有化によって幹線鉄道から競争意識が消えてしまうことを危惧したのである。渋沢は鉄道国有化の直後から、ことあるごとに反対意見を表明するようになるが、その理由は鉄道国有化の方針が渋沢自身の理想とは相容れないものになっていたからである。

鉄道国有化後に鉄道の延伸が進められるが、資金面の制約のなかでは都市間路線の整備が優先され、東北などの地方路線はなかなか着工に至らなかった。渋沢は、地方を活気づけるために各地に散在する天然資源の開発と産業振興を重視していたが、この前提には鉄道が不可欠であった。もはや、政府による着工の判断を待つのではなく、地方の人びとにはみずからの意思で地元に鉄道を建設する気概が必要であると渋沢は考えるようになっていた。

渋沢が鉄道国有化政策に期待したことは、運賃の低廉化と鉄道輸送の利便性を向上させることであった。いずれも国有化直後に実現することはなかったが、前者については一九一二年九月以降の賃率改正を契機として進められていった[62]。後者については、一九一〇年に軽便鉄道法が施行されたことで同法に準拠した一地方の運輸交通を目的とする私鉄や、国有鉄道においても軽便方式による路線の整備が進められた。こうして地方においても鉄道の延伸がみられるようになったのである。

第6章　朝鮮半島での鉄道敷設

1　鉄道敷設計画

①東アジアの鉄道と渋沢栄一

渋沢栄一は、日本の植民地であった台湾、満洲（中国東北部）、そして朝鮮において鉄道会社の設立に関わった。一八九六年に創立が許可された台湾鉄道株式会社では創立委員と発起人総代として、また一九〇六年に設立された南満洲鉄道株式会社では設立委員の一人になったほか、定款調査特別委員長を務めた。ただし、前者は三年後に資金調達に行き詰まり解散、後者のケースについても一年以内に設立委員を辞任した。このように渋沢が台湾と満洲の鉄道会社に関わった期間は決して長くはなかった。

渋沢はまた、朝鮮において京仁《けいじん》鉄道引受組合・合資会社と京釜《けいふ》鉄道株式会社（以下、社名は初出を除いて株式会社などを略す）の設立に関与した。朝鮮の鉄道は、一八九九年九月に京仁鉄道による鷺梁津―仁川間の開業を嚆矢として翌年には京城—仁川間が全通、一九〇五年一月には京釜鉄道の永登浦—草梁間が開業、さらに同年末までに龍山—新義州間の軍用鉄道京義線と馬山浦線が開通した（図25）。渋沢は、このうち京仁鉄道と京釜鉄道の設立活動から開業、そして国有化を経た清算事務に至るまでの約一三年間にわたって関わった。

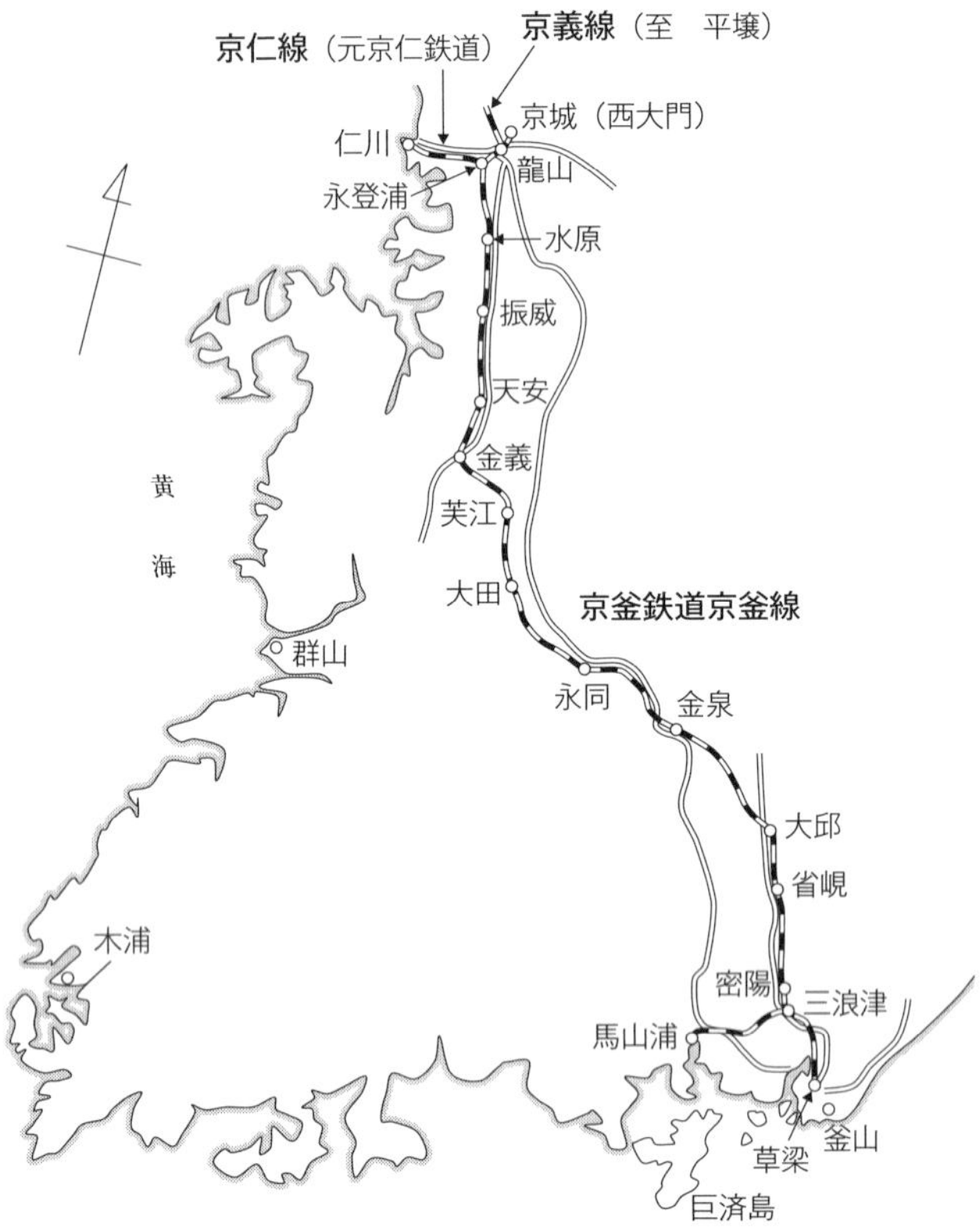

図25　京釜鉄道の沿線図（1906年時点）
出典：鮮交会編著（1986）『朝鮮交通史』資料編，p. 191から作成.

渋沢自身は後年に「金融若《も》くは運輸に付て、私が朝鮮に対して力を尽くしたことは誠に聊かなことであります（中略）殆《ほと》ど十数年の間の企ては今申すと一笑話に過ぎませぬが、此の間に容易ならざる苦心があったと申上げて決して過言ではない、私は朝鮮に対しては金融と運輸がなければならぬと思いました。運輸が必要であると云うことは経済思想の観念から注意したのではありませぬが、目前の不便を感じて自ら考えた次第であります」と回顧している。[1] 朝鮮の統治と産業開発にあたって渋沢は、金融と運輸の整備を重視していた。そこで本章では、京仁鉄道と京釜鉄道の設立過程における渋沢の行動について、朝鮮における金融事業との関わりに留意しながら跡づけてみることにしたい。

②朝鮮半島の踏査と敷設権交渉

日本政府が朝鮮半島での鉄道建設を想定した踏査を実施したのは、一八九二年に釜山領事の室田《むろた》義文《よしあや》から委ねられた鉄道技師の河野天瑞によって、京城―釜山間を踏査して鉄道線路予定図を作成したときにさかのぼる。このときの踏査報告書と明細図は参謀本部と渋沢に送られていた。渋沢は日本による朝鮮半島の鉄道建設計画の動きを知り得る立場にあった。

一八九四年に大隈重信は、朝鮮において鉄道と銀行を興す意義について次のように述べていた。「目下朝鮮を治めてゆくには第一着に日本が京城に銀行をたて、国王の命令によって日本から一千万円ばかりの金を朝鮮に貸し、鉄道、生産の業を起すべきである。その抵当には相当の海港を以《もっ》てするが宜《よ》い。鉄道の計画は釜山から京城に至り、続いて平壌、義州に及び、一方は釜山から元山にかけて咸鏡道《かんきょうどう》を通じ、ロシヤ境迄線を延ばしたい。他日シベリヤ鉄道が成った暁、朝鮮からわが山陽、東海鉄道（ママ）に連絡し、世界の公道としたら、その収入は少くなかろう。（中略）もし朝鮮で疑惑、故障を生じたら、大院君及び国王を廃して、義和官を戴き、それぞれ干渉するが宜しかろう」と説いたうえで、「場合によると、渋沢君に主宰させ、銀行の方は適当の人物に支配させれば宜い」と渋沢を朝鮮支配の主要人物に仕立てようとしていた。[2]

一八九四年八月二〇日、日本は朝鮮政府との間に日朝暫定合同条款（以下、暫定合同条款と略）を締結して京仁・京釜鉄道の敷設権を獲得した。七か条からなる暫定合同条款では、朝鮮の内政改革、開港・軍用電信の整備などのことを規定していたが、その項目の一つに鉄道敷設権が含まれていた。朝鮮政府は、日本政府またはその指定する会社による京仁・京釜鉄道の建設を認めること、そして線路の詳細および運輸営業に関する細目は別に定めることという主旨のものであった。[3] 言い換えると、暫定合同条款は日本による将来の京仁・京釜鉄道の建設を予約したものに過ぎないものであった。

日清戦争後に駐朝鮮公使の井上馨《いのうえかおる》が細目交渉を開始したものの、なかなか進展しなかった。日本政府が京仁・京釜鉄道敷設権を支配できなかった理由として、朝鮮における欧米列強の利権獲得運動が日本の鉄道敷設計画に支障していたことがあげられる。欧米列強は日本の暫定合同条款締結による鉄道利権の確保に不満を抱いていたが、細目交渉の開始によって鉄道敷設計画が進展することを察知すると具体的な行動を起こした。英・米・独・露の四か国公使は朝鮮政府に対して鉄道・電信等の利権を一国にだけ認めることは、他国の商民にとって不利益であると警告したのである。このときは警告だけにとどまったが、欧米列強の発したメッセージの影響は大きく、日本の敷設権交渉に支障をきたした。

③アメリカ人貿易商に認許された京城—仁川間鉄道

朝鮮をめぐってはロシアとアメリカも勢力の拡大を図っていた。とくにロシアは、大韓帝国（以下、韓国と略す）の皇帝をロシア公使館に遷居させるなど、実力行使をともなう手段を取るようになっていた。[4]

その一方で、当時の日本は朝鮮における鉄道敷設を推進させる余裕をなくしていた。露、独、仏による、いわゆる三国干渉によって日清戦後に日本領になった遼東半島の清国への返還を余儀なくされていたこと、台湾領有とともに朝鮮への関心が薄らいだこと、そして細目交渉にかかる韓国政府の態度が要領を得ないなどの理由によるものであった。こうした国外の要因に加えて、日清戦後における財政難のため日本政府の内部に朝鮮の鉄道整備に要する資金を国費負担することへの消極論も出始めていた。

このようななか、一八九六年三月二九日に韓国政府は京仁鉄道敷設権をアメリカ人貿易商のゼイムス・アール・モールス（James R. Morse）に特許した。前述の通り、暫定合同条款では日本側に京仁鉄道敷設に関わる交渉権を認めていたため、駐韓弁理公使の小村寿太郎は、国際的信義から逸脱する不当行為であるとして韓国政府に抗議文を送った。韓国外務大臣の李完用《りかんよう》は、暫定合同条款締結から一年半ほど経過しているにもかかわらず、日本が何ら具体的に行動を起こしていないため失効したものとみなすと返答した。到底容認できない日本側は、再三にわたる交渉を経て韓国政府から謝罪文を得ることはできたが、京仁鉄道敷設権という既得権益を失ったのである。

他方で、フランスのフィヴリル社が、京義鉄道敷設権を獲得するべく韓国政府との間で交渉を行っていた。一八九六年七月三日に韓国政府は、フランス人のグリル（Antoine Gril）に京義鉄道敷設権を特許した。もっとも、グリルは早々に資金調達に行き詰まり、ロシア政府と日本政府にそれぞれ京義鉄道敷設権を売り込んだものの失敗して権利を失効させていた。[5]

④渋沢を利用した京釜鉄道設立運動

朝鮮における貨幣制度改革に取り組んでいた大三輪《おおみわ》長兵衛《ちょうべい》（第五十八国立銀行頭取）は、京城居留民代表の山口太兵衛とともに韓国政府の内情を探ったところ、京釜鉄道敷設権についてもグリルが獲得工作を進めているという事実を知ることになった。[6]大三輪はこのことを小村公使に報告するとともに、京釜鉄道の敷設権だけは日本で確保するべきであると進言した。

山口もまた、暫定合同条款を根拠に韓国政府に働きかけてグリルの運動を阻止するよう小村公使に依頼し、京城商業会議所を中心に京釜鉄道の敷設運動を開始した。大三輪は、尾崎三良《おざきさぶろう》（貴族院議員）、竹内綱《たけうちつな》（衆議院議員、炭坑経営など）らと協議のうえ創立発起人を募り、急ぎ鉄道敷設権の特許請求書を韓国政府に送付するよう日本政府に提言した。

しかし、内閣総理大臣の伊藤博文、外務大臣の陸奥宗光は京釜鉄道の敷設運動に否定的であった。折からの不況で日本国内の私鉄でさえも株式募集に難渋しているなかで、多くの国民は国外における鉄道経営を不安視していることがその理由であった。とくに陸奥は、竹内に対して「年来理想に耽《ふけ》り成効の期し難き大事業を企て、稍《やや》もすれば失敗に終る、京釜鉄道の経営も到底成立の見込なし」と言い切った。[7]結局、伊藤らは政府として相当であると認める発起人を一〇〇名以上集めることを条件に京釜鉄道の敷設計画を承認した。

一八九六年六月に山口らは、官民の有力者を訪問して京釜鉄道敷設への賛助を求めたところ、同月末までに一五五名の財界有力者を発起人として勧誘することができた（その後一九〇名になる）。とくに、前島密（逓信次官、北越鉄道社長など）、渋沢栄一、大隈重信、大木《おおき》喬任《たかとう》（枢密院議長）、大江卓《おおえすぐる》（東京株式取引所頭取）、大石正巳《おおいしまさみ》（朝鮮駐在弁理公使)、中野武営《なかのぶえい》(東京馬車鉄道取締役、関西鉄道社長)らが賛成したことは、他の有力者の関心を向けさせる呼び水になったと思われる。[8]

渋沢の回顧によると、先に前島が京釜鉄道の敷設計画に取り組んでいた。渋沢が躊躇していたところ前島に「どうしても君がやって呉《く》れなければ出来ない(中略)私も相談相手になるからお前心棒になってやって呉れと」説得されたことで、京釜鉄道の計画に関わるようになった。[9]

大江もまた、前島との前後関係は不明であるが、渋沢を京釜鉄道発起人に勧誘していた。渋沢は「京釜鉄道の経営には賛成」としながらも「各種の事業に関係多きを以て、京釜鉄道の発起人たるの余力なし」と一度は辞退の意思を伝えていた。[10] 大江は、渋沢に発起人になるかどうかにかかわらず、発起人総会の席上で国家のために京釜鉄道の経営に賛成尽力する旨の演説をするよう懇請した。大江は、京釜鉄道計画の信用を高めるために渋沢を看板として利用しようとしたのである。[11] 結局、渋沢は発起人に名を連ねるのであるが、前島や大江の説得を受けたことに加えて、渋沢自身も「朝鮮の金融と運輸とは日本人の手でやらねばならぬと考えて居りました」と述べたように、京仁鉄道を金融に並ぶ重要な事業として認識するようになっていたのである。[12]

渋沢が頭取を務めていた第一国立銀行では、一八七八年六月に他行に先駆けて釜山支店を開設しており、その後も元山津(一八八〇年)、仁川(一八八三年)、京城(一八八八年)、木浦(一八九八年)、鎮南浦、群山(一九〇三年)、元山、平壌、大邱、城津、安東県、開城(一九〇五年)、馬山、咸興(一九〇六年)、鏡城(一九〇七年)の各地に出張所を設置していた(仁川出張所は一八八八年に、京城出張所は一九〇三年にそれぞれ支店に昇格)。一八七〇年代後半以降に開設した東北・北陸地方の支店の多くを廃止した第一国立銀行にとって、朝鮮半島の支店や出張所は経営的にも重要な拠点であった。[13] 大江は、渋沢の知名度と信用を利用して発起人募集と日韓両国政府との手続きを円滑に進めようとしたと思われる。

⑤京釜鉄道敷設交渉の中断

一八九六年七月六日に京釜鉄道発起人会が日本橋倶楽部で開催された。発起委員として渋沢、前島、尾崎、竹内、大江、大三輪、中野、井上角五郎（衆議院議員、北海道炭礦鉄道専務など）が選出された。[14] 渋沢が委員長に就き、会社設立と日本政府への請願、そして韓国政府に対する鉄道敷設権の特許請求の手続きが進められることになった。

ただし、伊藤博文と井上馨は、ロシアとの外交関係を不安定にする要因になり得るという理由で京釜鉄道の敷設には反対の立場であり、渋沢に対しては国を亡ぼすとまで極言したという。その一方で、山県有朋、松方正義、桂太郎、児玉源太郎《こだまげんたろう》らは京釜鉄道の計画に賛同していた。[15] 政府の内部においても京釜鉄道に対する意見は分かれていた。

大三輪と尾崎は発起人総代として韓国にわたり、一八九六年七月一六日に在朝鮮国特命全権公使の原敬とともに韓国政府に対して京釜鉄道敷設権の特許請求を行った。外務大臣の李は、暫定合同条款に基づく日本の同鉄道敷設交渉権を認めていたが、原公使が協議の場を設けるように促すと、判断を先送りするようになった。日本による京釜鉄道の敷設交渉権について、韓国政府が一応認めつつも具体的な協議を拒否しつづけた理由として、ロシアが韓国政府の背後で日本側からの要求に応じないように圧力を加えていることが考えられていた。京釜鉄道問題は、暫定合同条款の履行といった日韓両国間の法律的問題ではなく、朝鮮半島の支配権をめぐる日露関係といった政治的・外交的問題になっていた。[16] ついに、韓国政府は外国人に対して鉄道と鉱山事業について一年間の特許申請手続きの禁止を発令した。このため京釜鉄道の敷設交渉も中断を余儀なくされたのであった。

2　京仁鉄道敷設権の獲得と建設

①京仁鉄道引受組合の発足

京釜鉄道発起人のメンバーは、京仁鉄道敷設権を得たモールスの動向に注目していた。日本の既得権益とされていた京仁鉄道敷設権が外国人の手に渡ったことを遺憾に思っていたからである。[17] このため、一八九五年にモールスがアメリカ本国での資金調達の不振を理由に旧知の間柄である大川平三郎を介して渋沢に京仁鉄道敷設権の譲渡を持ちかけてきたことは、日本にとっての好機となった。

渋沢は、韓国政府との協議が進まないなかで京釜鉄道にこだわるよりも、むしろ京仁鉄道敷設権を譲り受けたほうが得策であると考え、外務次官の小村の斡旋で外務省雇デニソン（Henry Willard Denison）、ハワイ公使アーウィン（Robert Walker Irwin）を介してモールスとの交渉を開始した。一八九七年四月に渋沢らは、外務大臣の大隈重信に京仁鉄道敷設権をモールスから譲り受けることについて助言を求めた。

大隈は、「此《こ》の（京仁――引用者注）鉄道は必要と思う、一方には京釜鉄道という話もあるが、其《そ》の成立は期し難い。今京仁鉄道を米国人の手に依って成立せしめると云《い》うのは実に残念である。政府も相当なる補助を与えるであろうから、何《いず》れ議会の協賛を経なければならないが、何としても日本人の手でやる事が必要であるから、各々方は十分力を尽くして呉《く》れ、其の補助に就いては相当なる相談もしよう」と激励した。[18] 大隈の勧めで、京浜と大阪の有力者を招き、京仁鉄道敷設権の引き受けに関する説明会が開催された。

このときの出席者は、渋沢のほか、岩崎弥之助、原善三郎、大谷嘉兵衛《おおたにかへえ》、大倉喜八郎《おおくらきはちろう》、大江卓、尾崎三良、竹内綱、中野武営、中上川彦次郎《なかみがわひこじろう》、安田善次郎、前島密、益田孝、三井高保《みついたかやす》、荘田平五郎《しょうだへいごろう》、森村市左衛門といった経済界の有力者たちであった。[19] 同月のうちに、京仁鉄道敷設権をモールスから引き継ぐための「シンジケート」を組織することが決まり、京仁鉄道引受組合が発足した。京仁鉄道引受組合（以下、引受組合と略す）は、渋沢邸の一室を事務所にすることで経費削減を図った。[20] モールスとの間で取り交わす京仁鉄道敷設権譲受契約案の起草は、渋沢に一任された。[21]

引受組合は、外国における鉄道敷設権の獲得を目指す日本初の組織であったため、発足に至るまでにも苦労をともなった。当初、渋沢の勧誘に岩崎と三井の関係者らは応じなかった。大隈が、内閣総理大臣の松方正義とともに有力者を説得して、ようやく岩崎と三井の関係者をメンバーに加えることができた。[22] 依然として、ロシアによる韓国政府への政治的影響力は強いままであり、第二次松方内閣当時の日本国内では、大陸国家構想への行き詰まり感が現れていた。[23] 松方は、日本国内に蔓延する閉そく感を打破する突破口として引受組合を位置づけていたように思われる。

引受組合は、出資金の二〇〇万円（一株につき二万五〇〇〇円）のうち、当面必要な二〇万円を拠出するためメンバーに株を割り当てた。すなわち、三井守之助、岩崎弥之助（各二株）、渋沢栄一、大倉喜八郎、安田善三郎（各一株）、そして京釜鉄道発起委員である前島密、尾崎三良、竹内綱、大江卓、大三輪長兵衛、中野武営、井上角五郎（七名で一株）であった。京釜鉄道発起委員のメンバーは、前島を総代にして一株を所有した。[24]

②モールスからの京仁鉄道敷設権の獲得

一八九七年三月に渋沢とモールスの交渉が開始され、五月一二日に京仁鉄道譲受条約が成立した。その骨子は、京仁鉄道（京城—済物浦（仁川）間）の敷設、運輸営業の設備をモールス側で完成させて、その後に鉄道敷設特許権と鉄道に付属する全財産を引受組合に譲渡するというものであった。一方で、引受組合側は、自前で雇用した技師を現地に派遣して監督の任に当たらせることになった。[25]

引受組合はモールスとの協議によって鉄道敷設権の譲渡金額を九七万五〇〇〇米ドル（約二〇〇万円）と取り決めると、さしあたり五万米ドル（約一〇万円）を手付金として条約締結後速やかにモールスに寄託して、残額は敷設工事の進行に応じて支払うことにした。[26] 京仁鉄道の建設予算は約七五万米ドルと見積もられていたから、モールスは約二〇万ドルの売買差益を得たことになる。[27]

しかし、モールスは、譲受条約締結後に手付金を増額して三〇万米ドル（約六〇万円）にするよう引受組合に要求してきた。仮に、引受組合がこれを拒否した場合、相当の賠償金を加算した手付金をモールスの負担で返金したうえで譲受条約を破棄するという申し入れであった。モールスは、アメリカ本国での資金調達に難航しており、保証金をさらに二〇万ドル以上増やさなければ資金提供に応じる投資家を確保することができなかった。

引受組合側に譲受条約の内容を変更する意思はなく、いったんはモールスの申し入れを拒否する決定を下していたのであるが、念のため渋沢らは外務大臣の大隈にこのことを相談した。大隈の見立ては、仮に引受組合が拒否した場合、モールスは京仁鉄道の敷設費用を調達できなくなることから、露、仏、英などの資本家に京仁鉄道敷設権を売却するであろうというものであった。[28] そうなると、日本は京仁鉄道敷設権を永久に放棄することになり、日韓関係の進展に支障をきたす可能性があった。このため、大隈の判断によって京仁鉄道とその付属物を抵当に入れて横浜正金銀行から一〇〇万円を借用し、モールスに貸し付けることになった。この間、渋沢は引受組合メンバーの離散を食い止めつつ、政府関係者との交渉を重ねていた。[29]

一八九八年一月に発足した第三次伊藤博文内閣において大蔵大臣に就任した井上馨は、政府資金を融通すると言った大隈の約束を不法行為であると主張して破棄する考えを示した。渋沢は井上邸を訪れて大議論を展開し、「国家には代えられぬ、重大事件を看過しようとするならば、今後貴方とは交際しない」というと、井上も「交際しなくともよい」と答えたという。そのことを聞きつけた伊藤の判断で、渋沢は必要な資金を手にすることができたため事なきを得たのであるが、[30] 韓国における鉄道建設をめぐっては、依然として日本政府の内部において方針が定まっていなかった。

同年三月五日にモールスは渋沢事務所を訪れて、今度はフランスのグリルから三〇〇万円で京仁鉄道敷設権の譲受を希望する申し出があったことを打ち明けた。引受組合が同意すれば手付金だけでなく、これまでの経費一切を賠償し、なおかつ同鉄道の開業後には利益の幾分かを分配すると言うのであった。三〇〇万円というと、引受組合から得られる譲渡価格の二〇〇万円にモールスが負担する線路改良費四〇万円のうち引受組合から支援される二〇万円を合計した二二〇万円と比べても八〇万円の差益を生む計算であった。[31]

渋沢らは伊藤に相談したところ、政府として一度獲得した京仁鉄道敷設権を失うわけにはいかないため、モールスによる申し出を拒否することになった。渋沢は、八〇万円の増貸の内諾を政府から得たことで、同月一二日にモールスに対してグリルへの売却不同意の通告を発した。[32]

ただ、依然として引受組合メンバーのなかに脱退希望者がいたため、渋沢は苦しい立場に置かれていた。尾崎によると、モールスとの交渉はもっぱら渋沢が担当していたというから、[33] 渋沢は他のメンバーと比べてより多くの業務をこなしていたことが窺える。

③京仁鉄道合資会社の設立

京仁鉄道の敷設工事はあまり進んでいなかった。引受組合は、九州鉄道社長で工学博士の仙石貢《せんごくみつぐ》を監督技師長に、監督技師の吉田大次郎を監督に委任して京仁鉄道の工事現場に派遣したのであるが、モールス側と日本側で工事設計をめぐる見解の齟齬が生じていた[34]。そしてついに、モールスから一八九八年一〇月一日時点の出来高で売買取引を希望する申し入れがあった。引受組合側もまた、京仁鉄道を直接施工する必要性を認めていた。仙石と吉田による調査によって、モールスが雇用していたアメリカ人技師による設計と施工に多くの欠陥が認められていたからである[35]。

同年一二月一七日に出来高売買取引の契約を締結したことで、京仁鉄道の資産は引受組合で所有することになった。渋沢らは横浜正金銀行でモールスと会見して鉄道譲受代金一七〇万二四五二円を支払うとともに正式な譲渡証書を受領した。

引受組合は一八九九年五月に合資会社へと組織を変更し、取締役社長に渋沢、取締役に三井物産初代社長の益田孝《ますだたかし》と三菱財閥副支配人の瓜生震《うりゅうしん》が選任された。社員は引受組合メンバーのうち脱退したモールスを除いた一五名で、引受組合の権利義務と総支配人以下の職員全員を継承した。京仁鉄道合資会社の資金は政府貸下金の一八〇万円のほか、資本金七二万五〇〇〇円であった。このうち払込金の一一万一〇〇〇円は引受組合から引き継ぎ、その後には五回に分けて一八〇万円を払込募集した。政府貸下金は無利子であったが、出資者の拠出金額に対して年五分以上の営業利益率を計上した暁には、その余分を利子として政府に収めることになった。また、政府に収めた利子が年五分以上になったらその超過分は出資者への配当金にすることとされた。その期間は五年として、その間に株式会社に改組して株式の売却益を政府に納付する計画であった。[36]

3　京仁鉄道の開業と京釜鉄道への合併

①日本の直営工事による敷設作業の進行

日本側の直営工事に切り替わった京仁鉄道の建設現場には、総支配人の足立太郎が監督として派遣された。足立は、工部省技師として水戸鉄道、日光鉄道などの鉄道敷設に従事したのちに、日本鉄道の保線主任を経て運輸課長兼汽車課長などを歴任していた。足立によると、京仁鉄道の施工には粗雑な点が散見された。たとえば漢江橋梁（延長約六二八ｍ）の基礎工事は不完全であったため作業を継続することができず、橋脚の再建築が必要であった。[37]

いまひとつの問題は、韓国人労働者の多くがアメリカ人監督のもとで酷使されていたため、引き続き作業に従事することを好まなかったことであった。渋沢は、京仁鉄道の敷設工事を監督する足立に対して「朝鮮人を撲《なぐ》らぬ様に」という約束を交わした。渋沢は、京仁鉄道の漢江橋梁工事を視察した際に、当時の現場監督が現地の作業員に厳しい態度で接している場面を目の当たりにして、「見て居って気の毒に堪えなかった」と回顧している。[38]

渋沢は、京仁鉄道の信用を毀損するだけにとどまらず、日本による韓国振興策を妨げるような悪弊を廃絶するべきであると痛感していた。[39] 渋沢の価値観には、日本人と朝鮮人は対等な関係でなければならないという、幕末以来の民衆意識である日朝同祖論の近代国家観が影響していると考えられている。[40] こうした要因に加えて、朝鮮半島の各地に支店・出張所を開設している第一銀行（一八九六年九月に第一国立銀行から改称）の経営への影響を考慮したときに、韓国人や韓国政府との良好な関係を維持するべきであるという銀行経営者としてのリスク回避的な判断によっても、韓国人労働者への接し方は至急改める必要があった。

渋沢によると、足立は「日本鉄道に居たときから知っている人で」あったが、現場監督に任じる際に「朝鮮人を蹴ったり、撲ったりしない様に、若《も》し働かなければやめさしてよいから日本人の真意のある処を知らせることが必要」であると説いた。京仁鉄道の竣工後、足立は「撲らないでやりましたから非常に成績が良かった（中略）撲るのは一時的によい様だが、結局はよくないことが判《わか》りました故、今後は私は主義を変えます」と述べたという。[41]

図 26　足立太郎　『鉄道』(29)，鉄道雑誌社，1896 年より

②京仁鉄道の開業

一八九九年九月一八日、朝鮮半島初の鉄道として京仁鉄道の鷺梁津—仁川間の敷設工事が竣工した。翌年七月八日には漢江橋梁が竣工したことで京城（西大門）—仁川間の二六哩二六鎖（約四二km）が全線開業した。

一九〇〇年一一月一二日には京城駅付近において京仁鉄道全通記念式が挙行された。韓国皇帝の勅使や大臣をはじめ各国要人、そして日本の公使、領事、そして京城居留民ら合計五〇〇名以上が出席した。[42]

渋沢は、一〇月末から一一月中旬の日程で韓国（仁川、京城、釜山）、九州、関西地域の視察旅行を行っており、その道

図27　漢江橋梁　朝無社社友会回顧録後編編集委員会編『朝鮮無煙炭株式会社回顧録』後編，朝無社社友会，1981年より

中で京仁鉄道全通記念式に出席した。[43] 渋沢は記念式に参列した理由として、「其の里程は僅《わず》か二十六哩、工費二百五十万円、殆《ほとん》ど我が内地の一小鉄道と同じき観あるにせよ、（中略）殊《こと》に本邦人のみの手一つにて毫《ごう》も外人の助力を籍《か（ママ）》らず、首尾能《よ》く而《しか》も外国に鉄道を敷設することを得て、韓国の交通に至大の便益を与え、彼等の貿易に非常の利便を供し、外国の人々を載せて自由に往来せしめ、自分等日本人も之れに乗り往来するを見るに到ったのは、其の物質上の成功便益等の外、偉大なる一種の快感脳裡に澎湃《ほうはい》たるを禁ずることが出来なかった」と述べていた。[44] そして、「将来鉄道の敷設は年を逐て進歩し、東西相連らなり、南北相貫ぬき、遂に辺隅遐陬《へんぐうかすう》に普及し、内は処として富源を開拓せざるなく、外は我日本を首《はじ》め各国との通商盛んなるに至るは深く信じて疑わざる所」と、鉄道によって韓国の商工業が発展することに期待を寄せた。[45]

ただし、このときの京仁鉄道で運用された機関車と車両はモールスから引き継いだものであり、日本製のものは使われていなかった。足立によると、日本の技術力が低く、やむなく輸入品を使わざるを得なかったのである。[46] つまり、実態としては「外人の助力」あっての開業であった。列車の運行頻度は、開業当初こそ午前と午後の各一往復であったが、一二月には三往復、翌年三月には四往復になり、漢江橋梁が竣工して京城まで全通したときには五往復になった。[47]

一九〇二年における一日一哩あたり貨客収入を確認すると、京仁鉄道で二一円七七銭、日本の国有鉄道で三六円四三銭、台湾縦貫鉄道で一三円二六銭であったから、韓国の鉄道収入は日本には及ばないものの決して悪い数値ではなかった。[48] 道路網の整備が十分に進んでいなかった韓国において、京仁鉄道の開業によって物流コストは大きく低減した。たとえば、大阪―京城間の紡績一梱の輸送賃は、京仁鉄道開通以前において解氷期には二円四〇～五〇銭、結氷期（冬季）には仁川―京城間を陸路で輸送するため三円二〇～三〇銭も要していた。それが京仁鉄道開通後には、通年で二円二〇～三〇銭になった。[49]

図 28　京仁鉄道全通記念式　鮮交会編著『朝鮮交通史』本編，鮮交会，1986 年より

図 29　京仁鉄道仁川駅　鮮交会編著『朝鮮交通史』本編，鮮交会，1986 年より

渋沢によると、鉄道開業以前における仁川から京城までの所要時間は駕籠《かご》の一種である轎《きょう》を利用して約一二時間であった。[50] 京仁鉄道の開業によって仁川は京城の玄関口になり、両都市を隔てる心理的な距離は縮まった。[51] 渋沢の視察旅行に帯同した秘書の八十《やそ》島《じま》親《ちか》徳《のり》は、朝八時に仁川から京城に向けて乗車した京仁鉄道の上等車について「汽車は所謂《いわゆる》広軌にして幅広く天井高く実によき気持也《なり》、殊《こと》に日本人の経営になり、況《いわ》んや予等当初より関係せる此《この》鉄道に乗りて異国の広野を馳奔す心中の愉快は実に格別なり（中略）やが

て行く事一時間半、漢江の大鉄橋は実に壮大可驚也《おどろくべきなり》」と記録している。[52]

③京釜鉄道への売却

京仁鉄道引受組合は、もともと京釜鉄道計画を起源としていたため両鉄道には密接な関係があった。実際、京釜鉄道北部の敷設工事にあたっては、建設資材を仁川港で陸揚げして京仁鉄道で輸送することが便利であった。京釜鉄道のルートは、京仁鉄道の永登浦駅で分岐して釜山方面に南下するものであった。二社による永登浦駅の共同使用、京城—永登浦間の線路共用など、両社間で緊密な連絡が求められるようになったため、重役同士で経営統合を見据えた協議が進められた。なかには安田善次郎のように京釜鉄道の将来性が見通せないなかで合併に反対する者もいたのであるが、両社の経営に関わる渋沢の説得を受けて同意に転じていた。[53]

一九〇二年一二月に両社の合併仮契約が締結された。翌年二月の京釜鉄道株主総会では仮契約の内容を承認したものの、一方の京仁鉄道社員総会では決議が延期され、同年七月一〇日の社員総会でようやく合意に至った。京仁鉄道は、前年末における資産（現金を除く）価格である六四万一五八〇円と営業権を合わせた二四四万一五八〇円で京釜鉄道に売却する旨の決議を採択した。そして、一九〇三年一一月一日をもって京仁鉄道は京釜鉄道に売却されて京釜鉄道京仁線として運用されるようになった。

4　京釜鉄道の設立活動

①会社設立の好機到来と渋沢の反応

ここで過去にさかのぼって、京釜鉄道の設立の話に移りたい。ロシアは、日清戦争後の三国干渉の見返りとしてシベリア鉄道の短絡線として位置づけられる東清鉄道（満洲里―綏芬河）の敷設権を獲得して満洲方面に進出し、さらに一八九八年の列強による清国分割にともない旅順と大連の租借と東清鉄道支線（ハルピン―旅順口）の敷設権を獲得した。また、ロシアは日本との間に西・ローゼン協定を結び、日本にロシア権益を認めさせる代わりに朝鮮における日本の商工業活動を容認するようになった。これにより、日本が京釜鉄道敷設権を韓国に請求することに対するロシアからの妨害は一応なくなったのである。

このことを好機ととらえた駐韓弁理公使の加藤益雄は、韓国政府との間で京釜鉄道敷設権の交渉を再開した。一八九八年八月に伊藤博文が京城を訪問する機会を利用して、加藤は韓国政府に対して日韓親和の精神を表明するよう働きかけた。韓国政府は、伊藤訪韓の直前に京釜鉄道敷設権を日本に特許することに同意したのであった。同年九月八日には、全一五条からなる京釜鉄道合同条約が調印された。これにともない、日本側は発起人の代理として佐々木清麿（第一銀行京城支店長）と乾長次郎（第五十八銀行京城支店長）を立てていた。韓国政府から与えられた特典と条件には以下のようなものがあった[55]。

（1）　京仁鉄道の軌間に準じた仕様にすること、また線路、停車場、倉庫、工作物等に要する用地は韓国政府より供給されること（第三条）。

（2）　線路に要する機械及各種物件にして外国より輸入するものの海関税及び鉄道用地にかかる地税を免ぜられ尚鉄道営業に係る種々の利益には徴税せられざること（第五条）。

（3）　本契約調印の日から三年以内（一九〇一年九月八日まで）に会社を組織して起工し、起工から一〇年以内に落成すること。ただし、戦争などのやむを得ない事情があるときには延期される（第一〇条）。

ただし、渋沢自身は京釜鉄道の敷設に対して「甚《はなはだ》不同意」であった。[56] この時期の渋沢は、京仁鉄道敷設権をめぐりモールスと手付金の増額や引受組合の脱退希望者への対応などの問題に直面していた。京釜鉄道においても同様の事態に陥ることを危惧していたのである。[57]

他方で、渋沢が日本銀行に建言して承認された韓国国内における刻印付きの日本の一円銀貨（刻印銀貨）の流通が、一八九八年二月にロシアの思惑から禁止されたことも一因になっていたと思われる。日韓の通商政策への影響を強く懸念した渋沢は、みずから渡韓のうえ執政者らと協議を重ねていた。京釜鉄道合同条約が調印された時期の渋沢は、韓国の幣制問題の対応で奔走していたのであった。[58]

渋沢は、京釜鉄道の件について第一銀行京城支店の佐々木に宛てた書簡のなかで「今日之経済界にては所詮起業は無覚束《おぼつかなき》次第にて、小生抔《など》には所謂《いわゆる》有難迷惑之《これ》感有之《あり》」と指摘するほか、「渋沢と縁故有之《これあり》候《そうらえ》ども余り其《その》設立に言責抔不相生様《あいならざるよう》御注意被成《なされ》、発起人は大勢之人数にて創立せし会社に付渋沢一人にて如何とも難致（後略）」と、不用意な発言に注意を促して「当行之信用に関係不相生様御注意専一に候」と、第一銀行の経営に影響が及ばないように注意を与えていた。[59]

一九〇〇年二月一日に京釜鉄道発起人総会が開催された。大江からは京釜鉄道の沿線地域には朝鮮半島における人口の七割が集中しており、農業生産も盛んであることから安定した収益が見込まれているという内容が報告された。[60] 渋沢は、前年に開通した京仁鉄道の工事と収支状況、すでに年三分の配当率をもって出資者に利益還元していることなどを報告した。[61] 京釜鉄道を起業するタイミングについて、個人的に近しい間柄の人たちには否定的な意見を伝えていた渋沢であったが、発起人総会の席上では他の登壇者と同様に出席者に向けて将来有望な京釜鉄道のイメージを植え付けていた。京釜鉄道の収支予測を取りまとめた逓信省官吏の西大助によると、営業開始初年における資本に対する利益率は一・三％にとどまるが、一〇年目で四・一％、一四年目には六％を超えると見積もられていた。[62] その後、京釜鉄道創立委員として渋沢、中野武営、大三輪長兵衛、井上角五郎、竹内綱、尾崎三良、佐々友房《さつさともふさ》（衆議院議員、東亜同文会会員）、大倉喜八郎、大江卓の九名が選出された。[63]

②社長人事と政府補助

京釜鉄道の経路は、韓国においても人口が多く農産物の豊穣な三南地方を通ることから有望な事業であると思われたが、全長約二七〇哩（約四三四・四㎞）の長距離鉄道であることから長期間の工事が予想されていた。そのため世間は京釜鉄道を営利事業として認識することはなく、政府の保護を不可欠であると考えていた。[64] 一八九九年のうちに京釜鉄道発起委員は会社設立のため株主募集と株金払込に着手しようとしたのであるが、日本国内の景況悪化によって思うように進めることができなかった。京釜鉄道合同条約では三年以内に起工することが定められていたが、およそ半分の期間が経過したところで発起委員は日本政府に特別保護を請願した。[65]

京釜鉄道は並行して重役人事、とくに社長候補者を調整しなければならなかった。同月の京釜鉄道創立委員会では尾崎、前島、佐々、日下が社長の人選について協議していた。[66] 同年六月にも竹内と前島が渋沢のもとを訪れて京釜鉄道の社長人事のことで話し合っていた。[67] 渋沢は、竹内宛の書簡で「未来之社長選定に付政府にても種々思考中にて今以決定無之」という理由で会社設立に遅れが生じていることを報告した。[68] このように京釜鉄道の社長候補者の調整に時間を要していたのであるが、その理由には日本政府が資金的な補助と引き換えに社長人事に介入する可能性があったことがあげられる。

大江が京釜鉄道創立委員に宛てた書簡には、「将来の社長選定の一条に就《つい》ては（中略）政府保護の下に在る会社の事としては其《その》社長の選定に対し政府の認可を得べき事に致候儀不得已《やむをえざる》次第（中略）社長を選定するの権は是非とも之を会社の手中に収め度」という要望が述べられていた。[69] 渋沢も、竹内宛の書簡で「例之命令書案に付（中略）全然当方之企望に同意と申訳にも相成兼候《あいなりかねそうろう》」とみずからの考えに反する内容の補助命令案が作成されていることを指摘していた。[70] 渋沢らは、京釜鉄道の重役人事を通じて政府が経営に介入してくることに懸念を示していた。

一九〇〇年七月になっても京釜鉄道社長候補者は未定のままであった。尾崎は、社長候補者に推薦していた渋沢が、「何程勧むるも応諾するの気色なき」態度をとり続けていたため、代わりに前島を推薦しようとしていた。最終的に渋沢は取締役会長に就くことになるが、実務担当職を別に設けることで決着した。[71]

同年九月二一日に京釜鉄道創立委員は、改めて会社の払込株金と社債発行に対する利子補給を逓信大臣の芳川《よしかわ》顕正《あきまさ》に請願したところ、同月二七日に渋沢らに以下の諸点を含む「京釜鉄道株式会社補助」（全二〇条）の命令書を公布した。渋沢らが懸念を示していた重役人事については、（6）で示したように、政府の認可を受けることとされた。[72]

（1）京釜鉄道の資本総額は二五〇〇万円とする。

（2）第一回募集額に対する株金の一〇分の二を発起人員総員が引き受けること。

（3）設立登記から一五年間について、運輸開始前は払込株金に対して年間六分の利子を下付し、運輸開始後の利益率が年六分に達しないときには年六分に達するまでの不足額を補給する。

（4）社債発行は払込登記の翌月より会社が社債に付けた利子と同じ割合で利子を補給する。ただし、その補給額は社債額面に対して年六分に相当する金額を限度とする。利子補給期限は社債払込登記の日より起算して一五年間とする。

（5）政府が利子補給する株金と社債は合わせて二五万円を限度とする。

（6）重役任命は政府の認可を受けること。

③株主募集と重役の選任

日本政府は一九〇〇年九月一四日に「帝国臣民の外国に於ける鉄道敷設に関する法律」を公布した。同法によって京釜鉄道は、日本国内の商法や会社法ではなく勅令による特別の規定に準拠して取り扱われることになった。京釜鉄道創立総会の招集条件は、第一回株金払込がなされることとされた。

同年一〇月の発起人総会において仮定款が承認されると、すぐに株主募集が開始された。京釜鉄道の資本金二五〇〇万円のうち、さしあたり五〇〇万円分の株式（一株額面は五〇円で一〇万株を発行）が募集された。第一回払込募集金額は、一株につき五円（五〇万円分）とされた。

京釜鉄道創立委員は、まず一九〇名の発起人に三万三〇〇〇株を割り当てた。次いで、同年一〇月二八日に渋沢は岡部長職《おかべながもと》と近衛篤麿《このえあつまろ》に面会して、華族諸公への京釜鉄道の株式勧募について協議した[73]。その翌日には日本銀行総裁の山本達雄に会って韓国渡航のことなどを話した後に前任の総裁であった岩崎弥之助のもとを訪ねて京釜鉄道株式の引き受けを依頼した。同日には宮内大臣の田中光顕《たなかみつあき》と面会して京釜鉄道株式の帝室保有を依頼するなど渋沢は精力的に活動した[74]。渋沢は、同年末にも宮内大臣の田中と内蔵頭の渡辺千秋に京釜鉄道株式の帝室保有を再度懇請した[75]。一九〇一年一月には一般株主の募集活動が開始され、創立委員は分担して全国各地で遊説した。渋沢は、前島とともに東京とその周辺地域における各府県知事、郡長、商業会議所、銀行、新聞社、資本家、実業家などに京釜鉄道への出資を呼びかけた。

同年三月の第一回株式募集の締切時点における応募総数は、二〇万九二五一株となった。その内訳は、日本帝室（一〇〇〇株）、朝鮮帝室（三五〇〇株）、発起人引受（三万三〇三五株）、普通申込（一七万一七一六株）であった[76]。募集数の一〇万株を超過した分については、按分比例方式で普通申込から控除された。

一九〇一年六月二五日に京釜鉄道創立総会が開催された。重役には九名の取締役、四名の監査役を置くことにして、取締役の一人に推薦された渋沢が尾崎、竹内、日下、前島、大倉、大三輪、室田義文、閔永喆を取締役に指名した。閔は、京釜鉄道永登浦―振威間の工事に参加した大韓国内鉄道用達会社の社長であった。また大江、井上角五郎、中山文樹（貴族院議員、島原銀行、島原貯金銀行頭取など）、小野金六（第九十五国立銀行副頭取、両毛鉄道取締役など）が監査役に指名された。同年七月二日の重役会で渋沢が取締役会長に互選され、渋沢が尾崎、竹内、日下の三名を常務取締役に指名した。ただし、渋沢が社長ではなく会長に就いた理由については明らかではない。

重役の報酬額は、取締役会長が一二〇〇～一五〇〇円であるのに対して常務取締役は二〇〇〇～三〇〇〇円、取締役は五〇〇～八〇〇円、監査役は三〇〇～五〇〇円であった。常務取締役の報酬額がもっとも高額で、取締役会長のおよそ二倍であった。報酬額でみる限り、京釜鉄道は常務取締役が実務上の責任を負って運営される組織になっていた[77]。

5　京釜鉄道の建設と開業

①建設資金調達の困難

一九〇一年八月二一日に京釜鉄道は永登浦において起工式を挙行して敷設工事に着手した。先にみた京釜鉄道合同条約で定められた九月八日の期限が迫るなかでの起工であった。九月二一日には釜山側の草梁においても起工式が挙行された。

その一方で京釜鉄道は資金不足に直面していた。起工直前の八月一〇日に渋沢は、竹内と尾崎に「外資之見込は充分に無之《これなき》に付、先以《まずもっ》て少くとも千万又は千五百万円位之《の》株式は相募り、其払込金にて事業相進め」るべきであると、[78]株式の追加募集を提案していた。京釜鉄道では、株式払込金と社債発行によって必要な資金を充足させようとしていた。

ただ、日本国内の恐慌による財界混乱の影響で株金払込の追加募集が困難かつ迷惑になり得る状況にあっては、[79]社債発行しか選択肢が残されていなかった。一九〇二年三月に大隈重信は、京釜鉄道について「其進捗甚《はなは》だ遅緩なるは実に遺憾」であり、「資本の不足せる嫌あらば我国民の愛国心に訴え更に増資するか、若《も》しくは其他の方法に依てこれを補充するの途を発見」するべきであると重役らに助言した。[80]

同年四月に渋沢は京釜鉄道社債のことで松方正義に相談するなど、事態を打開するために行動していた。渋沢はまた、社債発行による外資導入策を具体化させるため欧米の投資家に京釜鉄道社債の引き受けを依頼していた。[81]一九〇二年五月一日にはイギリス公使館にて駐日公使と面会して京釜鉄道社債に関する件を話し合った。その後、横浜に移動して、サミュエル・サミュエル商会などを訪問した。約二週間後に渋沢は常務取締役の尾崎と台湾銀行初代頭取の添田《そえだ》寿一《じゅいち》に会って京釜鉄道社債のことを話し合った。

同年七月一七日には、サミュエル・サミュエル商会を再訪して京釜鉄道のことについて話し合った。同月二三日には同商会の担当者が渋沢のもとを訪れ、京釜鉄道社債のことに関して種々の話をして同商会の引受条件を通知した。しかし、結局は「妥議に至らず」に物別れに終わっていた。[82] 渋沢が、他の投資家と進めていた京釜鉄道社債の引き受け交渉もまた、不調に終わっていたものと思われる。渋沢が、「此の鉄道には井上侯と伊藤公は中止せいと言われ、山県公と桂公は早くやれとのお叱言で、私は中に挟り非常に困りました」と回顧しているように、京釜鉄道は資金調達で暗礁に乗り上げていた。[83] 渋沢は、取締役会長の地位にいたが、単なる名誉職ではなく社債引受先の交渉という実務をこなしていたのであった。

②井上馨の助力による資金調達

京釜鉄道の重役らは外資導入を図るため一〇〇〇万円の社債発行を計画していたが、外国の投資家に引き受けてもらうには元利償還の政府保証が必要であった。このことは、政府も聞き入れていたのであるが、社債発行にともなう政府保証には帝国議会の協賛を得る必要があった。一部の議員のなかで、一会社の社債発行に政府保証を付与することへの反対論があったため、京釜鉄道の社債発行案はあたかも「絵に画きたる牡丹餅を握る様」な状況であった。[84]

一九〇三年七月四日の京釜鉄道重役会では、渋沢、大倉、前島、竹内、日下、尾崎らが社債募集に関する協議を行った。尾崎によると、「政府の援助薄弱なるに依り、急に目的達しがたく」なったため、渋沢は内閣総理大臣の桂太郎と大蔵大臣の曾禰《そね》荒助《あらすけ》のもとを訪ねて「十分に談判を為」す計画を立てた。その一方で、「社債価格、利率等の認可を請求する事」と社債発行の成否が決まるまで「事業を収縮節約する事」が取り決められた。[85]

一九〇〇年とその翌年におよぶ義和団事件をきっかけにロシアは満洲地域を占領するようになった。一九〇二年一月に日英同盟（第一次）が結ばれたこと、翌年二月にはロシア公使が韓国政府に京義鉄道敷設権をロシアに特許するよう請求したことにより、東アジアへの進出を図るロシアと日本の両国間における緊張は次第に高まっていた。

そして、渋沢にとって印象的なできごとが起こった。一九〇三年八月末、房州犬吠の避暑滞在先にいた渋沢のもとに井上馨から帰京を促す電報が届いた。渋沢は、すぐに井上邸を訪ねたが、井上から「京釜鉄道はどうして居る。何をぐずぐずするのだ」と言われたと後年に回顧している。「日露の風雲が険悪」になってきた当時において井上自身も、「一切の難関は突破しても、この鉄道（京釜鉄道——引用者注）は速成せしめなければならぬ」と考えるようになっていた[86]。渋沢によると、「此の鉄道に大反対の井上侯は、今度はなぜ早くやらぬか」と主張するようになり、渋沢に対して「国家のためだ、何んでも早くやれい」と指示するようになった[87]。

渋沢は、京釜鉄道敷設反対派の井上が突然、同鉄道の急設を要求したことに困惑しつつも、政府と日本銀行が京釜鉄道への融資に消極的であり、外資導入も社債の引受条件で外国の投資家と折り合わないため、資金調達のめどが立たない事情を打ち明けた[88]。井上は、渋沢の話を聞くと日本銀行に依頼して建設資金の確保に協力したのであった。

図30　児玉源太郎　国立国会図書館「近代日本人の肖像」より

③京釜鉄道建設の速成命令

一九〇三年一〇月一七日に陸軍参謀本部次長の児玉源太郎が渋沢のもとを訪れて、経済界の人びとに対して日露開戦の覚悟をもつよう要請した[89]。このとき、すでに日本とロシアの軍事衝突は避けられなくなっており、急ぎ京釜鉄道の敷設工事を進める必要に迫られていた。前述の通り、同年一一月一日には京釜鉄道による京仁鉄道の吸収合併が行われたのであるが、同日に京釜鉄道を急設することが廟議決定された。外交上と軍事上の観点から韓国における輸送機関の早期完成が求められていたのである。[90]

京釜鉄道合同条約では、起工から一〇年以内（一九一一年九月八日まで）に落成することが規定されていたが、一二月二日には一九〇五年中に全線開通させる方針へと変更された。その後、日露間の軍事的緊張がさらに高まり、落成時期を再び繰り上げる必要が生じたため、政府は緊急勅令の発布を仰ぐことになった。一二月二八日に枢密院会議において京釜鉄道速成補助と責任支出に関する諮詢案が可決されて勅令第二九一号として即日公布された。京釜鉄道に対して一九〇四年一二月三一日までに永登浦—草梁間を全通させる方針で工事計画を立てること、費用として必要に応じて一七五万円を補給すること、やむを得ない事由がある場合にはさらに四五万円以内を増給するという特典を与えた。さらに、社債発行の際には一〇〇〇万円を上限に政府が元利支払を保証することになった。[91]

同日には京釜鉄道の重役組織を改める勅令第二九二号も公布された。京釜鉄道の重役は、一名の総裁、七名以内の理事、四名以内の監査役をもって構成されることになり、総裁と理事は官選、監査役は株主総会で選任されることになった。また、業務監督の京釜鉄道監理官が新設されたほか、理事のなかから会社業務を分掌する三名以内の常務理事を逓信大臣が任命することになった。[92]京釜鉄道の重役人事に対する政府介入の度合いは一層強くなった。

新たな重役には、工学博士の古市公威《ふるいちこうい》を総裁、司法・逓信官僚の仲小路廉《なかしょうじれん》、日本銀行国庫局長や台湾銀行理事を歴任した川崎寛美《かわさきひろみ》、そして竹内を常務理事、渋沢、前島、関を理事に命じ、大江、井上角五郎、小野、中山は監査役に留任した。渋沢は、体調の悪化を理由に総裁就任を辞退していた。このときに尾崎、大三輪、日下が重役を退任した。

改めて調査したところ京釜鉄道の興業費は総額で二九五〇万円であった。同社の資本金二五〇〇万円、速成補助金一七五万円、さらに特別補助金四五万円を充てても二三〇万円の不足金が生じることになった[93]。一九〇四年七月に京釜鉄道は政府に補助金を請願したものの、これ以上の補助金支給は困難であった。京釜鉄道は、さしあたり削減可能な七二万円を控除した一五八万円余りを増資して、その増資株を政府引受にして一五八万円の無利子貸下を受けることで資金調達を図った。

④京釜鉄道の開業と国有化

勅令第二九一号が公布された時点における未着工区間は省峴―芙江間の一二一哩（一九四・七km）であったが、順次延伸が進められた。この間、一九〇四年二月一〇日に日本とロシアは相互に宣戦布告して開戦していた。京釜鉄道の建設工事は昼夜兼行で続けられ、一九〇五年一月一日、永登浦―草梁間（二六八哩（四三一・二km））が京釜線として開通し、既設の京城―永登浦間に乗り入れるかたちで京城―草梁間の鉄道営業が開始された（一九〇八年四月に草梁―釜山間が開通）。

京釜鉄道の二路線（京仁線と京釜線）の運輸状況を表で確認することにしたい。先行して開業していた京仁線は、日露開戦にともなう軍事輸送と京釜・京義各線の建設資材輸送によって、一九〇四年上期には約一〇万円の客車収入に対して約一二万五〇〇〇円の貨車収入を得ていた。翌年同期になると軍事輸送や建設資材輸送の縮小により貨物輸送量と貨車収入はともに減少するが、日本人渡韓者の増加と韓国人の鉄道利用が普及したことにより客

表9　京釜鉄道（京仁線・京釜線）の輸送状況

京仁線			京釜線	
	1905年上期	1904年上期		1905年上期
旅客人員(人)	341,007	337,635	旅客人員(人)	332,533
貨物トン数(トン)	65,330	83,062	貨物トン数(トン)	33,040
客車収入(円)	134,022	100,228	客車収入(円)	348,161
貨車収入(円)	59,803	125,117	貨車収入(円)	98,340
雑収入(円)	3,773	3,257	雑収入(円)	8,833
合計(円)	197,598	228,602	合計(円)	455,334
一日一哩あたり平均収入(円)	41.98	47.85	一日一哩あたり平均収入(円)	9.14

出典：「京釜鉄道会社最近成績」『東洋経済新報』第354号，1905年10月5日，pp. 31-32.

車収入は増収となった。[94] 一日一哩あたり平均収入は、一九〇四年上期には四七円八五銭、翌〇五年上期には四一円九八銭と一時的に低下するものの、一九〇六年においては七月の国有化に至るまで四五円四銭で推移しており、「概ね順調なる発展の道程を辿」った。[95]

次に京釜線であるが、一九〇五年の開業初年には一部の仮設区間の改修と自然災害による輸送障害などが重なり、一日一哩あたり平均収入は九円一四銭であった。運輸収入の内訳をみると客車収入が約三四万円であったのに対して、貨車収入は約九万八〇〇〇円にとどまっていた。つまり、日露開戦にともなう軍事輸送と鉄道建設資材輸送という一時的な輸送需要の増加に恵まれたのは京仁線だけであり、京釜線は開業直後という事情ゆえに、「鉄道の建設に伴う産業環境の施設整わざりしを以て」メリットを十分に享受することができなかった。[96] ただ、同年九月一一日に官設東海道線、山陽鉄道、九州鉄道、一一月一〇日に京義線（龍山―平壌間）、さらに一二月一日からは同線（平壌―新義州間）との連帯運輸の取り扱いが開始されたことは、京釜線の輸送需要を喚起する一因となった。一九〇六年四月には連絡運輸上の改善施策として京城―草梁間を一一時間で運行する速達列車が新設されたことなどにより、一日一哩あたり平均収入は一四円以上に向上した。

こうして、東京から京城まで、官設東海道線（新橋―神戸間）、山陽鉄道（神戸―下関間）、山陽鉄道関釜連絡汽船（下関―釜山間）、京釜鉄道（釜山―京城間）を乗り継いで、鉄道（九八一哩（一五七八・四㎞））と海路（一四〇海里（二五九・三㎞））を約五三時間、一五円四八銭の運賃（三等）で移動できるようになった[97]。また、渋沢によると、京釜鉄道開業後の沿線地域では次第に貨物集散が活況を呈するようになった。密陽―釜山間（約四〇㎞）の米穀一石につき二円前後を要していた運搬費は、鉄道開業後に二〇～三〇銭へと低下した。釜山の埋立地に建設された倉庫には、各地から輸送されてきた貨物が保管されるようになった[98]。

一九〇五年九月五日に日本とロシアの両国はポーツマス条約の締結をもって講和した。日本は賠償金を得ることはできなかったが、遼東半島の租借権、東清鉄道の長春―大連間支線、朝鮮半島の監督権などを獲得した。同年に第一銀行は、韓国政府から三大特権、すなわち朝鮮国庫金の取り扱い、貨幣整理事業、そして第一銀行券の公認を得た。第一銀行は、純益金を増大させていき、一九〇七年上期には全店に占める純益金の比重を四六％以上にした[99]。一九〇九年一一月に韓国銀行に経営を移譲するまで、第一銀行は韓国中央銀行としての役割を果たした[100]。

一九〇六年三月三〇日には京釜鉄道買収法が公布され、四月二九日に会社に通達された。同年六月一五日に開催された臨時株主総会において京釜鉄道の解散が決議され、七月一日をもって統監府鉄道管理局に継承された。渋沢は竹内、小野とともに清算人の一人に選出された。政府は、京釜鉄道の買収価格を二〇一二万三八〇〇円と査定して、一九〇八年六月三〇日に同額面の五分利公債を清算人に交付した。同年七月三〇日の株主総会では清算勘定残余金の審議で、一部の株主が「一厘にても配当の多からんことを主張」する場面があり、株主に分配する資金を積み増したほかは混乱することなく終了した[101]。株主への分配基準は、京釜鉄道株式総数の五〇万株について一株（三〇円払込）につき公債額面四〇円二四銭七厘六毛を割り当てることであった。京釜鉄道の清算業務は、一九一二年四月に終結することになるが、渋沢は、数えで七〇歳を迎えた一九〇九年六月に京釜鉄道清算人を辞任したのであった。

第7章 渋沢栄一の社会活動と田園都市会社

1　田園都市会社の設立目的

本章では、東京府荏原《えばら》郡において土地開発事業を展開した田園都市株式会社の設立と運営について、同社を支援した渋沢栄一の行動や言動に即して検討し、渋沢の社会活動に位置づけてみたい。渋沢は第一（国立）銀行をはじめとする多数の会社や団体組織の設立と運営に関わることで日本経済の発展に寄与してきた。また同時に、福祉、民間外交、医療、教育などの社会活動にも積極的に関わってきた。

一九〇九年に古希を迎えた渋沢は、実業界の第一線から退くと公益的、社会的活動の比重を高め、一九一二年には宗教や国際道徳などを討議する帰一教会、一九一九年には労使協調などの社会問題を研究する協調会の設立に関わった。

ただし、一九〇九年以降の渋沢は会社の設立や運営にまったく関与しなくなったわけではなかった。渋沢の所

図 31　目黒蒲田電鉄　開通当時の電車　東急株式会社提供

有株式の追跡調査によって、一九一七年九月に設立された田園都市株式会社（以下、田園都市会社と略）と一九二二年九月に設立された目黒蒲田電鉄株式会社（以下、目黒蒲田電鉄と略）の動向に注意を向けていたことが明らかにされている。[1]

田園都市会社は、欧米各都市を視察してきた渋沢の発案で東京府荏原郡の洗足《せんぞく》、大岡山、そして多摩川台の各地域に「理想的」な住宅地を開発することを目的に設立された。田園都市の名称は、イギリスのエベネザー・ハワードが、一八九八年に発表した『明日―真の改革にいたる平和な道―』において郊外の新しい都市像としてロンドン北部のレッチウォースを紹介した際に名付けた“Garden City”に由来している。

一方の目黒蒲田電鉄は、田園都市会社の開発地と東京市内を結ぶ鉄道部門を分離独立させて、目黒―蒲田間と大井町―大岡山間の電鉄を建設・運営する「姉妹会社」として設立された。一九二四年一〇月に目黒蒲田電鉄の重役の一人であった五島《ごとう》慶太《けいた》は株式の大量買い付けを通じて、渋谷―横浜（高島町）間などの鉄道敷設免許を所有していた武蔵電気鉄道株式会社（以下、武蔵電鉄と略）の経営権を確保した。このときに武蔵電鉄は、東京横浜電鉄株式会社（以下、東京横浜電鉄と略）へと改称した。また、一九二八年五月に目黒蒲田電鉄は田園都市会社を吸収合併して、兼営部門である田園都市部へと再編した。[2]

他方で田園都市会社と目黒蒲田電鉄の重役らによって設立された株式会社多摩川園が一九二五年一二月に温泉

遊園地多摩川園を丸子多摩川駅前（一九三一年に多摩川園前駅に改称）に開設し、田園都市会社の分譲地の住民や一般客に開放された。

これらの会社は、今日の東急株式会社の源流になっていることから、数多くの先行研究で取り上げられてきた。[3]都市計画研究では、田園都市会社の事業展開を田園都市論に位置づけた成果や電鉄会社の兼営部門として住宅地開発事業を考察した成果がある。[4]都市史研究では、田園都市会社による土地開発が契機になって周辺の地域開発が促進されたこと、[5]目黒蒲田電鉄、多摩川園、東京横浜電鉄の経営者であった五島慶太による沿線のレジャー事業が電鉄会社の一つの誘客策になったことが明らかにされている。[6]

このように、田園都市会社については多様な論点で議論されてきたのであるが、渋沢の活動や関心に即して検討された研究成果は必ずしも多くはない。渋沢自身が校閲したとされる田園都市会社の趣意書によると、「純然たる営業会社にして、公益を図ると同時に亦自己の営利に務め」るとあるように、[7]営利事業を基本としながらも公益的な性格をもつことが明記されていた。本章では、実業界を引退した渋沢にとって田園都市会社はどのような事業であったのか、関連する会社の動向にも留意しながら考えてみたい。

2　東京近郊の「田園都市」計画

①新中間層の生活難

渋沢栄一が田園都市の必要性を感じるようになったきっかけは、第一次世界大戦後における東京市内の人口増加と、それにともなう住宅不足をはじめとする種々の問題が新中間層の生活を圧迫していたことであった。

新中間層とは、賃金労働者のうち管理運営業務、専門的な技術職、事務職、販売職に従事する人々のことで、ホワイトカラーとも称される。当時の住宅問題については、すでに詳細な検討が加えているため本章では触れないが、[8]一九一九年には人口過密状態における高ストレスの生活がもたらす弊害として、結婚件数の減少、出生数の減少、そして伝染病の蔓延による小児死亡率の増加などが指摘されていた。[9]もっとも、こうした弊害を被るのは新中間層だけではないのであるが、彼らの生活を安定させることが社会的に求められるようになっていた。

新中間層の関心は、自分自身の俸給額や組織内における地位の安定であり、その点において現場労働者と似たようなものであった。[10]当時の日本では和装を主体としつつも場合によって洋装が取り入れられており、とくに新中間層は洋装の頻度が高いとされていた。季節に応じた和装と洋装を用意する「和洋二重生活」によって新中間層の経済的負担は大きくなりがちであった。一九一〇年代後半に物価の高騰に直面した新中間層の多くは、固定化した俸給による生活を強いられたため、「洋服細民」や「腰弁」などという異名で呼ばれることもあった。

一九二〇年頃には「今日では（月収――引用者注）七八十円乃至百円以下のものは悉く《ことごと》貧民階級である」とされ、高等官、陸海軍将校、学校教員を含む多くの新中間層が生活難に直面していた。[11]経済的に追い詰められた新中間層のなかには争議を画策する者もおり、一九一二年四月には日本郵船の下級船員による増俸を求める集団罷業の計画が報じられた。[12]このときは争議行動に至らなかったが、一九二六年七月には八千代生命において会社側と解雇された社員との間で争議が発生した。[13]一九一〇年代後半には現場労働者も、造船所、製鉄所、軍工廠、鉱山などの大規模事業所において争議を頻発させていた。経営者としても新中間層と対立することは得策ではなく、一時的な物価上昇に対応するための臨時手当金を支給するなどの懐柔策を打ち出すようになっていた。

②東京近郊における「田園都市」計画

新中間層の生活難を解決する方策として、地価の安い郊外に住宅地を開発して住宅不足を解消しようとすることが議論された。なぜならば、家計支出のうち、およそ二〇％を占めていた家賃を低減させることが、生活難の緩和策として有効であると考えられていたからである。[14] 鉄道官僚の木下淑夫は、生活上一番苦しい立場にある俸給生活者のために都市部から五㎞ないし八㎞ほど離れた場所に住宅地を造成し、市内中心部へのアクセスを担う交通機関をはじめ、電気、ガス、水道、電話といった生活インフラと小学校、中学校、公園、運動場といった教育・文化施設を整えることを提案した。[15]

エベネザー・ハワードが提唱した「田園都市」（Garden City）とは、産業革命の弊害である都市環境問題を解決し、労働者の生活改善を目的にした都市と田園それぞれの長所を兼ね備えた職住近接の自立した都市を建設するというものであった。[16] ただし、イギリスと日本の「田園都市」の考え方には差異があり、前者では住宅だけでなく事業所・工場、商店街、レクリエーション施設などを備えた独立した小都市が目指されたのに対して、後者では郊外に住宅地を拡げることで地価を高め、都市中心部への通勤輸送を盛んにすることが目指された。[17] 木下による郊外住宅地の開発案は、日本的な「田園都市」の実現を志向するものであった。

一九一〇年代には「田園都市」への関心の高まりに乗じた開発計画がみられるようになった。三井銀行函館支店長、東京信託会社取締役、王子製紙常務取締役などを歴任した前山久吉は、一九一〇年頃に東京近郊において渋沢とは無関係の田園都市株式会社の設立を試みた。『前山久吉翁百話』によると前山は、大橋新太郎（王子製紙監査役）、服部金太郎（服部時計店創業者）、渡邊福三郎（横浜渡辺銀行頭取、横浜鉄道常務取締役、神奈川県会議員、横浜市会議員）、久米良作（日本鉄道取締役、磐城炭鉱取締役、成田鉄道取締役）そして田中銀次郎（建設業）から賛意を得て、資本金五〇〇万円をもって東京近郊に「百万坪」の土地を買収して住宅地として売り出そうとした。ところが、前山は具体的な開発地を選定しておらず、「極秘裡」に複数の候補地を調査していたところ、どこからか計画内容が漏洩したために候補地の地価が高騰してしまった。[18] 土地の買い付けに失敗した前山は土地開発の事業化を断念したようである。

その二年後には、大橋新太郎、朝吹英二《あさぶきえいじ》、益田孝、郷誠之助《ごうせいのすけ》、馬越恭平《まごしきょうへい》ら有力な実業家らによって日本田園都市会社という名の会社が設立され、神奈川県の国府津《こうづ》付近において大規模な住宅地開発計画が立てられた。また、その翌年には東京信託会社が、東京市内への通勤を前提に東京府荏原郡駒沢村の新町（のちの桜新町）で住宅地の開発計画を具体化しようとした。ここでは、住宅地の分譲まで至ったのは最後に紹介した東京信託会社の新町住宅地だけであったことを指摘するにとどめておく。[19]

③好評を博した郊外住宅地

東京信託会社が分譲した新町住宅地には契約者が相次ぎ、早々に募集を終了した。一九一九年の雑誌記事から当時における新町住宅地の評判を確認してみると、「貴族的なものは唯一ある」ものの「田園都市らしい平民的のものが、一つも出来ない」と報じられた。当時の東京近郊における計画的な住宅地は新町住宅地しかない。したがって「貴族的」というのは新町住宅地のことを指しているとみられる。[20] 依然として東京市内の住宅不足は深刻なままで、一九二〇年末における住宅不足数は、居住条件などの基準の違いによる差異はあるものの、四万棟から八万棟と見積もられていた。[21]

他方で、一部の富豪に対し、東京市内の邸宅や庭園のために広大な土地を確保していることが住宅難の一因になっているという批判が向けられていた。一九〇八年には東京市内において、一万坪以上を所有している一〇八名の大地主が、総宅地面積の四分の一の土地を占有しているとされた[22]。大地主のなかにはこうした批判を甘受する者がおり、結果的に「宅地開放」がすすむことになった[23]。

三菱財閥三代目総帥の岩崎久弥は、清澄《きよすみ》公園や六義園《りくぎえん》を東京市に寄付するだけでなく、一九一六年の退任後には六義園周辺の駒込《こまごめ》の所有地を開放して大和郷という住宅地として売り出した。大和郷には三菱の関係者のほか、大学教員といった知識階級、つまり新中間層が居住した[24]。徐々にではあるが東京市内においても住宅不足の緩和が進んでいた。

3　郊外住宅地の「理想」

①郊外住宅地の開発構想

一九一五年頃に渋沢栄一は、田園都市会社の設立に向けた具体的な準備に取りかかっていた。のちの一九二七年六月に多摩川園内で催された式典における挨拶で渋沢は次のように述べていた。

維新前より数回欧米の諸邦を旅行し、其《その》大都市を観察するに各商店は概ね店舗と住宅を異にし、而《しか》して其住宅は多く都塵を避けたる郊外に在りて、朝に店舗に来り夕に住宅に還るを常とせり（中略）我が東京市の如《ごと》きは古来の慣習上店舗住宅同一なるが為に、緊要の商業地区を庭園厨房等に浪費して各般の施設を妨ぐるのみならず風紀衛生上に及ぼす弊害も亦《また》少なからず[25]

渋沢は、過去の洋行経験から職住近接という東京市内に根付いていた商慣習が、職住分離を基本とする欧米の大都市のそれと異なっていることに気づいていた。それにもかかわらず、渋沢は具体的な行動を起こさなかったのであるが、その理由には当時の東京市内がただちに職住分離を図らなければならないほどの住宅不足に直面していなかったことが考えられる。政府レベルで住宅不足の対策が検討されるのは一九一〇年代になってからのことであった[26]。

渋沢は、東京市内における新中間層の生活難と住宅不足が社会問題化したことで行動を起こすことを考えるようになった。多数の会社や団体の設立や経営に関与してきた渋沢にとって、会社員、銀行員、官吏、教員などが生活苦に直面していることは憂慮するべきことであった。

一九一三年八月に畑弥右衛門という人物が渋沢のもとを訪れた。畑という人物は、朝鮮の龍山において田園都市的な住宅地開発を試みて失敗した経験をもっていたが、東京において再びみずからの計画の実現を図るために東京市長だった尾崎行雄に渋沢への紹介を頼んでいた。畑によると、「東京市に人口問題が考慮さるゝようになり、都市問題の新意義が世人に注目せらるゝようになって来たが、特に此の問題を渋沢子爵は非常に心配せられていた」という[27]。

畑は、もともと住宅地の開発候補地として井之頭池周辺に目を付けていた[28]。実際に、畑は渋沢の女婿で東京市長の阪谷芳郎に会っていたことから、東京市養育院感化部の井之頭《いのかしら》学校の校長が渋沢であることを念頭に置いて、何かしらの便宜に期待しつつ、住宅開発のための土地利用の交渉を進めていこうとしていたのではないかと思われる。

当時の井之頭池の周辺は未開発地域で農村的な風景が残っていたが、すでに中央本線の吉祥寺《きちじょうじ》駅は開業しており、鉄道による移動の利便性が確保されていたから郊外住宅地の開発に適していた。一九一三年一二月に宮内省所管の井之頭御料地は東京市に下賜され、一九一七年五月に井の頭恩賜公園として開園した。しかし、理由は不明ながら、畑は住宅地の開発予定地を荏原郡洗足池《せんぞくいけ》周辺へと変更したのであった。[29]

畑は、渋沢のもとに通い、郊外住宅地のことについて相談を重ねる一方、荏原郡調布《ちょうふ》村において地元の地主らと土地の買い上げ交渉を進めた。地元の地主らの信用を得るために飛鳥山の渋沢邸に彼らを案内したこともあった。調布村では、青年団のメンバーのなかに「大の渋沢男崇拝」者がいたため「スラスラと円満に契約」に至ったこともあった。[30]一九一七年九月に田園都市会社は設立されるが、開発用地の確保にあたっては、畑の働きによるところが大きかったとみることができる。

②労使融和のための「理想的」な住宅地

渋沢は、実業界の引退後に取り組むべき問題の一つに労使関係の融和を挙げていた。ただし、労働組合の普及は組合員の要求のみ強調される恐れがあるとの理由から慎重であった。

渋沢は、一九〇二年にドイツの鉄鋼メーカーであるクルップの工場を視察したときに目にした職工用の住居、寄宿所（コロニー）を参考に、「クルツプ社のコロニーの如《ごと》くすれば、特に労働組合を設けなくとも、資本家と労働者との間は極めて融和する」と考えていた。クルップ社の寄宿所の印象について、渋沢は「殊《こと》に其家屋の構造も各家其《その》趣を異にして、殆《ほと》んど小別荘の観あり、各戸皆清潔にして庭前に花卉又は野菜等を培栽し花園の態を備う、実に欧米各工場に於て未だ曾《かつ》て夢にたも見る能《あた》わざる美観と云《い》うべし」と書き残している。

クルップの職工の多くは、工場からおよそ一五分で通勤できる寄宿所に居住していた。一般向けの住居よりも安価な賃料でなおかつ広い間取りだったからである。しかも、「女子家政学校、養老院、物品原価売捌処等、一として備わらざるなし」というように、家族の生活に必要な施設が完備されていた。

渋沢は、「総《すべ》ての職工を安楽に住まわせなければ、例の「ストライキ」のようなものがあります」と報告したように、労働者とその家族の生活を安定させることが、労使関係の融和に必要な条件であると考えていた。[31] こうした渋沢の考えは、「今住宅難に苦しんで居る中流階級の人々に十年とか十五年の年賦で極めて安く売って、理想的の都市を造るようにしたい」というように、[32] 田園都市会社による分譲地の販売方針にも反映されていた。

田園都市会社は、土地開発だけでなく住民生活の利便性を高めるようなサービスの提供を図った。上下水道の完備、道路に樹木を植えて美観を整えること、娯楽施設や消費組合の設置といった文化的な施設を整備することは、当時としては珍しいものであった。消費組合とは、小売商を省いて生産者ないし卸商から直接組合員である消費者に商品を流通させる協同組合のことである。

また、田園都市会社の売り出す土地を購入した住民には、「其《そ》れは此処《ここ》に住む人は総てが同時に団欒し合う事が出来、又楽しむ事が出来るように家を建てるという事であって、例えば隣の家の桃や桜の花は此方からも見得るというようにする（中略）皆なが同時に楽しむ事が出来る様にする」ことを求めた。[33]

渋沢による「理想的」な住宅地の条件は、交通機関、上下水道、灯火、一大遊園地や公園、学校、電気鉄道、電信電話局、動物園などを備えたうえに、住民同士が円満な関係を構築している、つまりハードとソフトの両面が調えられている必要があった。新中間層が直面している住居費負担の緩和、消費組合による生活費の低減を通じて生活を安定させることによって、経営者・資本家側との緊張関係を緩和させようとしたのである。渋沢の「理想的」な住宅地の構想は、渋沢の四男である渋沢秀雄や知己の間柄であった実業家らによって具体化されていくことになった。

③渋沢秀雄による多摩川台地区の開発構想

田園都市会社の多摩川台地区（現在の田園調布）は、渋沢秀雄による欧米調査で得られた知見が反映された。渋沢秀雄は、東京帝国大学法科大学を卒業して日本興業銀行に入行したが一年半ほどで退職していた。大学在学中にフランス文学専攻への転科を考えるほど文学や演劇に興味を持っていた秀雄は、本人によると事業欲も金銭欲もなく、「町を造るという仕事にあこがれ」ていたことを理由に[34]、渋沢栄一から田園都市会社への入社の許しを得た。

一九一九年八月から翌年五月まで、秀雄は欧米の諸都市における郊外住宅地を視察して住宅地図やパンフレットなどを持ち帰ってきた。ロンドン北部のレッチウォースにも訪問したようであるが、秀雄によるとあまり良い印象を受けなかったという。むしろ、アメリカのカリフォルニア州にあるセント・フランシス・ウッドなどの郊外住宅地の明るい雰囲気に魅力を感じていた。とくに、住宅地に広場や池、自動車の通行に対応した道路など、「土地が非常に贅沢に使ってあ」ることに注目した[35]。当時の日本における土地開発事業の経営は、売却益を最大化させることを原則にしており、売却できない道路や広場などの公共用地を最小化させることを当然としていたからである。

多摩川台地区は、秀雄の意見をもとにして住宅地として売り出すことのできる土地のおよそ一八％を広場、池、公園、そして自動車の対面通行が可能な幅員の道路といった公共用地に充て、分譲地の境界を塀ではなく生垣にすることで歩いて楽しむことのできる「町ぐるみ公園」として設計された。

当時、東京の旧市域に隣接する品川区など九つの新区域の境域面積に占める道路面積の割合、すなわち道路面

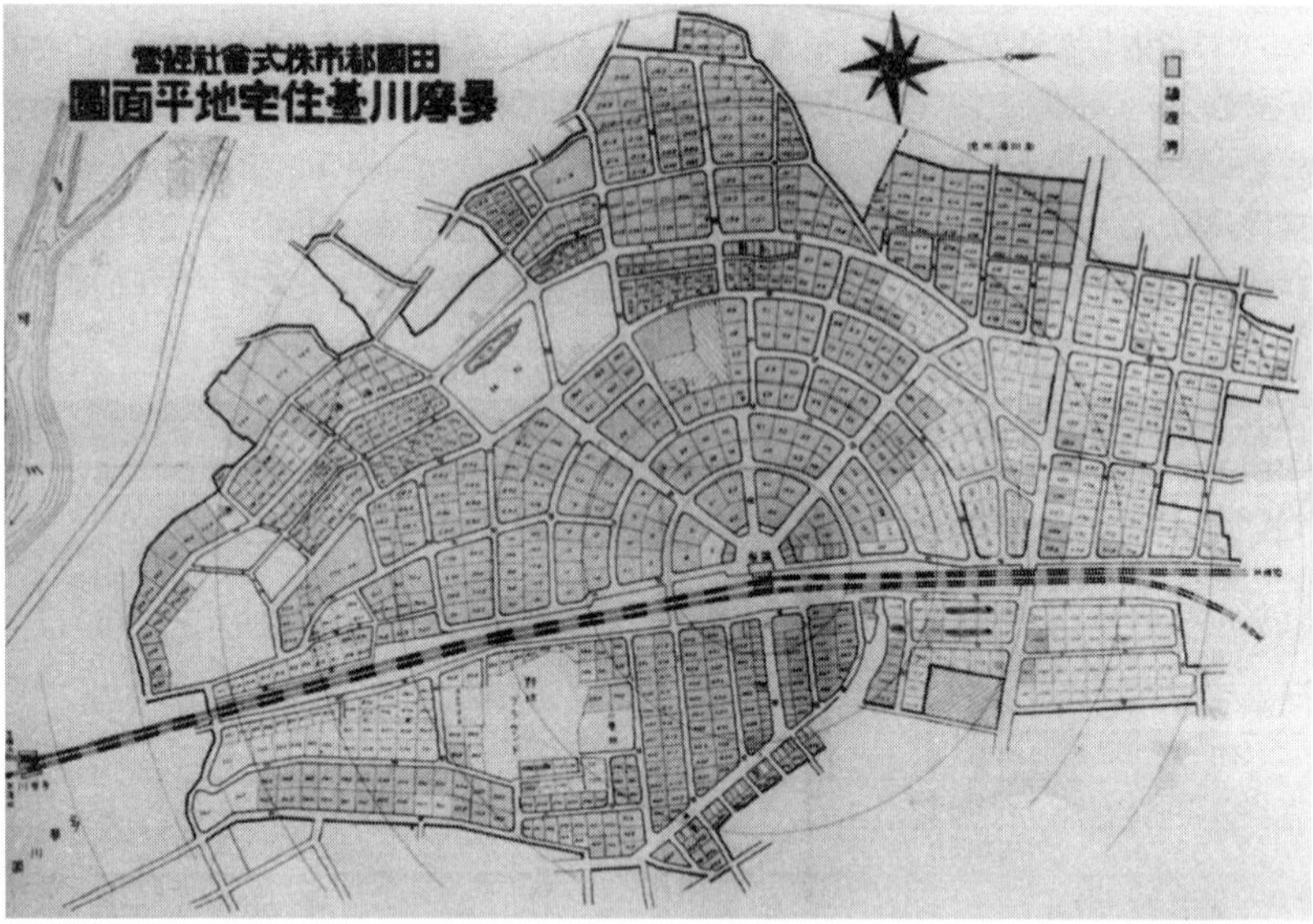

図32　多摩川台住宅地　『多摩田園都市　開発35年の記録』東京急行電鉄，1988年より

積率は品川区のおよそ一〇％が最大であったから、[36]ゆとりを持たせた開発計画であったことがわかる。また、街路の設計にあたり、セント・フランシス・ウッドでもみられたエトワール式の道路が調布駅（現在の田園都市駅）の西側に採用された。エトワールとは、パリの凱旋門で知られるシャルル・ド・ゴール広場に代表される中心地点を起点にして放射状に複数の道路を延ばしていくことで上空から星型（Étoile）にみることのできる街路のことである。

のちに、田園都市会社の経営に助言を与えるために招かれた阪神急行電鉄専務の小林一三が、「あきれてものも言えなかった」というように、[37]秀雄のアイディアを多く取り入れた多摩川台地区は採算を度外視した設計であった。しかし、収益を考慮しない秀雄の発想によって、渋沢栄一が郊外住宅地に求めた「美観」を実現させることができた。このことは、他の郊外住宅地とは一線を画するような強みを田園調布に与えたのである。[38]

表10　田園都市会社の重役一覧

氏　名	役　職	就任年	就任時年齢	備　　考
渋沢栄一	相談役	1918年	78	
中野武営	取締役社長	1918年	70	1918年死去
竹田政智	専務取締役	1918年	52	1923年取締役
服部金太郎	取締役	1918年	58	1921年辞任
星野　錫	取締役	1918年	63	
緒明圭造	取締役	1918年	51	
柿沼谷雄	取締役	1918年	64	1920年死去
伊藤幹一	監査役	1918年	73	1922年死去
市原　求	監査役	1918年	61	1923年取締役社長，1927年死去
渋沢秀雄	取締役	1920年	26	
中野岩太	監査役	1920年	49	
篠原三千郎	取締役	1921年	35	
伊藤欣二	監査役	1922年	38	
浜口録之助	監査役	1924年	45	
河野　通	監査役	1924年	36	1925年辞任
矢野恒太	取締役社長	1927年	61	1928年辞任

出典：田園都市株式会社『業務報告書』（第1回〜第18回），『人事興信録』第2版，人事興信所などから作成．

④田園都市会社の重役メンバー

田園都市会社の設立当初における重役を確認してみたい。表10で示すように設立当時の重役は、渋沢栄一の縁戚者や知己の間柄であった紳商《しんしょう》、つまり商業道徳をわきまえ、教養と高い品位をもった実業家らが名を連ねた。取締役社長の中野武営《なかのぶえい》は東京商業会議所の二代目会頭であった。「中野翁にしては、良き助言者を渋沢翁に得、渋沢翁にしては良き実行者を中野翁に得た」と評されたように、渋沢と中野は互いに信用し合う関係であった[39]。中野は、関西鉄道社長、東京馬車鉄道取締役、小田原馬車鉄道社長を歴任しており、田園都市会社の設立時点で複数の鉄道会社の重役経験をもつ唯一の人物であったが、同社設立の翌月に急逝した。

取締役の竹田政智は、農商務省から実業界に転じた人物で、東京人造肥料専務取締役などを歴任

図 33　服部金太郎　『実業評論』4，実業評論社，1899 年より

した。また、渋沢秀雄の義父であった。中野の死去にともない専務取締役として鉄道省などとの交渉の実務に当たった。

服部金太郎は、時計の修理販売業の服部時計店、時計製造業の精工舎をそれぞれ設立し、一八九一年に渋沢が会頭であった東京商業会議所の議員に推挙された人物である。一九二七年には貴族院議員に勅選、一九三〇年には服部報公会を設立して発明や研究への学術支援を行うなど、社会活動にも積極的に関わった。服部は、一九二一年に田園都市会社の取締役を辞任しているが、その後も田園都市会社の筆頭株主であった。また、服部は竜門社の特別会員であった。竜門社とは、一八八六年に深川の渋沢邸に寄宿する青年たちに渋沢栄一も加わり、勉学・研究の場として始まった組織である。その後は比較的若い世代のミドルマネジメントクラスに対する教育・啓蒙機関になっていた[40]。田園都市会社の重役経験者で竜門社の特別会員だった人物には、ほかに星野錫《ほしのしやく》、竹田政智、渋沢秀雄がいた。

市原求と柿沼谷雄は、日本経済の中心であった日本橋に事業拠点をもつ実業家同士の社交場として知られた日本橋倶楽部の発起人であった。同倶楽部には渋沢や服部も会員として名を連ねていた。柿沼は、大阪紡績会社の設立協議に加わったことがあり、新旧商人の協調融和、つまり渋沢のような「洋式の会社主義を主張する」実業家と日本橋界隈の「日本式商人」との間の意思疎通を取り持った[41]。

緒明圭造は家業として造船所を経営していたが、第一次世界大戦の勃発にともなう日本経済の好況、とくに造船需要の高まりを好機と捉えて事業を売却し、その益金をもって海運業に進出した。他方、緒明家奨学資金規定を設けて学生への学資支援を行ったほか、恩賜財団済生会評議員、経済調査会臨時議員などの社会活動にも関わった。

このように、渋沢栄一と面識があり、積極的に社会活動に取り組んできた実業家が重役として田園都市会社の経営に関わった。彼らの田園都市会社に対する関心は、短期的な収益確保ではなく、渋沢と同様に新中間層の住宅難の解消、生活の安定といった社会課題の解決にあったように思われる。確かに、土地開発事業や鉄道事業の実務経験を有する人物が少ない点は田園都市会社の経営上の課題になるのであるが、実業界を引退した渋沢は、田園都市会社の設立に際してみずからの問題意識に賛同してくれると思しき人物を重役に迎え入れたのであった。

4　田園都市会社の経営と住宅地の分譲

①分譲地の販売

一九一七年九月に設立された田園都市会社は、洗足地区（荏原群碑衾《ひぶすま》村、馬込村、平塚村）、大岡山地区、そして多摩川台地区（玉川村、調布村）において開発用地の買収を進め、一九二一年一一月までに洗足と多摩川台の二地区で一五九万九〇〇〇平方m、大岡山地区では三〇万平方mを確保した。

洗足地区と多摩川台地区の買収面積の内訳は、前者がおよそ五〇万平方km、後者がおよそ一〇〇万平方mであった。両地区の買収面積に差が生じた理由は、洗足地区の地価相場が、池上電鉄の延伸計画と宅地化への期待から当初想定した坪単価二円三〇銭を大幅に上回るおよそ八円から一五円に値上がりしたため、買収交渉を中断せざるを得なかったからである。多摩川台地区では坪単価で最低二円五〇銭、最高八円、平均五円三三銭と、洗足

表11　東京近郊住宅地の地価と交通アクセス比較（1923年）

	地価（1坪あたり）	東京駅までの所要時間
巣　鴨（旧岩崎邸）	80〜90円	50〜60分
滝野川	50〜100円	55〜65分
大　塚	50〜120円	50〜60分
目白（旧近衛邸）	65〜80円	55〜70分
目白文化村	50円〜	60〜70分
中　野	40〜100円	40〜50分
笹　塚（府営住宅）	35〜60円	70〜80分
目　黒	40〜100円	35〜50分
大久保	100〜150円	30〜40分
大　森	50〜100円	40〜50分
久世山	225〜250円	40〜50分
平河町（旧河瀬邸）	235円	15〜20分
麻布宮村町（井上邸花苑）	100〜175円	30〜35分
駒　込（木戸別邸）	90〜145円	45〜50分
駒込林町	125〜150円	40〜45分
代々幡町	31〜33円	70〜80分
洗　足（田園都市会社）	18〜42円	40〜50分
多摩川台（田園都市会社）	13〜50円	—

出典：「田園都市と目黒蒲田電鉄（上）」『東洋経済新報』1923年11月3日，p. 21.

地区と比べて安価に抑えることができたため、広い面積を確保することができた。[42]

このような事情で、田園都市会社は多摩川台地区における宅地造成を事業の中心に据えることになった。一九二一年六月には洗足地区における一八万一五〇〇平方mの分譲地の宅地造成と上下水道、送電設備などを整えて、一人一口、一口につき一〇〇〜五〇〇坪で契約可という条件で売り出したところ「経済界不振の際にも拘わらず予約受付発表後旬日ならずして八割の契約」をみた。[43] 一九二三年九月一日に発生した関東大震災によって東京市内は壊滅状態であったが、売り出し済みの洗足地区の被害は軽微であった。

田園都市会社は、東京市民の間で郊外への転居の機運が高まっているところに乗じて、地震による被害を受けにくい「安全地帯」であることをアピールして多摩川台地区の土地を立て続けに売り出した。[44] 田園都市会社は、一九二八年五月に目黒蒲田電鉄に吸収合併されるまでの期間、具体的には一九二三年八月から一九二七年一一月にかけて、買収面積のおよそ六七％に相当する一〇五万九三九九平方mの土地を売り出した。多摩川台地区では売り出した二、三年後において五二世帯、七八〇人が移住していた[45]。

もちろん、田園都市会社の分譲地の強みは、単に「安全地帯」であることだけではなかった。近隣の住宅地と比較すると、地価と交通利便性で田園都市会社の分譲地は優位に立っていた。表11は、一九二三年時点における東京近郊住宅地について地価と東京駅までの所要時間の二点について比較したものである。田園都市会社の洗足地区は、東京駅までの所要時間で競合する中野、大森、久世山、そして駒込（木戸別邸）と比べると地価が抑えられていた。多摩川台地区は、東京駅までの所要時間こそ不明であるものの、地価については比較的安価であった。

図34　調布駅（1924年撮影，現・田園調布駅）　東急株式会社提供

一九二三年三月には目黒蒲田電鉄の目黒―丸子（その後、丸子多摩川駅に改称、現在の沼部《ぬまべ》駅）間が開業したことで洗足地区の最寄り駅である洗足駅、多摩川台地区の最寄り駅である調布駅が開業した。同年一一月には丸子―蒲田間が全通したことで、田園都市会社による二か所の分譲地の交通利便性が向上した。大岡山地区は、関東大震災で被災した東京高等工業学校（現在の東京科学大学）の校地として提供され、浅草区蔵前《くらまえ》における同校の旧校地と等価交換された。その後、旧校地は復興局によって買収された。

ところで、田園都市会社の分譲地であるが、実際に居住するには、土地の購入費用に加えて住宅の建設費用などが必要であった。田園都市会社の多摩川台地区は、会社の経営者、銀行の支配人、大学教員、貴族院議員などが居住したことから新中間層のなかでも中・上流家庭向けであったとされている[46]。とはいえ、田園都市会社では三年間ないし一〇年間の年賦払いによる土地購入を認めており、当時の一般的な土地と住宅にかける予算と新中間層の収入額を考慮すれば決して高額な部類には入らず、むしろ幅広い新中間層にとって購入しやすい住宅地であった[47]。秀雄によると、田園調布における自宅の土地は坪単価四二円で、一〇年間の年賦払いで購入した[48]。

②鉄道事業の専門経営者としての五島慶太

次に、田園都市会社と目黒蒲田電鉄における経営の担い手についてみてみたい。田園都市会社では、別会社の荏原電気鉄道（以下、荏原電鉄と略）を設立して省線大井町駅―調布村間の鉄道敷設免許を取得していた。田園都市会社もまた大崎町―碑衾村間の鉄道敷設免許を取得して、一九二〇年五月には荏原電鉄で取得した免許を譲受していたが、なかなか着工に至らなかった。一九二〇年三月の東京株式市場の暴落に端を発する財界混乱によって、紳商のなかには本業の再建に注力するため田園都市会社の経営から手を引く者がいたからである。

一九二二年一二月時点の田園都市会社の重役は、専務取締役に竹田政智、取締役に緒明圭造、星野錫、渋沢秀雄、篠原三千郎、監査役に市原求、伊藤欣二が就いていた。このうち、前掲表10で示すとおり、篠原は服部金太郎の娘婿で、伊藤欣二は伊藤幹一の養子であった。ただし、鉄道経営の実務経験をもつ人物はいなかった。

渋沢栄一は、日本橋倶楽部の紳商から支援を受けたことのある第一生命保険社長の矢野恒太にまずは田園都市会社への出資、次いで田園都市会社の経営者になってくれるよう依頼した。矢野もまた、鉄道事業と土地事業を経営した経験がなかったため、富士瓦斯紡績会社の経営者で第一生命保険相談役であった和田豊治に相談したところ、関西の阪神急行電鉄の専務として鉄道と郊外住宅地の経営を成功させていた小林一三を紹介された。

矢野による説得によって、毎月に一回、小林は矢野の代理という立場で名前を出さずに無報酬で田園都市会社の経営に対して助言することになった。それまで渋沢は、小林と面識はなかったのであるが、矢野の仲介で面会を果たした。ただ、大阪に居住していた小林は多忙な身であったから、実務に当たらせるために五島慶太を推挙した。五島は、一九一一年に東京帝国大学法科大学政治科を卒業後、農商務省を経て鉄道院監督局総務課長を務め、一九二〇年五月に退官した後に武蔵電鉄常務取締役に就任していた。以上の経緯については、『東京急行電鉄五〇年史』などに詳しい[49]。

こうして、渋沢の知己の実業家ではない小林と五島が経営に関わるようになった。田園都市会社は従来の重役によって引き続き経営されたため、五島は田園都市会社から鉄道事業を分離した目黒蒲田電鉄の経営を担当した。一九二七年一一月三〇日時点の目黒蒲田電鉄の重役は、社長に矢野、専務取締役に五島、取締役に緒明、竹田、

図 35　小林一三　国立国会図書館「近代日本人の肖像」より

図 36　五島慶太　東急株式会社提供

渋沢秀雄、篠原三千郎、監査役に伊藤欣二、石川善太郎、小林が就いていた。社長は矢野であったが、五島によると矢野は万事について小林と相談するよう指示したというから[50]、目黒蒲田電鉄の重役、とくに田園都市会社との兼任重役は、五島と小林の経営判断に頼るような状況であったとみられる。

ただし、五島と小林は田園都市会社と目黒蒲田電鉄の大株主であったわけではなかった。一九二七年一一月三〇日時点における田園都市会社の大株主を確認すると、服部金太郎の一万五三六〇株を筆頭に緒明の八四〇〇株、第一生命保険の四九七〇株、渋沢同族の四九五六株の順番で、五島の持ち株数は一八〇株、小林の持ち株数はなかった。また、一九二七年五月三一日時点における目黒蒲田電鉄の大株主は、田園都市会社の六万八二〇六株、服部金太郎の一万九八四〇株、緒明圭造の一万六〇〇〇株、第一生命保険の一万一八〇〇株と田園都市会社の重役らが名を連ねており、五島は四七二〇株、小林は一〇〇株であった。目黒蒲田電鉄では、定款によって取締役と監査役は一〇〇株以上をもつ株主から選任されることにしていたから、同社の監査役に就いていた小林は必要最低限の出資にとどめていたことになる。

目黒蒲田電鉄の出資面においては、依然として服部金太郎をはじめとする田園都市会社の重役の持ち株数が多いままであった。五島と小林は、田園都市会社から鉄道事業を分離させた目黒蒲田電鉄において会社の所有者（出資者）になり代わり、俸給を得て経営の意思決定を行う、いわゆる専門経営者であった。

一九二四年一〇月に五島は、武蔵電鉄の株式を大量に買い付けて経営権を取得し、重役を交代させると社名を東京横浜電鉄に改めた。五島は、武蔵電鉄が鉄道敷設免許をもっていた渋谷—横浜間のうち、渋谷—調布間の延伸に取り掛かろうとした。東京市内へのアクセス改善を優先することが経営的に得策であると考えたのである。しかし、五島の判断に対して、目黒蒲田電鉄と田園都市会社の大株主である矢野と服部は反対意見を主張した。

すでに目黒―調布―蒲田間が開業しているため、新たに渋谷―調布間を延伸することは既設の目黒―調布間の並行路線になってしまい乗客の取り合いになることを懸念したのであった。五島は、「不満にたえなかった」のであるが、「大株主の意向を無視することはできない」として、[51]一九二五年一月に経営的には不利とされていた調布―横浜間の延伸に着手した。

小林もまた、横浜まで延伸する必要を認めており、武蔵電鉄から鉄道の敷設権を譲り受けるよう矢野に助言していた。小林によると、東京と横浜という大都市間を結ぶことが、電鉄事業として非常に大きな意味をもつというのである。[52]服部は、日本橋倶楽部の紳商の一人であったが、本業ではない田園都市会社や目黒蒲田電鉄に出資するだけでなく、経営動向に目を配り、ときに不利な経営判断がなされそうになったときには実務に長けている専門経営者に対しても反対意見を主張した。専門経営者の行動をモニタリングする服部のような出資者がいたことで、田園都市会社、目黒蒲田電鉄は安定的な経営を維持することができたのである。

③多摩川園の開業

多摩川台地区には土地を買収した際に抱き合わせで入手した田圃があったが、地質が悪く住宅地には不適であった。秀雄は、この土地を公共用途に活用することを考え、資本金一五万円をもって丸子多摩川駅付近に遊園施設を造成することを目黒蒲田電鉄専務取締役の五島と取締役の篠原に相談した。[53]

こうして、一九二四年五月に株式会社多摩川園（以下、会社を指す際には多摩川園会社、遊園施設を指す際には多摩川園と略）が設立された。多摩川園には、大浴場、喫茶店、写真館、展望塔、シープレーン、動物園、陸上波乗りなどの遊具類が整備された。また、多摩川グラウンドの使用契約を慶應義塾大学と締結してテニスコート、さらに

図 37　多摩川園（絵葉書）　生田誠コレクション・イメージアーカイブ/DNPartcom

料亭、遊船などの営業も開業前に始められ好評を博していた。

一九二七年には第二次拡張工事が実施され、豆汽車、メリーゴーランド、滑り台、虹の橋、見晴台、大滝などが新設されたほか、活動写真の上映や演芸場「ことり座」では帝劇女優による童話劇が上演されるなど、設備の拡充とイベントの充実が図られた[54]。多摩川園は、従来の大人向けの遊興地ではなく「子ども連れ」や「家族」をターゲットにした「健全な娯楽場」として開発された[55]。

多摩川園会社の社長は五島であったが、実務は秀雄が担った。なぜならば、かねてより渋沢栄一が田園都市会社の分譲地に居住する新中間層の家族のために遊園施設を整備したいという希望をもっていたためである。一九二七年九月には、東京ロータリークラブの招待で、東京市養育院の巣鴨分院と井之頭学校の児童・生徒と職員ら総勢およそ三〇〇名が遠足として多摩川園を訪れた。生徒・児童には、事前に徽章代わりの手拭が渡されており、さらにキャラメルなどの菓子も振る舞われた。遠足当日は、午前中から夕方まで遊具で遊び、施設を見学し、「ことり座」において観劇を楽しむことができた。[56]渋沢栄一にとって、多摩川園は分譲地に住む家族だけでなく、みずからが社会活動として長年にわたり院長を務めた東京市養育院の児童・生徒を楽しませるレクリエーションの場であるのと同時に観劇などを通じて知識や教養を会得させる教育の場でもあった。

多摩川園に多数の来園者が訪れたことは、丸子多摩川駅に発着する目黒蒲田電鉄と東京横浜電鉄にも乗客数の増加による増収というメリットをもたらした。五島もまた、多摩川園について沿線のイメージアップに貢献していると、一定の評価を下していた。[57]多摩川園の入園料は大人・子どもともに三〇銭で、なかには有料の遊具などもあった。

④安価な分譲地価格の実現

東京近郊住宅地のなかでも、田園都市会社が土地を安価に売り出すことのできた理由について、同社の経営動向を検討することで明らかにしたい。前述のとおり、多摩川台地区（調布村）において土地の買収費用を低減できたことが、田園都市会社による安価な分譲地の売り出しを可能にした一因であった。では、同社の経営状況はどのようなものであったのであろうか。

表12は、田園都市会社の収支と利益処分の推移を示したものである。土地の売り出しを始めた一九二三年上期以降、安定的に収益をあげており、年間一〇％の株主配当率を維持したことがわかる。一九二六年には「独り田園都市は異彩を放っている」と評されたように、不況の影響で多くの土地開発会社が経営不振に陥るなか安定的な経営を維持した。[58]また、利益処分の項目を確認すると、法定積立金のほか毎期一〇万円から二〇万円の別途積立金を確保しており、内部留保の充実が図られていた。

表 12　田園都市会社の収支・利益・積立金・配当の推移（1923〜1927 年）

	収入総額（円）	支出総額（円）	利益合計（円）	法定積立金（円）	別途積立金（円）	配当金（円）	配当率（年間）（%）
1923年上期	373, 030	77, 012	296, 017	15, 000	0	248, 400	10
下期	340, 449	67, 379	288, 942	15, 000	0	250, 000	10
1924年上期	763, 657	264, 791	507, 808	25, 000	150, 000	250, 000	10
下期	542, 994	140, 684	465, 117	25, 000	100, 000	250, 000	10
1925年上期	529, 505	123, 947	475, 674	25, 000	100, 000	250, 000	10
下期	755, 353	364, 173	471, 853	20, 000	100, 000	250, 000	10
1926年上期	741, 317	353, 627	469, 542	20, 000	100, 000	250, 000	10
下期	985, 280	448, 648	616, 174	30, 000	200, 000	250, 000	10
1927年上期	901, 537	439, 732	566, 978	25, 000	250, 000	150, 000	10
下期	1, 056, 644	527, 598	638, 024	30, 000	0	450, 000	30

出典：田園都市株式会社『業務報告書』（第 9 回〜第 18 回）から作成.

表 13　田園都市株式会社の資本構成の推移（1922〜1927 年）

				合計（A）（円）	期末財産合計（B）（円）	A/B(%)
	土地(円)	有価証券（円）	都市建設費（円）			
1922年上期	2, 901, 296	0	538, 931	3, 440, 227	5, 767, 470	59. 6
下期	3, 080, 645	340, 000	725, 097	4, 145, 742	6, 465, 517	64. 1
1923年上期	3, 510, 681	1, 700, 000	725, 097	5, 935, 778	6, 028, 305	98. 5
下期	3, 316, 729	2, 312, 000	303, 567	5, 932, 296	6, 366, 452	93. 2
1924年上期	2, 023, 117	2, 711, 500	329, 966	5, 064, 583	6, 609, 138	76. 6
下期	1, 773, 165	2, 990, 956	352, 584	5, 116, 705	6, 331, 459	80. 8
1925年上期	2, 488, 444	3, 709, 211	347, 241	6, 544, 896	6, 849, 899	95. 5
下期	2, 353, 372	3, 740, 772	386, 597	6, 480, 741	6, 871, 769	94. 3
1926年上期	1, 881, 866	4, 053, 620	408, 116	6, 343, 602	6, 707, 384	94. 6
下期	1, 640, 276	4, 554, 715	425, 847	6, 620, 838	7, 047, 486	93. 9
1927年上期	1, 445, 639	2, 856, 802	417, 906	4, 720, 347	5, 119, 887	92. 2
下期	1, 379, 650	3, 419, 495	369, 899	5, 169, 044	5, 563, 345	92. 9

出典：田園都市株式会社『業務報告書』（第 7 回〜第 18 回）から作成.

田園都市会社の資本構成を示す表13によると、土地、有価証券、そして都市建設費（街路や上・下水道等の整備費）の三項目で資本全体のおよそ九〇％を占めていたことがわかる。一九二二年以降に有価証券の保有高が急増しているが、その内訳は目黒蒲田電鉄、東京横浜電鉄、そして多摩川園会社の株式などであった[59]。つまり、田園都市会社は、内部留保などを活用して目黒蒲田電鉄などの関係会社に投資していた。多摩川台などの分譲地の居住者が、目黒蒲田電鉄や東京横浜電鉄を利用、あるいは多摩川園を来訪することで関係会社の収益が伸びれば、株主配当金として田園都市会社に利益が還元される仕組みになっていた。渋沢栄一は、「将来決して地価の値上げをしない」と述べ[60]、田園都市会社が分譲地を安価に販売して居住者を増やしていくことは、新中間層の住宅不足を解消するだけにとどまらず、目黒蒲田電鉄、東京横浜電鉄、多摩川園会社の経営にとってもメリットがあったのである。

5　実業家たちの協働

ここまでに述べてきたことをまとめてみよう。

渋沢は、一九〇〇年代初頭にドイツのクルップ社の寄宿所を視察した際に労働者向けの住宅地の必要性を認識していた。渋沢が田園都市会社を設立する直接の動機は、新中間層の住宅不足と生活難の解消にあった。企業などの組織運営を支える新中間層の生活を安定させることで、経営者・資本家側と円満な関係を構築するための手段として郊外住宅地を利用しようとしたのであった。つまり、渋沢にとって田園都市会社は単なる収益事業ではなく労使関係の緊張を緩和させる社会事業としての一面を持っていた。

こうした渋沢の考えに共感した日本橋倶楽部の紳商らは出資するものの、土地開発事業や鉄道事業の実務に疎い者もいたため、専門経営者として小林一三と五島慶太が招かれた。田園都市会社の事業を成り立たせるためには小林と五島の存在は必要不可欠であった。ただし、紳商らは小林と五島に経営を白紙委任していたわけではなく、専門経営者をモニタリングすることで、田園都市会社と目黒蒲田電鉄にとって不利になる経営判断がなされようとしたときには自らの利害を主張した。渋沢の社会活動の一環として捉えることのできる田園都市会社であるが、服部金太郎のように本業以外の事業経営にも真剣に取り組む紳商と、小林と五島のように経営のアイディアが豊富で鉄道事業の実務に明るい実業家が協働することによって実現することができたのである。

おわりに

本書では、渋沢栄一と鉄道の発展について、時代の流れに沿いつつも、東北や朝鮮といった地方や植民地の動向にも留意して記述してきた。本書を締めくくるにあたって、渋沢栄一の鉄道構想、すなわち理想とする鉄道のあり方についてまとめてみたい。渋沢にとって、あるべき鉄道とは、ハード（鉄道路線の延伸）とソフト（運賃などのサービスの向上）の両面で日本の商工業を発展させる交通インフラであった。

在官当時の渋沢は、井上馨とともに関西鉄道計画に関与した。同社は、今日的な私鉄ではなく資金調達会社であり、政府財政に余裕がないなか関西の商人らに鉄道の建設資金を募るものであった。井上は、当初において大阪—敦賀間の建設を計画していた関西鉄道のうち京都—敦賀間の建設を中止させた。建設費が嵩《かさ》むことに加えて地元の人びとが求めていた鉄道ではないため、速成には及ばないという理由によるものであった。渋沢は、その後も井上と親しくすることになるが、鉄道の誘致に関して地元の人びとによる熱意のある行動を求めるといった、このときの井上と同じような考えを持つようになった。

退官後の渋沢が関与した東京鉄道組合では、新橋—横浜間の官設鉄道を華族組合に払い下げて、その売却金をもって政府の鉄道建設資金に充てることが考えられていた。

関西鉄道と東京鉄道組合それぞれの資金の拠出者をみると、関西鉄道は関西地域を代表する御用商人や豪商、東京鉄道組合は華族であり、広く民間から出資を募るというよりは一部の限られた特権階級の資金を動員することが意図されていた。

渋沢は、国や政府による鉄道建設と運営を実現するための資金調達に努めていた。五代友厚や寺島宗則が鉄道や電信事業を官業にして、なおかつ外資の参入を否定していたように、明治初期の日本において外資に対するイメージは決して友好的なものではなく、国内でまとまった資金を得ようとすると特権階級の資金に頼るより他に選択肢がなかったからでもあった。

もっとも、関西鉄道と東京鉄道組合はともに目的を果たすことができなかった。ただ、後者については華族らの拠出金を東京海上保険会社、大阪紡績会社の起業資金に充てることで近代的なビジネスを興すことにつながった。このように明治初期の渋沢は、鉄道建設の促進を図る一方で、鉄道事業の経営形態について具体的に発言していたわけではなかった。

渋沢は、一八九〇年代に商業界の代表として鉄道会議の臨時議員に就任したのであるが、官設鉄道の北陸線と奥羽線の敷設ルート案をめぐる討議では商工業の振興よりも軍事的な利害を重視するような意見が軍部から出され、それなりに多くの賛同者を集めたことを目の当たりにした。

こうした経験を踏まえて、渋沢は国や政府主導による鉄道網の拡張方針に対して批判的な考えをもつようになったと思われる。ただし、渋沢は常に軍部の考えを批判していたわけではなく、議論に臨む際には公平無私の態度を貫いていた。京釜鉄道の起業に対して伊藤博文と井上馨がロシアへの配慮から反対していたところ、山県有朋、児玉源太郎ら軍部関係者の賛同を得て設立準備を進めたこともあった。渋沢の公平無私な態度は雨宮敬次郎に対して、大船渡開港（築港）鉄道鉄業では連携して設立活動に取り組んだ一方で、鉄道国有化の議論をめぐって雨宮たちのことを「株屋連」であるとして批判したときにもみることができる。

日清戦争前後の好景気に現出した第二次鉄道熱では、各地で設立された小規模私鉄から敷設免許の出願が相次いだ。鉄道会議では、出願内容の審査着手にあたり何らかの制約を設けるかどうかが審議されたことがあったが、渋沢は強く反対した。地元において起業の機運が醸成され、民間の有志によって作成された鉄道計画は、監督法によって審査されるべきであると考えていたからである。渋沢は、地元の商工業者などの有志らが、みずからの家業や事業を発展させるために設立した鉄道事業を歓迎していたからであると思われる。

渋沢が日本鉄道の理事として社内紛議の「日鉄改革運動」やストライキを沈静化させるために尽力した理由は、運輸の途絶による地方の事業発展や商工業界へのダメージを最小限にするためでもあった。渋沢は鉄道事業に制約を設けること自体を否定していたわけではなかった。荷主の立場である商工業界が、日本鉄道の輸送サービスを問題視する声をあげて国に規制の強化を求めるようになると、渋沢は鉄道事業への規制強化に対する意見を取りまとめて商工業界独自の法案調査会を組織した。私鉄への規制強化策である私設鉄道法、鉄道営業法、鉄道運輸規程の成立は、荷主の利便性を高めたい商工業界にとって好ましい政策であった。

他方で、私鉄のなかには規制の強化をきっかけに運賃値上げを図るものが現れるようになるが、渋沢はこうした私鉄の行動を批判することもあった。渋沢は、生糸などの輸出商品、石炭などのエネルギーに関わる物資については迅速かつ低廉な運賃による輸送を求めていた。高額な運賃設定は商品の価格競争力を弱め、日本の産業振興や輸出振興にとってデメリットになる要素であると考えていたからであった。当時、瀬戸内の汽船との競合関係にあった山陽鉄道では、運賃値上げを見送っていた。渋沢は私鉄による鉄道運営のメリットとして、しばしば競争を通じたサービスの向上を挙げていたのであるが、山陽鉄道の経営方針は私鉄経営の手本になり得るものであった。

第二次鉄道熱のあと、小規模私鉄の分立が、とくに長距離の貨物輸送の際に荷主にとって不都合になるという問題が生じると、渋沢は私鉄を統合することの必要性を認めるようになった。渋沢は小規模私鉄の統合と鉄道の延伸、そして運賃などの輸送サービスを向上させることで日本の商工業を発展させようとしていた。つまり、渋沢は、小規模私鉄の統合を鉄道国有化政策に求めていたのである。

渋沢は国や政府による鉄道事業への介入や支援を求めたことがあった。大船渡開港（築港）鉄道鉄業の設立にあたって、渋沢は大船渡港における海陸連絡施設の整備を国や政府に求めていた。朝鮮の京釜鉄道の起業に尽力していた際には日本政府から資金的な支援を受けたこともあった。いずれも、投資に対するリターンを得るまで長期間を要することが見込まれる、言い換えると民間による投資があまり期待できないハイリスクな事業であった。渋沢は、地方における資源開発や産業振興にとって必要であるが、収益の見込みが立たない鉄道などのインフラの整備を国や政府に求めていた。ただし、渋沢は、民間でできることは可能な限り取り組んでおり、「民間主導」の方針を維持していた。国や政府の資金をもって鉄道などのインフラを整備して、民間にそのインフラを利用させることで商工業を発展させようとしていたのである。

一九〇六年三月に成立した鉄道国有法によって、主要な私鉄一七社が国有化されたのであるが、その多くは都市間輸送を担うような幹線鉄道会社であった。小規模私鉄の統合を求めていた渋沢にとって幹線鉄道会社を中心に国有化を進める政府の方針はまったくの期待外れなものであった。国有化される私鉄のなかには渋沢がサービス内容を高く評価していた山陽鉄道も含まれていた。渋沢の考えに従えば、私鉄のままで構わない鉄道が国有化されてしまい、統合されるべき小規模私鉄がそのまま残されることになった。

もっとも、鉄道国有化によって主要私鉄の経営が統合されたことは、遠距離逓減運賃制の適用による運賃の低減が期待できた。ところが、実際には国有化の直後から全国一律の貨物運賃制度が導入されたわけではなく、東北地方では競争がないことなどを理由にして比較的高い運賃率が適用された。地方では、都市間路線以外の延伸が進まなくなった。渋沢が理想とした、商工業者の利便性を高めるような運賃、輸送サービスを提供する鉄道網は、少なくとも国有化の直後には実現しなかった。渋沢が鉄道国有化政策を批判したのには、こうした事情があったと考えられる。

渋沢は東北地方のとある知事との会談において、地方の資源開発や産業振興のためには鉄道を敷設する必要があり、国や政府に頼るのではなく地元の人びとが中心になって起業しなければならないと説いたことがあった。渋沢は、鉄道国有化後の鉄道政策と政府の軍拡政策を踏まえて、国有鉄道による迅速な地方への延伸と商工業者の利便性を高める運賃などのサービス提供に期待することはできないと考えていたのである。

一九〇九年に古希を迎えたことで第一銀行以外の会社経営から引退した渋沢は、東京市内中心部の劣悪な住環境を解決するために、郊外地域に理想的な住宅地である田園都市を開発しようとした。工業化の進展により商工業が発展していた当時の東京市内において、新中間層というホワイトカラー層の労働者が劣悪な生活環境におかれていることは、会社経営にとって労働争議などのリスク要因になり得るものであった。渋沢が相談役に就いた田園都市会社では、東京郊外の洗足、大岡山、多摩川台の土地を買い取って造成し、分譲地として販売した。各分譲地から東京市内へのアクセスを担う交通機関が計画され、電鉄事業として目黒蒲田電鉄が設立された。渋沢の一連の行動は、新中間層の生活環境を改善するという社会事業的な活動として捉えることもできるが、その目的は安定的な会社経営を通じた商工業の発展を図るという点で一貫したものであった。

本書で紹介できた事例は、渋沢が関与した鉄道のごく一部であるが、渋沢は商工業を発展させる交通インフラというみずからの理想とする鉄道網を実現させるために意見を主張し、実際に私鉄の設立や経営にも関わった。もちろん、政府の鉄道政策は、渋沢の期待と相反することもあったが、それでも渋沢はみずからの意見を繰り返し主張して問題提起につとめたのであった。渋沢は生涯にわたり数多くの会社組織の設立と経営に関与したことで知られているが、鉄道は渋沢の旺盛な事業活動を下支えする交通インフラであった。渋沢と鉄道の関係はこれからも掘り下げられるテーマになるように思われる。

注

【はじめに】

1　渋沢栄一（一九〇六）「戦後の経済」『銀行通信録』第四一巻第二四三号、四頁。

2　「告別の辞」『竜門雑誌』第二五四号、一九〇九年（竜門社編『渋沢栄一伝記資料』第一一巻、渋沢栄一伝記資料刊行会、一九五六年、八頁）。

3　渋沢栄一（一九一〇）「余が訪米中日本にも応用したしと思ひしこと」『実業之日本』第一三巻第一号（竜門社編『渋沢栄一伝記資料』別巻第六、談話第二、一九六八年、四五七頁）。

4　渋沢栄一（一九一一）「明治四十四年の経済界」『銀行通信録』第五一巻第三〇三号、二一―二六頁。

5　渋沢栄一述、立石駒吉編（一九一〇）『富源の開拓』文成社、二一一頁。

6　村松一郎編（一九六五）『現代日本産業発達史第二二陸運・通信』現代日本産業発達史研究会、三七頁。

7　「経済時事談」一九一一年五月二一日（竜門社編『渋沢栄一伝記資料』別巻第五、講演・談話第一、一九六八年、一二五頁）。

8　島田昌和（二〇〇七）『渋沢栄一の企業者活動の研究―戦前期企業システムの創出と出資者経営の役割―』日本経済評論社、二〇頁。

9　渋沢栄一（一九〇九）「余は今後畢生の事業として如何なる方面に主力を注がんとするか」『実業之日本』第一二巻第一四号（竜門社編『渋沢栄一伝記資料』別巻第六、談話第二、一九六八年、四四九頁）。

【第1章】

1 「鉄道会議と鉄道国有に就て」『雨夜譚会談話筆記』上、一九二六年一〇月—一九二七年一一月、一一九—一二二頁（竜門社編『渋沢栄一伝記資料』第一巻、渋沢栄一伝記資料刊行会、一九五五年、四七八頁）。
2 同前。
3 『航西日記』巻之四、第一、一四〇丁。
4 前掲「鉄道会議と鉄道国有に就て」。
5 「半世紀前の倫敦市街」『竜門雑誌』第四二〇号、一九二三年、三一頁（前掲『渋沢栄一伝記資料』第一巻、五九五頁）。
6 「本邦公債制度の起原」『竜門雑誌』第二六五号、一九一〇年、一一—一二頁（前掲『渋沢栄一伝記資料』第一巻、六六一頁）。
7 土屋喬雄（一九三一）『渋沢栄一伝』（偉人伝全集第一四巻）改造社、一四八頁。
8 「交通機関整備の急要と鉄道建設の積極政策」『運輸日報』一九二一年一〇月一四日（竜門社編『渋沢栄一伝記資料』第五一巻、渋沢栄一伝記資料刊行会、一九六三年、五四六頁）。
9 林田治男（二〇〇六）「鉄道における日本側自主権の確立過程—レイ借款解約を中心に—」『大阪産業大学経済論集』第七巻第二号、一四—一八頁。
10 前掲「交通機関整備の急要と鉄道建設の積極政策」。
11 同前。
12 同前。
13 大蔵省財政金融研究所財政史室編（一九九八）『大蔵省史—明治・大正・昭和—』大蔵財務協会、一三頁。
14 『雨夜譚』巻之五、一八八七年、三—一一丁（竜門社編『渋沢栄一伝記資料』第二巻、渋沢栄一伝記資料刊行会、一九五五年、二七五頁）。
15 同前。
16 『大蔵省沿革誌』（大内兵衛・土屋喬雄編並校『明治前期財政経済史料集成』第二巻、改造社、一九三二年、八三—八四頁）。
17 『太政官日誌』明治五年第七五号。
18 同前。
19 前掲「交通機関整備の急要と鉄道建設の積極政策」。

20 星野誉夫（一九八二）「明治初年の私鉄政策と関西鉄道会社（二）」『武蔵大学論集』第二九巻第五～六号、武蔵大学経済学会、一七四―一七五頁。
21 鉄道省編（一九二一）『日本鉄道史』上篇、一一六頁。
22 玉城肇（一九六六）「明治期における「鉄道熱」について―近代日本産業発達史の研究―」『愛知大学法経論集経済編』第五一・五二号、愛知大学法経学会、二二八―二二九頁。
23 帝国鉄道大観編纂局編（一九二七）『帝国鉄道大観』運輸日報社、八八頁。
24 吉川貫二（一九五〇）「我国私鉄の萌芽と関西鉄道会社」『同志社商学』第二巻第一号、同志社大学商学会、五七頁。
25 前掲星野「明治初年の私鉄政策と関西鉄道会社（二）」、一八二頁。
26 井上馨侯伝記編纂会（一九三三）『世外井上公伝』第二巻、内外書籍、四九一―四九七頁。
27 同前、四九五頁。
28 同前。
29 『青淵先生伝初稿』一九一九―一九二三年、四六―五〇頁（竜門社編『渋沢栄一伝記資料』第三巻、渋沢栄一伝記資料刊行会、三二九頁）。
30 中村尚史（一九九五）「明治初期の鉄道事業構想―関西鉄道会社設立運動を中心として―」『社会科学研究』東京大学社会科学研究所紀要、第四七巻第一号、一八五頁。
31 同前、一八三頁。
32 同前、一八四―一八五頁。
33 前掲井上馨侯伝記編纂会『世外井上公伝』、四九一―四九七頁。
34 多田好問編（一九九五）『岩倉公実記』復刻版、下巻、一〇一二頁。
35 石川健次郎（一九七六）「華族資本と士族経営者」宮本又次・中川敬一郎監修『工業化と企業者活動』（日本経営史講座第二巻）一二〇―一二一頁。
36 第一銀行八十年史編纂室編『第一銀行史』上巻、一九五七年、一九五一―二〇五頁。
37 寺尾美保（二〇一五）「大名華族資本の誕生―明治前・中期の島津家の株式投資を通じて―」史学会編『史学雑誌』第一二四編第一二号、四一頁。

38 『雨夜譚談話筆記』上、一九二七年、一二七—一二九頁(竜門社編『渋沢栄一伝記資料』第八巻、渋沢栄一伝記資料刊行会、三六〇—三六一頁)。
39 「渋沢子爵家所蔵文書」黒一二之二〇(前掲『渋沢栄一伝記資料』第八巻、三七一—三七二頁)。
40 鼎軒田口卯吉全集刊行会編(一九九〇)『鼎軒田口卯吉全集』第四巻、経済(下)事実及政策、吉川弘文館、二七頁。
41 中西健一(一九五八)「鉄道資本の形成—日本私有鉄道史序章—」『経済学年報』第九巻、大阪市立大学経済学会、一一〇頁。
42 「京浜鉄道買収事情」『渋沢男爵実業講演(坤)』四九一—四九三頁(前掲『渋沢栄一伝記資料』第八巻、三七五頁)。
43 『鉄道会社会議要件録』第一巻、二五—三二頁(前掲『渋沢栄一伝記資料』第八巻、三七二—三七四頁)。
44 岩崎宏之(一九六七)「運輸政策の二面性—鉄道と海運—」家永三郎・井上清他編『近代日本の争点』上、毎日新聞社、二一九頁。
45 小風秀雅(一九九四)「明治前期における鉄道建設構想の展開—井上勝をめぐって—」山本弘文編『近代交通成立史の研究』法政大学出版局、一八四頁。
46 『鉄道会社会議要件録』第一巻、一二五—一三二頁(前掲『渋沢栄一伝記資料』第八巻、四一二—四一三頁)。
47 宮本源之助編輯兼発行(一九一三)『明治運輸史』運輸日報社、七〇頁。
48 前掲石川「華族資本と士族経営者」、一二三頁。
49 千田稔(一九八六)「華族資本の成立・展開—一般的考察—」『社会経済史学』第五二巻第一号、八—九頁。
50 星野誉夫(一九七〇)「日本鉄道会社と第十五国立銀行(一)」『武蔵大学論集』第一七巻第二~六号、武蔵大学経済学会、八〇—八一頁。
51 霞会館京都支所編纂(一九六六)『華族会館史』霞会館、五五六頁。
52 田村俊夫(一九六三)『渋沢栄一と択善会』近代セールス、二六一—二六二頁。
53 「鉄道組合転案維持之儀ニ付内稟」(附箋)一八七七年一一月、日本国有鉄道総裁室修史課編『工部省記録 鉄道之部 自巻四至巻八』第五巻、日本国有鉄道、一九六三年、一九七頁。
54 『鉄道組合会議要件録』第三巻(前掲『渋沢栄一伝記資料』第八巻、五三一—五三五頁)。
55 同前。
56 『鉄道組合会議要件録』第三巻(前掲『渋沢栄一伝記資料』第八巻、五四四頁)。

57 『東京海上火災保険株式会社六十年史』東京海上火災保険、一九四〇年、四四頁。
58 前掲『鉄道組合会議要件録』第三巻。
59 前掲石川「華族資本と士族経営者」、一三六頁。
60 日本経営史研究所編（一九七九）『東京海上火災保険株式会社百年史』上、東京海上火災保険、六六〇頁。
61 高村直助（一九七一）『日本紡績業史序説』上、塙書房、七三頁。

【第2章】

1 田付茉莉子（一九七六）「工業化のリーダーシップ―五代友厚」『日本経営史講座』日本経済新聞社、五六―五七頁。
2 同前。
3 宮本又郎（二〇一五）『商都大阪をつくった男 五代友厚』NHK出版、七一頁。
4 「体力の強弱と功業」平凡社編『渋沢栄一全集』第五巻、平凡社、一九三〇年、五三四頁。
5 東京南鉄道管理局編（一九七三）『汐留・品川・桜木町駅百年史』東京南鉄道管理局、二二三頁。
6 松沢弘陽（一九九三）『近代日本の形成と西洋経験』岩波書店、五〇頁。
7 公爵島津家編輯所編（一九六八）『薩藩海軍史』中巻、原書房、九二九頁。
8 同前、九三〇頁。
9 犬塚孝明（一九七四）『薩摩藩英国留学生』中央公論社、五一頁。
10 同前。
11 鹿児島県編（一九八〇）『鹿児島県史』第三巻、二一八頁。
12 高橋邦太郎（一九六七）『チョンマゲ大使海を行く―百年前の万国博―』人物往来社、六六頁。
13 「徳川民部公子の渡欧と英仏関係の一節」『竜門雑誌』一九三一年四月（竜門社編『渋沢栄一伝記資料』第一巻、渋沢栄一伝記資料刊行会、一九五五年、五四頁）。
14 日本経営史研究所編（一九七四）『五代友厚伝記資料』第四巻、六六頁。
15 同前。
16 田中時彦（一九六三）『明治維新の政局と鉄道建設』吉川弘文館、四二頁。

17 日本国有鉄道（一九六九）『日本国有鉄道百年史』第一巻、四〇頁。
18 前掲田中『明治維新の政局と鉄道建設』、四五頁。
19 宮本又次（一九七八）「在官時代の五代友厚」上、『経済人』第三二巻第一一号、関西経済連合会、五六—五七頁。
20 宮本又次（一九六〇）『大阪人物誌—大阪を築いた人—』弘文堂、一〇二—一〇三頁。
21 菅野和太郎（一九八二）『大阪経済史研究』続、清文堂出版、一八五頁。
22 前掲宮本「在官時代の五代友厚」上、六二頁。
23 松浦茂樹（一九九一）「近代初期の大阪港整備計画と淀川改修計画」上、『水利科学』第三五巻第二号、日本治山治水協会、五二頁。
24 五代友厚七十五周年追悼記念刊行会編（一九六四）『五代友厚秘史』三八—三九頁。
25 奥谷留吉（一九四三）『日本電気通信史話』葛城書店、一四三頁。
26 前掲『五代友厚伝記資料』第四巻、一三〇頁。
27 前掲『五代友厚秘史』、四〇頁。
28 前掲『五代友厚伝記資料』第四巻、一三一頁。
29 田付茉莉子（一九九八）『五代友厚—富国強兵は「地球上の道理」—』ミネルヴァ書房、六五頁。
30 「交通機関整備の急要と鉄道建設の積極政策」『運輸日報』一九二一年一〇月一四日（竜門社編『渋沢栄一伝記資料』第五一巻、渋沢栄一伝記資料刊行会、一九六三年、五五一頁）。
31 ダイヤモンド社編（一九六九）『経営哲学・経営理念（明治・大正編）』財界人思想全集第一巻、一五〇頁。
32 土屋喬雄（一九三九）『日本資本主義史上の指導者たち』岩波書店、一四一頁。
33 羽間乙彦（一九六五）『企業の森』下、毎日新聞社、三二一頁。
34 錦織尚（一九七六）「大阪財界〝変人巨頭〟五代友厚」『実業の世界』第七三巻第二号、実業之世界社、一一五頁。
35 前掲宮本『商都大阪をつくった男 五代友厚』七二頁。
36 前掲土屋『日本資本主義史上の指導者たち』一一七頁。
37 前掲田付「工業化のリーダーシップ」七六頁。
38 大阪商工会議所編（一九七九）『大阪商工会議所百年史』本編、大阪商工会議所、一二四—一二六頁。

39　同前、一二七頁。
40　同前、一三二頁。
41　石塚裕道（一九七三）『日本資本主義成立史研究—明治国家と殖産興業政策—』吉川弘文館、三九〇頁。
42　京都大学文学部日本史研究室編（一九九七）『吉田清成関係文書二　書簡篇二』思文閣出版、八二—八三頁。
43　友厚会編（一九二一）『故五代友厚伝—近代之偉人—』上巻、友厚会、六五七頁。
44　八木孝昌（二〇二〇）『新・五代友厚伝—近代日本の道筋を開いた富国の使徒—』ＰＨＰ研究所、五二三頁。
45　小川功（二〇〇〇）「関西鉄道会社建設期の地元重役による経営改善推進—明治二三年恐慌下の京浜資本家の蹉跌と地元資本家の焦燥—」『滋賀大学経済学部附属史料館研究紀要』第三三号、三二頁。
46　田村俊夫（一九六三）『渋沢栄一と択善会』近代セールス社、七一—七二頁。
47　日本経営史研究所編（一九七二）『五代友厚伝記資料』第三巻、東洋経済新報社、四五五—四六二頁。
48　薄田貞敬編（一九三四）『中野武営翁の七十年』中野武営伝編纂会、八三頁。
49　東京都編（一九八九）『東京馬車鉄道』、六七—六九頁。
50　『統計集誌』第五二号、東京統計協会、一八八五年、四三四頁。
51　鉄道省編（一九二一）『日本鉄道史』下篇、六七七頁。
52　日本経営史研究所編（一九七一）『五代友厚伝記資料』第一巻、東洋経済新報社、四〇五頁。
53　五代竜作編（一九三三）『五代友厚伝』、五四〇頁。
54　前掲友厚会編『故五代友厚伝』、六四六頁。
55　同前。
56　「営業収支及純益金配分表」松本重太郎編（一八九九）『阪堺鉄道経歴史』（野田正穂・原田勝正・青木栄一編（一九八〇）『明治期鉄道史資料』第二集第三巻社史（三）—Ｉ、日本経済評論社）。
57　前掲五代龍作編『五代友厚伝』、五六八—五六九頁。

【第3章】

1　島田昌和（二〇〇七）『渋沢栄一の企業者活動の研究—戦前期企業システムの創出と出資者経営者の役割—』日本経済評論社、

一九―二〇頁。

2 同前、四四頁。

3 恩田睦（二〇一八）『近代日本の地域発展と鉄道―秩父鉄道の経営史的研究―』日本経済評論社、七六頁。

4 竜門社編『青淵先生六十年史―一名・近世実業発達史―』第一巻、竜門社、九三一―九三二・九五七頁。

5 鉄道省編（一九二一）『日本鉄道史』上篇、四〇〇頁。

6 同前、九三三―九三四頁。

7 武知京三（一九七六）「第二次鉄道熱期についての一考察―西成・河陽両鉄道会社を中心に―」『近畿大学短大論集』第八巻二号、近畿大学短期大学部、二一五頁。

8 老川慶喜（二〇一三）『井上勝―職掌は唯クロカネの道作に候―』ミネルヴァ書房、一九一・二〇二頁。

9 松下孝昭（二〇〇四）『近代日本の鉄道政策―一八九〇～一九二二年―』日本経済評論社、六一頁。

10 日本国有鉄道（一九七一）『日本国有鉄道百年史』第三巻、二一五頁。

11 同前、二一七頁。

12 同前、二三一頁。

13 「第一回鉄道会議議事速記録」第八号、一八九三年二月一〇日、三六頁（復刻：野田正穂・原田勝正・青木栄一・老川慶喜編『明治期鉄道史資料』第Ⅱ期第二集、第二巻鉄道会議議事速記録（第一回）日本経済評論社、一九八七年）。以下、第一回鉄道会議議事速記録は、日本経済評論社刊の復刻資料を参照している。

14 松下孝昭（一九九九）「鉄道経路選定問題と陸軍―一八九〇年代における本州縦貫鉄道構想をめぐって―」日本史研究会編『日本史研究』第四四二号、二八頁。

15 武知京三（一九八九）「解題『鉄道会議議事録』」野田正穂・原田勝正・青木栄一・老川慶喜編『明治期鉄道史資料』第Ⅱ期第二集、第一八巻鉄道会議議事録（第一八～二七回）日本経済評論社、一九八九年、三頁。

16 「第一回鉄道会議議事速記録」第一四号、一八九三年三月二一日、二頁。

17 同前、二―三頁。

18 同前、一三―一五頁。

19 老川慶喜（二〇〇八）『近代日本の鉄道構想』日本経済評論社、一一〇頁。

20 「第三回鉄道会議議事速記録」第二号、一八九三年一二月二一日、一一—一三頁（復刻：野田正穂・原田勝正・青木栄一・老川慶喜編『明治期鉄道史資料』第Ⅱ期第二集、第三巻鉄道会議議事速記録（第二・三回）日本経済評論社、一九八八年）。
21 前掲老川『近代日本の鉄道構想』、一二二頁。
22 「第八回鉄道会議議事速記録」第一号、一八九六年一二月一四日、三—四頁（復刻：野田正穂・原田勝正・青木栄一・老川慶喜編『明治期鉄道史資料』第Ⅱ期第二集、第七巻鉄道会議議事速記録（第八回）日本経済評論社、一九八八年）。以下、第八回鉄道会議（委員会）議事速記録は、日本経済評論社刊の復刻資料を参照している。
23 「第八回鉄道会議委員会議事速記録」一八九六年一二月一五日、四—六頁。
24 同前、一八—一九頁。
25 「第八回鉄道会議議事速記録」第二号、一八九六年一二月一六日。
26 前掲老川『近代日本の鉄道構想』、一二四頁。
27 野田正穂（一九八〇）『日本証券市場成立史—明治期の鉄道と株式会社金融—』有斐閣、一二六頁。
28 同前、七五五頁。
29 生駒粂造（一九〇九）『渋沢栄一評伝』有楽社、一四六—一四七頁。
30 「鉄道事業及道路改良と青淵子爵」『竜門雑誌』第四八一号、三四八—三五一頁（竜門社編『渋沢栄一伝記資料』第八巻、渋沢栄一伝記資料刊行会、一九五六年、五九九頁）。
31 「北海道炭礦鉄道に関連しての青淵先生と私」「植村澄三郎氏談話」（前掲『渋沢栄一伝記資料』第八巻、六六四—六六五頁）。
32 高村直助（一九九七）「鉄道開通と炭鉱開発—常磐の場合—」高村編著『明治の産業発展と社会資本』ミネルヴァ書房、二五二—二五八頁。
33 清宮一郎（一九五五）『常磐炭田史』尼子会事務局、三六頁。
34 「従五位勲四等足立太郎君」『立身致富信用公録』第一二編、国鏡社、一九〇三年、二五—二六頁。
35 中村尚史（二〇〇三）「明治期鉄道企業における経営組織の展開—日本鉄道株式会社を中心として—」野田正穂・老川慶喜編『日本鉄道史の研究—政策・経営／金融・地域社会—』八朔社、一二〇頁）。
36 桜井徹（一九九五）「鉄道事業と山田英太郎（一）」山田英太郎伝編纂委員会編著『日本近代における企業経営家の軌跡—山田英太郎伝—』八朔社、八六—八九頁。

37　前掲中村「明治期鉄道企業における経営組織の展開」、一二三頁。
38　前掲桜井「鉄道事業と山田英太郎（二）」、一〇七頁。
39　北海道炭礦鉄道会社『第四回株主定式総会懇談会議事録』（前掲『渋沢栄一伝記資料』第八巻、六八六—七〇二頁）。
40　前掲中村「明治期鉄道企業における経営組織の展開」、一二二—一二三頁。
41　前掲桜井「鉄道事業と山田英太郎（二）」、八六頁。
42　『山田英太郎氏談話筆記』（前掲『渋沢栄一伝記資料』第八巻、五八九—五九〇頁）。
43　渋沢栄一（一九一七）「事業家の三要素」『工業界』第八巻第一号、工業界社、三—四頁。
44　『日本商工会議所三五年の歩み』日本商工会議所、一九五七年、七—八頁。
45　商業会議所聯合会編（一九二四）『日本商業会議所之過去及現在』商業会議所聯合会、六九—七九頁。
46　岡田猛熊（一八九八）『全国商業会議所連合会報告　第七回』横浜商業会議所、一二頁。
47　「第八回商業会議所連合会議事速記録」（竜門社編『渋沢栄一伝記資料』第二二巻、渋沢栄一伝記資料刊行会、一九五八年、三七一—三七八頁）。
48　浜田隼雄（一九七六）『物語宮城県民のたたかい』ひかり書房、一〇一—一〇六頁。
49　鉄道省編（一九二一）『日本鉄道史』中篇、三〇〇頁。
50　「明治三十二年十月開設第八回商業会議所連合会議事速記録」（前掲『渋沢栄一伝記資料』第二二巻、三七一—三七八頁。
51　前掲「第八回商業会議所連合会議事速記録」、七三—八四頁。
52　前掲「明治三十二年十月開設第八回商業会議所連合会議事速記録」、三八〇—三八一頁。
53　中川正左（一九三三）「満鉄創立と鉄道国有」清水啓次郎編『交通今昔物語』工友社、七八頁。
54　「日本鉄道貨物の輻輳」『経済時報』第一号、経済時報社、一九〇一年、四一頁。
55　堀源太発行編輯（一九〇二）『仙台商業会議所報告』第一〇号、仙台商業会議所、七—八頁。
56　「鉄道営業法の実施と各鉄道」『実業評論』第二〇号、実業評論社、一九〇〇年、三三頁。

【第4章】

1　「東北の交通問題」『実業の世界』第八巻第二三号、実業之世界社、一九一一年、五六頁。

2　老川慶喜（二〇〇八）『近代日本の鉄道構想』日本経済評論社、一三四頁。
3　寺谷武明（一九六四）「野蒜築港論」日本交通学会編『地域開発と交通―交通学研究一九六四年研究年報―』交通日本社、二四一頁。
4　竜門社編纂『青淵先生六十年史―一名近世実業発達史―』第二巻、一九〇〇年、一五〇頁。
5　塩竈市史編纂委員会編（一九八二）『塩竈市史別篇二』国書刊行会、二四九―二五四頁。
6　塩竈市史編纂委員会編（一九八六）『塩竈市史Ⅱ本編Ⅱ』塩竈市役所、七一頁。
7　宮城県議会史編さん委員会編（一九七四）『宮城県議会史』第二巻、七〇頁。
8　山形県『通常県会決議録』一八九六年、九五―九七頁。
9　読売新聞山形支局（一九六九）『最上川―歴史と文化―』郁文堂書店、五一―五三頁。
10　「陸羽電気鉄道発起人会」『朝日新聞』一八九六年一月一日、二頁。
11　「陸羽電気鉄道の起工」『東京経済雑誌』第四〇巻第一〇〇三号、一八九九年、一〇〇八頁。
12　「第七回仙台商業会議所記事」『仙台商業会議所報告』第七号、一九〇一年、五頁。
13　小山誠之『大船渡港湾考』四頁。
14　同前、五頁。
15　「故人の追懐―雨宮敬次郎翁の一生―（九）」『無名通信』無名通信社、一九一四年、二〇頁。
16　小島精一（一九四五）『日本鉄鋼史』千倉書房、五九八頁。
17　大船渡市史編集委員会編（一九七九）『大船渡市史』第三巻Ⅱ、二八七―三〇四頁。
18　同前、二五三―二五六頁。
19　菅野忠五郎編（一九六三）『鹿島組史料』鹿島建設、一八九―一九〇頁。
20　「大船渡開港鉄道と磐仙鉄道」『読売新聞』一八九九年一〇月二七日、五頁。
21　「大船渡湾開港と磐仙鉄道」『読売新聞』一九〇〇年二月二二日、一頁。
22　「磐仙鉄道株式会社仮免状失効ノ件」『公文雑纂・明治三十六年・第七十二巻・逓信省・会計検査院・行政裁判所』（本館―纂00760100-02900）（国立公文書館所蔵）。
23　「大船渡築港計画」『海商通報』一九〇五年八月一二日、四頁。

24 「大船渡湾の築港と日米の合資」『読売新聞』一九〇五年八月一一日、五頁。
25 「大船渡築港鉄道鉄業会社」『保険銀行時報』第九年、第二九六号、保険銀行時報社。
26 同前。
27 「東北横断線」『読売新聞』一九〇六年九月二九日、二頁。
28 「大船渡建議案と政府」『東洋経済新報』第四〇七号、一九〇七年、東洋経済新報社、三三頁。
29 「大船渡築港事業に就て」『竜門雑誌』第二二五号、一九〇七年、二〇―二一頁。
30 「大船渡築港鉄道会社創立委員会」『竜門雑誌』第二二五号、一九〇七年、四四頁。
31 「大船渡・宮古・山田の三線路及港湾優劣調」『公文雑纂 明治四十二年 第三十一巻 貴族院衆議院事務局 帝国議会 第二十五回 一』(本館―纂 01135100-00700)(国立公文書館所蔵)。
32 「衆議院議決大船渡鉄道業ノ利益補給ニ関スル建議ノ件」同前。
33 「大船渡繋船と興業会社」『海商通報』第一七〇七号、一九〇九年、三頁。
34 渋沢栄一(一九一七)「東北民奮起の秋」『東北之研究』第一巻第一号、一九六頁。
35 岡田知弘(一九八三)「日本帝国主義形成期における東北開発構想(下)―(第一次)東北振興会の活動を中心に―」京都大学経済学会『經濟論叢』第一三二巻第一・二号、七八―八〇頁。
36 渋沢栄一(一九一七)「東北振興策如何」『工業界』第八巻第五号、二頁。
37 「東北の振興は東北の人間を振興するにあり」『実業之世界』第二〇巻第一三号、一九一七年。
38 渋沢栄一(一九〇六)「今後の財政経済策」『実行之日本』第九巻第二号。
39 四宮俊之(二〇二三)「第五十九国立銀行の創業指導と三本木渋沢農場の直轄経営」松本和明編著『渋沢栄一がめざした「地域」の持続的成長―人的ネットワークの確立と連携の推進―』ミネルヴァ書房、九〇―九七頁。
40 木村昌人(二〇二〇)『渋沢栄一―日本のインフラを創った民間経済の巨人―』筑摩書房、一六七―一七二頁。

【第5章】

1 島田昌和(二〇一一)『渋沢栄一―社会企業家の先駆者―』岩波新書、一四二頁。
2 中西健一(一九七九)『日本私有鉄道史研究―都市交通の発展とその構造―』増補版、ミネルヴァ書房、一一五頁。

3 渋沢栄一述（一九一〇）『富源の開拓』文成社、二四三頁。
4 「鉄道国有論の由来」『銀行通信録』第一五九号、一八九九年、一六六―一七〇頁。
5 「参照第四号」『東京商業会議所月報』第七〇号、一八九八年、七―一一頁。
6 「渋沢栄一書簡」一八九八年六月五日（竜門社編『渋沢栄一伝記資料』第二一巻、渋沢栄一伝記資料刊行会、一九五八年、三六三頁）。
7 「渋沢栄一氏の非鉄道官有論」『時事新報』第五三一一号、一八九八年八月三〇日。
8 同前。
9 『明治三十一年度鉄道局年報』逓信省鉄道局、一八九九年、四七―六一頁。
10 「鉄道国有附実業振興ノ意見」『第八回商業会議所連合会報告』一八九九年一〇月開設、一五―二五頁。
11 中西健一（一九七九）『日本私有鉄道史研究―都市交通の発展とその構造―』増補版、ミネルヴァ書房、一〇五頁。
12 河野仁昭（一九九九）『中村栄助と明治の京都』京都新聞社、一五一―一五二頁。
13 私設鉄道買収法案（第一条）によると、買収対象の路線は日本鉄道、西成鉄道、北海道炭礦鉄道、北越鉄道、甲武鉄道、関西鉄道、山陽鉄道、九州鉄道、京都鉄道の九鉄道であった。鉄道国有調査会のメンバーには渋沢栄一の従兄である渋沢喜作も加わっていた（鉄道大臣官房文書課編（一九二一）『日本鉄道史』中編、鉄道省、八〇二―八一一頁）。
14 武知京三（一九八二）「日本鉄道史に関する一覚書―鉄道国有化前後の動向―」『近畿大学短大論集』第一四巻第二号、一〇九頁。
15 立脇和夫（一九九五）「明治期におけるわが国商権回復過程の分析」早稲田商学同攻会『早稲田商学』第三六四号、二頁。
16 奥和義（一九八八）「明治後期の日本貿易の発展」京都大學經濟學會『經濟論叢』第一四二巻第四号、一六一・一六七頁。
17 島田昌和（二〇〇七）『渋沢栄一の企業者活動の研究―戦前期企業システムの創出と出資者経営者の役割―』日本経済評論社、三六五頁。
18 「財政経済ニ関スル調査委員会」が報告した項目は四つあり、他の三つは「資本ノ充実ヲ期スルコト」「商工事業経営ノ適良ヲ期スルコト」「貿易機関ノ完備ヲ期スルコト」であった。
19 『第九回商業会議所連合会報告』一九〇〇年五月開設、七四頁。
20 同前、七八―八九頁。
21 「国家経済ノ方針ニ関スル義ニ付建議」『東京商業会議所月報』第九五号、一九〇〇年、八―一〇頁。

22 「鉄道諸法規実施の模様」『朝日新聞』一九〇〇年一〇月三日、一頁。
23 「私設鉄道賃金引上に就て」『読売新聞』一九〇〇年一一月九日、二頁。
24 渡辺公平・田村博（一九六八）『旅情一〇〇年―日本の鉄道―』毎日新聞社、三〇―三八・一一九―一二二頁。
25 田健治郎（一九〇一）「外資と鉄道」木下立安編集発行（一九〇九）『拾年紀年 日本の鉄道論』鉄道時報局。本書では、野田正穂・原田勝正・青木栄一編（一九八一）『明治期鉄道史資料補巻（一）』日本経済評論社による復刻版を利用、一五〇―一六〇頁。
26 「一般鉄道政策および経営論」『汎交通』第六八巻第一〇号、日本交通協会、一九六八年、三三―三四頁。
27 「鉄道国有実行ノ義ニ付建議」『東京商業会議所事務報告 第一一回』一九〇二年。
28 「鉄道国有問題と渋沢男」『東京経済雑誌』第四四巻一一一三号、一九〇一年、一二九七頁。
29 島田昌和（二〇一一）『渋沢栄一―社会企業家の先駆者―』岩波新書、一四五頁。
30 「東京商業会議所陳情委員の首相訪問」『東京経済雑誌』第四五巻第一一一四号、一九〇二年、二一九―三〇頁。
31 「保護主義ニ関スル建議」『東京商業会議所報告』第一〇五号、一九〇四年、三〇―三一頁。
32 「私の関係した鉄道に付て」『竜門雑誌』第四六四号、一九二七年、九―一〇頁。また、一九〇二年における渋沢の欧米出張の詳細は、小山騰（一九九六）「渋沢栄一の鉄道会社外資募集交渉」渋沢研究会編『渋沢研究』渋沢史料館、第九号が詳しい。
33 「男爵渋沢栄一君演説」『第一四回商業会議所連合会議事速記録』一五六―一七五頁。
34 同前。
35 「時局と石炭の騰貴」『読売新聞』一九〇四年八月二四日、二頁。
36 渋沢栄一（一九〇六）「今後の財政経済策」『実業之日本』第九巻第二号、実業之日本社、一三―二一頁。
37 「今後の財政経済策―光栄と憂慮ある三十九年―」『実業之日本』第九巻第二号、一九〇六年、一三―二一頁。
38 田健治郎（一九〇二）「外資と鉄道」前掲木下編集発行『拾年紀年 日本の鉄道論』、一五五頁。
39 渋沢栄一（一九〇一）「経済界の未来」『実業評論』第二五号、実業評論社、七頁。
40 同前。
41 本書第四章（初出「明治期における東北地方「横貫鉄道」構想と渋沢栄一」『高崎商科大学紀要』第三八号、二〇二三年、一―二〇頁）。
42 「青淵先生の鉄道国有談」『竜門雑誌』第二一三号、一九〇六年、六―八頁。

43　同前、一六一頁。
44　竜門社編『渋沢栄一伝記資料』第九巻、渋沢栄一伝記資料刊行会、一九五六年、五七九―五八〇頁。
45　西園寺公望（一九〇六）「鉄道国有の趣旨」前掲木下編集発行『拾年紀年　日本の鉄道論』、六七四頁。
46　久保田博（一九八五）『鉄道経営史―鉄道経営一一〇年の歩み―』大正出版、九〇頁。
47　藤村通（一九六八）「西園寺内閣の財政政策」『経済往来』第二〇巻第三号、経済往来社、二七〇頁。
48　鉄道大臣官房文書課編（一九二二）『日本鉄道史』中編、鉄道省、八二三―八二五頁。
49　小川功（一九八二）「関西鉄道の国有化反対運動の再評価―片岡直温の所論紹介―」運輸調査局『運輸と経済』第四二巻第一〇号、五二頁。
50　「国有鉄道公債問題と銀行家」『東京経済雑誌』第五七巻一四四三号、一九〇八年、一〇四五頁。
51　前掲久保田博『鉄道経営史』、九三頁。
52　増井健一（一九五三）「わが国資本主義発展期の鉄道」交通経済研究所『運輸と経済』第一二巻第六号、一〇頁。
53　石川達二郎（一九六七）『国鉄―その財政的構造―』交通日本社、三五六―三五七頁。
54　「区別賃率は不可なり」半谷清寿『将来之東北』一九〇六年、丸山舎書籍部、一八五頁。本書では、増補再販『将来之東北』（モノグラム社、一九七七年）の復刻版を利用。
55　前掲半谷『将来之東北』、一八三―一八四頁。
56　「鉄道院及清国凶変に就て」『竜門雑誌』第二四七号、一九〇八年、五―六頁。
57　同前。
58　「事務家の典型として西野恵之助君を紹介す」『三田商業界』第四巻第二号、一九〇八年、四一―四三頁。
59　「交通機関整備の急要と鉄道建設の積極政策」『運輸日報』一九二一年一〇月一四日（竜門社編『渋沢栄一伝記資料』第五一巻、渋沢栄一伝記資料刊行会、一九六三年、五五一頁）。
60　一九〇八年から一九一二年までの主な開業路線と区間を示す。一九〇八年一一月山陰西線（安来―松江）開通、一九〇九年一一月鹿児島線（門司―鹿児島間・人吉経由）全通、一九一〇年六月宇野線（岡山―宇野）全通、宇野・高松間航路開業、八月山陰線（園部―綾部）開通、一〇月山陰西線（庄原―出雲今市）開通、一一月留萌線（深川―留萌）開通、一九一一年五月中央線（飯田町―名古屋）全通、七月鳥羽線（山田―鳥羽）開通、一〇月山陰東線（福知山―香住）全通、一一月大分線（柳ヶ浦―大分）全通、

一一月房総線（東金―成東）開通、一九一二年三月山陰線（京都―出雲今市）全通、六月大社線（出雲今市―大社）開通、倉吉軽便線（上井―倉吉）開通、八月黒石軽便線（川部―黒石）開通、八月木更津線（蘇我―木更津）開通、九月新発田線（新津―新発田）開通、一〇月網走線（池田―網走間）全通、一一月岩内軽便線（小樽―岩内）開通となる。一九一〇年代になると軽便鉄道法に準拠した国有鉄道の軽便線が開業するのであるが、それ以前には都市間輸送ネットワークを形成する路線が順次開業していたことがわかる（『鉄道一瞥』鉄道省、一九二一年、九八―一〇七頁）。

61 渋沢栄一（一九二二）「国有鉄道の官僚風を革めよ」『鉄道』第一六年、一九六号、鉄道共攻会、四―五頁。

62 清水啓次郎（一九三〇）『私鉄物語』春秋社、八〇頁。

【第6章】

1 「朝鮮鉄道促進期成会会報」一九二七年（竜門社編『渋沢栄一伝記資料』第五四巻、渋沢栄一伝記資料刊行会、一九六四年、四六〇頁）。

2 大隈侯八十五年史編纂会編（一九二六）『大隈侯八十五年史』第二巻、一九八頁。

3 「青淵先生の韓国視察談」『竜門雑誌』第二一九号（竜門社編『渋沢栄一伝記資料』第一六巻、渋沢栄一伝記資料刊行会、一九五七年、三一七頁）。

4 伊藤勇一（一九八一）「京釜鉄道の建設をめぐる日露関係―日英同盟成立要因としての鉄道問題―」中村洸編『国際法外交雑誌』第八〇巻第五号、五〇頁。

5 鮮交会編著（一九八六）『朝鮮交通史』鮮交会、二〇頁。

6 同前、二五頁。

7 竹内綱『京釜鉄道経営回顧録』（前掲『渋沢栄一伝記資料』第一六巻、三五五頁）。

8 京釜鉄道発起人は東京の商人を中心に大阪の朝鮮貿易に従事する商人、日朝貿易の主要品である米穀取扱商人、米穀取引所仲買、株式取引所仲買のほか元官僚、下級華族、衆議院議員、貴族院議員、在朝鮮居留商人などからなり、社会的地位の高い人物で社会的威信を獲得するためにだけ集められたというよりも、むしろ鉄道建設と株式発行とに直接的な関係をもった人たちであった（村上勝彦（一九七五）「植民地」大石嘉一郎編『日本産業革命の研究』下、東京大学出版会、三〇四頁）。

9 市野弥三郎編（一九二〇）『鴻爪痕』前島弥、二七頁。

10 前掲竹内『京釜鉄道経営回顧録』（前掲『渋沢栄一伝記資料』第一六巻、三五六頁）。
11 川上浩史（一九九五）「京釜鉄道株式会社の設立と発起委員の活動について」駒沢史学会編『駒沢史学』第四八号、二一五頁。
12 「私の関係した鉄道に付て」『竜門雑誌』第四六四号（前掲『渋沢栄一伝記資料』第一六巻、五六八頁）。
13 島田昌和（一九九九）「第一（国立）銀行の朝鮮進出と渋沢栄一」文京女子大学総合研究所編『経営論集』第九巻第一号、六〇頁。
14 『京釜鉄道株式会社創立ニ関スル説明書』（前掲『渋沢栄一伝記資料』第一六巻、三六六頁）。
15 渋沢栄一（一九一五）「井上候のはらの中」『実業の世界』第一二巻第一八号、実業之世界社、一四―一五頁。
16 井上勇一（一九八九）『東アジア鉄道国際関係史―日英関係の成立および変質過程の研究―』慶応通信、八八頁。
17 前掲鮮交会編著『朝鮮交通史』、二八頁。
18 渋沢栄一述・小貫修一郎編著（一九二七）『青淵回顧録』上巻、青淵回顧録刊行会、七三七頁。
19 前掲鮮交会編著『朝鮮交通史』、二八頁。
20 竜門社編『青淵先生六十年史』第二巻（前掲『渋沢栄一伝記資料』第一六巻、五二七頁）。
21 朝鮮総督府鉄道局編（一九一五）『朝鮮鉄道史』朝鮮総督府鉄道局、二四頁。
22 『築京釜鉄道記　竹内綱手記』（前掲『渋沢栄一伝記資料』第一六巻、五二七頁）。
23 伊藤之雄（一九九四）「日清戦争以後の中国・朝鮮認識と外交論」名古屋大学文学部『名古屋大学文学部研究論集』第一一九号（史学四〇）一六頁。
24 前掲竹内『京釜鉄道経営回顧録』（前掲『渋沢栄一伝記資料』第一六巻、五二八頁）。一八九七年五月四日における「京仁鉄道引受組合規約」によると組合員は、岩崎久弥、今村清之助、原六郎、原善三郎、大倉喜八郎、大谷嘉兵衛、中上川彦次郎、瓜生震、安田善次郎、松本重太郎、前島密、益田孝、三井高保、荘田平五郎、渋沢栄一、そしてモールスの一六名であった（朝鮮総督府鉄道局編（一九二九）『朝鮮鉄道史』第一巻、二一一頁）。
25 前掲鮮交会編著『朝鮮交通史』、二八頁。
26 前掲竹内『京釜鉄道経営回顧録』（前掲『渋沢栄一伝記資料』第一六巻、五二四―五二五頁）。
27 「駐韓米国公使の告示及び京仁鉄道譲受の議」『東京経済雑誌』第三五巻第八八一号、一八九七年六月一九日（前掲『渋沢栄一伝記資料』第一六巻、五三一―五三三頁）。

28 前掲鮮交会編著『朝鮮交通史』、二八頁。
29 仁川府（一九三三）『仁川府史』八三三頁。
30 「鉄道会議と鉄道国有」『雨夜譚墨話』上、一九二六年一〇月―一九二七年一一月、一三四―一三七頁（前掲『渋沢栄一伝記資料』第一六巻、五一八頁）。
31 前掲鮮交会編著『朝鮮交通史』、四四―四六頁。
32 同前。
33 「朝鮮の鉄道（中）」『東京経済雑誌』第四九巻第一二三一号、一九〇四年四月二三日（前掲『渋沢栄一伝記資料』第一六巻、四八八―四九四頁）。
34 前掲鮮交会編著『朝鮮交通史』、三〇頁。
35 同前、三一頁。
36 「京釜鉄道の創立（三）」『中外商業新報』第五四六四号、一九〇〇年四月二一日（前掲『渋沢栄一伝記資料』第一六巻、四一四―四一七頁）。
37 前掲鮮交会編著『朝鮮交通史』、三一頁。
38 前掲『雨夜譚会談話筆記』上、三二一―三五頁（前掲『渋沢栄一伝記資料』第一六巻、五五八頁）。
39 前掲仁川府『仁川府史』、八三七頁。
40 前掲島田「第一（国立）銀行の朝鮮進出と渋沢栄一」、六六頁。
41 前掲『雨夜譚会談話筆記』上、三二一―三五頁（前掲『渋沢栄一伝記資料』第一六巻、五五八頁）。
42 「京仁鉄道開業式の景況」『竜門雑誌』第一五一号、四三―四五頁、一九〇〇年一二月（前掲『渋沢栄一伝記資料』第一六巻、五六〇―五六一頁）。
43 「青淵先生渡韓日誌梗概」『竜門雑誌』第一五一号、四〇―四三頁、一九〇〇年一二月（前掲『渋沢栄一伝記資料』第一六巻、一一―一五頁）。
44 渋沢栄一述・小貫修一郎編著（一九二七）『青淵回顧録』上巻、青淵回顧録刊行会、七四〇―七四一頁。
45 前掲「京仁鉄道開業式の景況」。
46 石井常雄（一九五三）「「京仁鉄道創設史」に関する一覚書（承前）」明治大学商学研究所編『明大商学論叢』第三七巻第四～六

号、九七頁。

47 高成鳳（一九九九）『植民地鉄道と民衆生活　朝鮮・台湾・中国東北』法政大学出版局、三頁。

48 高橋泰隆（一九九五）『日本植民地鉄道史論』日本経済評論社、三九頁。

49 前掲石井「「京仁鉄道創設史」に関する一覚書」、一〇四頁。

50 前掲「朝鮮の鉄道（中）」（前掲『渋沢栄一伝記資料』第一六巻、四九〇頁）。

51 前掲高『植民地鉄道と民衆生活　朝鮮・台湾・中国東北』三頁。

52 『明治卅参年秋韓国旅行日誌』八十島親徳記、竜門社編『渋沢栄一伝記資料』第二五巻、二五頁。一八九六年七月一七日、朝鮮政府は国内鉄道規則を制定して軌間を四フィート八インチ半（一四三五㎜）に規定した。京仁鉄道もこれに準拠して設計された。ロシアの影響力の拡大をうけてシベリア鉄道と共通した五フィート（一五二四㎜）軌間に変更されたが、その後、日本が京釜鉄道合同条約を締結する際に四フィート八インチ半を主張したため再度改正された。

53 前掲鮮交会編著『朝鮮交通史』、三二頁。

54 同前、三三頁。

55 朝鮮鉄道史編纂委員会編（一九三七）『朝鮮鉄道史』第一巻、朝鮮総督府鉄道局、九一―九六頁。

56 尾崎三良（伊藤隆・尾崎春盛編）（一九九二）『尾崎三良日記』下巻、中央公論社、一四五頁。

57 前掲川上「京釜鉄道会社の設立と発起委員会の活動について」、二八頁。

58 片桐庸夫（二〇〇八）「渋沢栄一と朝鮮―その対朝鮮姿勢を中心として―」慶應義塾大学法学部編『慶應の政治学―国際政治』慶應義塾大学出版会、一一〇―一一二頁。

59 「渋沢栄一書翰」佐々木清麿宛、一八九八年九月二三日（前掲『渋沢栄一伝記資料』第一六巻、三七八―三七九頁）。

60 「京釜鉄道発起人総会」『東京経済雑誌』第四一巻第一〇一六号、二五一―二五二頁、一九〇〇年二月一〇日（前掲『渋沢栄一伝記資料』第一六巻、三九二―三九三頁）。

61 同前。

62 鄭在貞（二〇〇八）『帝国日本の植民地支配と韓国鉄道―一八九二～一九四五―』（三橋広夫訳）明石書店、九八―九九頁。

63 同前。のちに第一銀行常務取締役の日下義雄が加わった。

64 小貫修一郎・高橋重治編（一九三七）『渋沢栄一自叙伝』偉人烈士伝編纂所、七四四頁。

65 前掲鮮交会編著『朝鮮交通史』、三五頁。
66 『渋沢栄一日記』一九〇〇年(前掲『渋沢栄一伝記資料』第一六巻、四〇八頁)。
67 『渋沢栄一日記』一九〇〇年(同前、四一七—四一八頁)。
68 「渋沢栄一書翰」竹内綱宛、一九〇〇年五月三日(同前、四一九頁)。
69 京釜鉄道株式会社『在韓委員来翰綴』一九〇〇年(同前、四二〇頁)。
70 「渋沢栄一書翰」竹内綱宛、一九〇〇年六月二二日(同前、四一九頁)。
71 前掲尾崎『尾崎三良日記』下巻、二七二頁。
72 前掲竹内『京釜鉄道経営回顧録』、四二一—四四頁(前掲『渋沢栄一伝記資料』第一六巻、四二七—四二九頁)。
73 『渋沢栄一日記』一九〇〇年(同前、四三二—四三三頁)。
74 同前。
75 同前。
76 前掲朝鮮鉄道史編纂委員会編『朝鮮鉄道史』第一巻、一九〇頁。
77 川上浩史(一九九四)「京釜鉄道発起委員に関する一考察—渋沢、尾崎、大三輪を中心として—」駒澤大学大学院史学会編『駒沢大学史学論集』第二四号、八五頁。
78 「渋沢栄一書翰」竹内綱、尾崎三良宛、一九〇一年八月一〇日(前掲『渋沢栄一伝記資料』第一六巻、四四六頁)。
79 「京釜鉄道総会に於ける渋沢男の演説」『東洋経済新報』第二七九号、一九〇三年九月五日、三六頁。
80 「朝鮮協会の創立」『中外商業新報』第六〇三八号、一九〇二年三月一一日(前掲『渋沢栄一伝記資料』第一六巻、六五六頁)。
81 『渋沢栄一日記』一九〇二年(竜門社編『渋沢栄一伝記資料』第二五巻、渋沢栄一伝記資料刊行会、一九五九年、七八—八〇頁)。
82 『渋沢栄一日記』一九〇二年(同前、二五五頁)。
83 『朝鮮鉄道促進期成会要覧』同会編、二一—二七頁(前掲『渋沢栄一伝記資料』第五四巻、四五五頁)。
84 前掲「京釜鉄道総会に於ける渋沢男の演説」。
85 前掲尾崎『尾崎三良日記』下巻、五二二頁。
86 井上馨侯伝記編纂会編(一九三四)『世外井上公伝』第五巻、内外書籍、四五頁。
87 『朝鮮鉄道促進期成会要覧』(前掲『渋沢栄一伝記資料』第五四巻、四五五頁)。

88　「近事三題」（青淵先生）『竜門雑誌』第四六七号、六―九頁、一九二七年八月（前掲『渋沢栄一伝記資料』第五四巻、四〇三頁）。
89　松村正義（二〇〇九）「渋沢栄一と帝政ロシア」渋沢研究会編『渋沢研究』第二一号、九頁。
90　前掲鮮交会編著『朝鮮交通史』、三七頁。
91　前掲朝鮮鉄道史編纂委員会編『朝鮮鉄道史』第一巻、二二九―二三一頁。
92　同前、二三二頁。
93　前掲鮮交会編著『朝鮮交通史』、三七頁。
94　「京釜鉄道会社最近成績」『東洋経済新報』第三五四号、一九〇五年一〇月五日、三一頁。
95　前掲朝鮮鉄道史編纂委員会編『朝鮮鉄道史』第一巻、五一六頁。
96　同前、五一七頁。
97　『韓国出張調査報告書』横浜税関、一九〇六年、五七頁。
98　「青淵先生の韓国視察談」『竜門雑誌』第二一九号、一一五頁、一九〇六年八月（前掲『渋沢栄一伝記資料』第一六巻、三一七頁）。
99　村上勝彦（一九七三）「第一銀行朝鮮支店と植民地金融」土地制度史学会編『土地制度史学』第一六巻第一号、四四頁。
100　前掲島田「第一（国立）銀行の朝鮮進出と渋沢栄一」、六三頁。
101　「京釜鉄道総会」『中外商業新報』第八〇二三号、一九〇八年七月三一日（前掲『渋沢栄一伝記資料』第一六巻、五一三―五一四頁）。

【第７章】

1　島田昌和（二〇〇七）『渋沢栄一の企業者活動の研究―戦前期企業システムの創出と出資者経営者の役割―』日本経済評論社、二六五―二六六頁。
2　杉本寛一編（一九四三）『東京横浜電鉄沿革史』東京急行電鉄、四〇―五四頁。
3　渡辺俊一郎（一九七七）「日本的田園都市論の研究（一）田園都市株式会社（一九一八―二八）の場合」日本都市計画学会『都市計画論文集』第一二巻、一五一―一五六頁。
4　福島富士子（一九九六）「戦前の東京郊外私鉄による沿線住宅地形成と鉄道経営の関連性」日本都市計画学会『都市計画論文集』

第三一号、三〇七―三一二頁。
5 鈴木勇一郎（二〇〇四）『近代日本の大都市形成』岩田書院。高嶋修一（二〇〇七）「都市の拡大と宅地開発」橘川武郎・粕谷誠編『日本不動産業史―産業形成からポストバブル期まで―』名古屋大学出版会、七四―九〇頁。
6 松本和明（二〇〇四）「娯楽・百貨店事業と渋谷の開発―目蒲電鉄・東横電鉄と五島慶太―」奥須磨子・羽田博昭編著『都市と娯楽―開港期〜一九三〇年代―』日本経済評論社、五九―八六頁。
7 大田区史編さん委員会編（一九九六）『大田区史』下巻、三一二頁。
8 さしあたり、小野浩（二〇一四）『住空間の経済史―戦前期東京の都市形成と借家・借間市場―』日本経済評論社、前掲鈴木『近代日本の大都市形成』岩田書院をあげておきたい。
9 杉山栄（一九一九）「田園都市の提唱」『実業之世界』第一六巻第一〇号、実業之世界社、三四頁。
10 青野季吉（一九二九）『社会思想と中産階級』春秋社、一五〇―一五一頁。
11 宇野宙人（一九二〇）『中産階級の叫び』船坂米太郎、四二頁。
12 「弱者の声 船員罷業と船主の責任」『東京朝日新聞』一九一二年四月二〇日、二頁。
13 「八千代生命の解雇社員怒る 会社に誠意なしとて昨夜てう戦を声明」『東京朝日新聞』一九二六年七月二七日、七頁。
14 前掲宇野『中産階級の叫び』、二七―三七頁。
15 「住宅難緩和の傾向に一歩進めて」『朝日新聞』一九一九年八月六日、五頁。
16 福島富士子（二〇〇二）「渋沢栄一と田園都市建設」会誌編集専門委員会編『Civil engineering consultant』第二一六号、二〇頁。
17 柴田徳衛（一九七六）『現代都市論』（第二版）東京大学出版会、一四七頁。
18 鈴木威（一九四三）『前山久吉翁百話』、三三五―三三八頁。
19 前掲鈴木『近代日本の大都市形成』、一五九頁。
20 「世界一の不体裁な東京」『新公論』第三四巻第五号、一九一九年五月、一〇〇頁。
21 東京市社会局（一九二二）『東京市ニ於ケル住宅ノ不足数ニ関スル調査』、六八頁。
22 藤谷陽悦（一九九六）「我が国初期の住宅地開発」日本宅地開発協会編『宅地開発』第一五五号、一二頁。
23 前掲高嶋「都市の拡大と宅地開発」、七九頁。
24 前掲藤谷「我が国初期の住宅地開発」、一三頁。

25 渋沢栄一述・小貫修一郎編著（一九三七）『渋沢栄一自叙伝』偉人烈士伝編纂所、九六三頁。
26 野嶋政和（一九九四）「明治末期から大正初期にかけての郊外住宅地の構想」『造園雑誌』第五七巻第五号、四九―五四頁。
27 前掲渋沢栄一述・小貫修一郎編著『渋沢栄一自叙伝』、九六六―九六七頁。
28 猪瀬直樹（二〇〇二）『土地の神話』小学館、三一〇―三一一頁。
29 前掲鈴木『近代日本の大都市形成』、一六一頁。
30 「青淵先生と田園都市」『竜門雑誌』第三八七号、一九二〇年、四〇頁（竜門社編『渋沢栄一伝記資料』第五三巻、渋沢栄一伝記資料刊行会、一九六四年、三六九頁）。
31 「青淵先生欧米視察談」『竜門雑誌』第一七七号、一九〇三年、一―八頁（竜門社編『渋沢栄一伝記資料』第二五巻、渋沢栄一伝記資料刊行会、一九五九年、四三七頁）。
32 同前。
33 「田園都市計画に就て」『竜門雑誌』第三九五号、一九二一年、五一―五二頁（前掲『渋沢栄一伝記資料』第五三巻、三七一頁）。
34 渋沢秀雄（一九六五）『明治は遠く』サンケイ新聞出版局、二二二頁。
35 渋沢秀雄（一九二一）「田園都市に就て」東京統計協会『統計集誌』第四八五号、一七六頁。
36 近新三郎（一九三四）「路政上の若干問題」『全国都市問題会議総会』第四回第二冊、研究報告、第一議題編、其二、三四頁。
37 前掲大田区史編さん委員会編『大田区史』下巻、三一四頁。
38 前掲猪瀬『土地の神話』、一八―一九頁。
39 薄田貞敬（一九三四）『中野武営翁の七十年』中野武営伝記編纂会、一九九頁。
40 島田昌和（二〇一一）『渋沢栄一―社会企業家の先駆者―』岩波新書、一〇〇頁。
41 日本橋区教育会編（一九二二）『柿沼谷雄翁』日本橋区教育会、二〇〇頁。
42 東京急行電鉄社史編纂事務局（一九七三）『東京急行電鉄五〇年史』東京急行電鉄、五四―五五頁。
43 田園都市株式会社『第八回業務報告書』、八頁。
44 前掲東京急行電鉄社史編纂事務局『東京急行電鉄五〇年史』、六〇頁。
45 石塚裕道・成田龍一（一九八六）『東京都の百年』山川出版社、二一六頁。
46 前掲大田区史編さん委員会編『大田区史』下巻、三一四頁。

47 江波戸昭（一九八七）『東京の地域研究』大明堂、一四一頁。
48 渋沢秀雄「創業前後／田園都市株式会社の頃」東急不動産株式会社総務部総務課編（一九六四）『東急不動産一〇年のあゆみ』、五五頁。
49 前掲東京急行電鉄社史編纂事務局『東京急行電鉄五〇年史』、八一―八六頁。
50 五島慶太（一九三六）「矢野恒太論」『実業之日本』第三九巻第一〇号、三一頁。
51 飛車金八（一九五六）『腕一本すね一本―五島慶太・永田雅一・山崎種二・松下幸之助―』鶴書房、五二頁。
52 石坂泰三（一九六一）「矢野恒太翁と小林さん」小林一三翁追想録編纂委員会編『小林一三翁の追想』、一一五頁。
53 前掲猪瀬『土地の神話』、一〇五―一〇六頁。
54 株式会社多摩川園『第六回営業報告書』、八―九頁。
55 橋爪紳也（二〇〇〇）『日本の遊園地』講談社、一〇二―一〇三頁。
56 「ロータリー倶楽部の好意と院児の多摩川園行」『東京市養育院月報』第三三八号、一九二九年、一一―一二頁（竜門社編『渋沢栄一伝記資料』第三〇巻、渋沢栄一伝記資料刊行会、一九六〇年、二六二―二六三頁）。
57 前掲松本「娯楽・百貨店事業と渋谷の開発」、七三頁。
58 「成功せる田園都市」『東洋経済新報』一九二六年九月四日、一八頁。
59 田園都市株式会社『第十四回業務報告書』、八頁。
60 前掲「田園都市計画に就て」、三七〇頁。

初出一覧

第1章　書き下ろし
第2章　書き下ろし
第3章　書き下ろし
第4章　「明治期における東北地方「横貫鉄道」計画と渋沢栄一―陸羽電気鉄道と大船渡開港鉄道鉄業の設立計画を中心に―」(『高崎商科大学紀要』第三八号、二〇二三年一二月)
第5章　「渋沢栄一の鉄道観と鉄道国有化政策」(『明大商学論叢』第一〇六巻第四号、二〇二四年三月)
第6章　書き下ろし
第7章　「渋沢栄一の社会活動と田園都市会社の事業展開」(『千葉経済論叢』第六八号、二〇二三年六月)

あとがき

二〇二四年には新札発行をきっかけにしたと思われる渋沢栄一関連の書籍が刊行され、展示などの企画が開催された。そのなかには本書のテーマである鉄道との関係を取り扱うものもあったようである。

渋沢と鉄道の関係は、本書で紹介したように幕末期から大正期にかけて続いた。それにもかかわらず、誤解を恐れずに言えば、渋沢と鉄道について正面から取り組まれた研究成果は少ないように思う。

渋沢と鉄道にはそれぞれに〝ファン〟がいるし、研究対象としてもよく知られている。もちろん、個別の私鉄や特定の地域における鉄道の歴史研究において渋沢の関与や果たした役割について考察した成果はある。ただ、渋沢を主体にして鉄道との関わりを論じた成果は案外少ない。これはどういう事情によるものなのだろうか。

渋沢研究の基本的な資料の一つである『渋沢栄一伝記資料』（本編全五八巻、別巻全一〇巻）には多くの資料が収録されている。しかも、本編の大部分は有り難いことに公益財団法人・渋沢栄一記念財団のホームページ（https://www.shibusawa.or.jp/）から無料でアクセスすることができる。国立国会図書館のデジタルコレクション（https://dl.ndl.go.jp/）は、『渋沢栄一伝記資料』を含む文献や雑誌記事などのデジタルデータを提供している。これらのオンラインサービスは、キーワード検索に対応しており、使い勝手が良い。基本的な資料にアクセスするためのハードルはだいぶ低くなっているように思われる。誰でも、その気になれば、本書のようなテーマで研究をまとめることができるのである。

渋沢と鉄道の関係をテーマにした研究が希薄な理由には、資料の有無や資料にアクセスするためのハードルなどではない、もっと本質的な要因があるのだろう。

この理由には色々あるのだろうが、渋沢は私鉄の設立段階から開業直後にかけて関与することが多く、いくつかの例外はあるものの、開業以降も経営に関わり続けたケースが少ないことがあげられる。渋沢が生涯に関わった私鉄は四〇社以上とかなりの数にのぼるが、関与の度合いは一様ではなかった。渋沢が会議の場において意見を述べた記録があったとしても、その後の経営方針にどう活かされたのか、あるいは活かされなかったのかが判然としないことが多い。また、渋沢は私鉄経営だけではなく、鉄道会議における討議や鉄道国有化をめぐる議論にみられたように鉄道政策にも関わっていた。渋沢と鉄道の関係を考察するにあたっては、経営、政策、植民地、地方など、いくつかの論点を意識する必要がある。

渋沢といえば、金融業を中心にした商工業、社会事業の発展に力を尽くしたこと、人材育成や地域振興、国際親善などに関わったことはよく知られている。渋沢にとって、鉄道業は、数多くある関与した業界のうちの一つであるという見方もできなくはない。

いまどきはインターネットで検索すれば、すぐに〝それらしい〟情報を手に入れることができる。手軽さや利便性の向上と引き換えにして、知的好奇心が湧きにくくなったわけではないだろうが、鉄道をメインに取り上げて渋沢が果たした役割を考えようとするテーマは、鉄道史研究、渋沢研究の双方にとって主流になりづらかったのかもしれない。

多分に憶測や想像を交えてしまったが、どのような事情があるにせよ、筆者は本書を執筆する機会を得ることができたことに感謝している。本書をまとめるにあたり、あらためて渋沢が私鉄の経営や鉄道政策に対して述べた意見や文書を確かめてみたところ、日本の社会経済の発展、とりわけ商工業の発展や地域（地方）振興を念頭においた内容が多くみられた。そこで、渋沢による日本の商工業の発展に向けた思いに即して鉄道との関わりを整理すれば、何かしら考察できると思うようになったのである。

こうして当初のスケジュールからだいぶ遅れながらも無事に本書を世に出すことができた。本書が渋沢と鉄道の歴史への興味関心を引きつける一助となれば幸いである。

二〇〇ページほどの本書では、当然ながら渋沢が関わった鉄道のすべてを紹介することはできなかった。最低限取り上げるべき内容については盛り込めたと考えているが、歴史研究としてさらに考察を深められる可能性はあるようにも感じている。

本書では、渋沢と鉄道という、それぞれの豊富な研究成果から学ぶことを意図している。ただ、すべての関連する研究成果を参照できたわけではない。渋沢の関わりを際立たせるため、本来ならば言及するべき内容を省いたこともあった。既刊の文献、論文、オンラインデータベースに依拠した部分も多い。『渋沢栄一伝記資料』やオンラインデータベースに採録されていない、一次資料（史料）の調査は、今後の課題として持ち越すことになった。

ところで、近ごろは、都市と地方を問わず、鉄道事業のあり方が議論されている。本書では渋沢と鉄道の〝近代〟をテーマにしているから、〝たられば〟の話は控えるべきなのかもしれないが、もし渋沢がいまの日本の鉄道事業や政策を知ったらどのように考えるのであろうか。言うまでもなく、渋沢が生きていた当時と今日とでは鉄道を取り巻く環境は大きく異なっている。安易に歴史研究の考察内容を現代に当てはめるべきではないのかもしれないし、すぐに答えを出せる問題ではないのかもしれない。ただ一方で、今日における日本の鉄道のあり方に本書はどのような示唆を与えることができるのかといった展望について考えてみてもよかったのではないかと思っている。このように、渋沢と鉄道の関係は、これからも深めていくべき研究テーマであると思う。

最後に、渋沢栄一と鉄道の歴史をテーマにして一冊にまとめることを薦めてくださった吉川弘文館編集部の若山嘉秀氏には、スケジュールの調整から本書に掲載されている図版の手配、さらには執筆に行き詰まった筆者への激励などで大変お世話になった。若山氏のきめ細やかなサポートに厚く御礼申し上げる。

二〇二五年一月

恩田睦

著者略歴

一九八〇年、神奈川県に生まれる
二〇一一年、立教大学大学院経済学研究科博士後期課程修了、博士（経済学）
現在、明治大学商学部准教授

〔主要著書・論文〕
『近代日本の地域発展と鉄道―秩父鉄道の経営史的研究―』日本経済評論社、二〇一八年
「地域における歴史的遺産の保存運動―北海道・丸瀬布地域における森林鉄道機関車「雨宮21号」の事例―」（『明治大学国際日本学研究』第一五巻第一号、二〇二二年）
「渋沢栄一の道徳観と埼玉における人格教育活動」（松本和明編著『渋沢栄一がめざした「地域」の持続的成長―人的ネットワークの確立と連携の推進―』ミネルヴァ書房、二〇二三年）

渋沢栄一と鉄道の近代

二〇二五年（令和七）三月十日　第一刷発行

著者　恩《おん》田《だ》睦《むつみ》
発行者　吉川道郎
発行所　株式会社 吉川弘文館
郵便番号一一三―〇〇三三
東京都文京区本郷七丁目二番八号
電話〇三―三八一三―九一五一〈代〉
振替口座〇〇一〇〇―五―二四四番
https://www.yoshikawa-k.co.jp/

印刷＝株式会社 三秀舎
製本＝ナショナル製本協同組合
装幀＝伊藤滋章

ISBN978-4-642-08475-8